# 大变局与新战略

作为
世界新图景的
人类命运共同体

杨抗抗 著

中央编译出版社
Central Compilation & Translation Press

图书在版编目(CIP)数据

大变局与新战略：作为世界新图景的人类命运共同体 / 杨抗抗著. —北京：中央编译出版社，2023.10（2024.1 重印）
ISBN 978-7-5117-4363-3

Ⅰ.①大… Ⅱ.①杨… Ⅲ.①中外关系－研究 Ⅳ.① D822

中国国家版本馆 CIP 数据核字（2023）第 028399 号

**大变局与新战略：作为世界新图景的人类命运共同体**

| | |
|---|---|
| 责任编辑 | 郑永杰 |
| 执行编辑 | 宋　妍 |
| 责任印制 | 李　颖 |
| 出版发行 | 中央编译出版社 |
| 网　　址 | www.cctpcm.com |
| 地　　址 | 北京市海淀区北四环西路 69 号（100080） |
| 电　　话 | （010）55627391（总编室）　（010）55627319（编辑室）<br>（010）55627320（发行部）　（010）55627377（新技术部） |
| 经　　销 | 全国新华书店 |
| 印　　刷 | 北京文昌阁彩色印刷有限责任公司 |
| 开　　本 | 710 毫米 ×1000 毫米　1/16 |
| 字　　数 | 226 千字 |
| 印　　张 | 19 |
| 版　　次 | 2023 年 10 月第 1 版 |
| 印　　次 | 2024 年 1 月第 2 次印刷 |
| 定　　价 | 88.00 元 |

新浪微博：@中央编译出版社　　　微　　信：中央编译出版社（ID：cctphome）
淘宝店铺：中央编译出版社直销店（http://shop108367160.taobao.com）（010）55627331

本社常年法律顾问：北京市吴栾赵阎律师事务所律师　闫军　梁勤
凡有印装质量问题，本社负责调换，电话：（010）55627320

# 序

徐伟新[①]

"世界怎么了、我们怎么办?"这是当今的"世界之问""时代之问"。站在人类历史的十字路口,面对世界之变、时代之变、历史之变,以习近平同志为核心的党中央提出构建人类命运共同体,赢得了国际社会的广泛认同。这一理念体现了世界上不同国家和地区的人们的共同精神追求,也是引领人类社会未来发展的价值目标。人类命运共同体理念切中了当下时代的脉搏,在关乎人类社会发展和前途命运的重大抉择面前,汇聚了世界人民对和平、发展、繁荣向往的最大公约数,为全球社会治理提供了顶层设计,为构建更加公正合理的国际新秩序提供了中国方案,展现了中国共产党带领中国人民并团结世界各国人民致力于构建和平、安全、繁荣、美丽、和谐世界的意志与决心。

杨抗抗博士《大变局与新战略:作为世界新图景的人类命运共同体》这部书正是对构建人类命运共同体的理论研究和探索。在攻读博士学位期间,杨抗抗专注于人类命运共同体这一研究领域。虽然这个论题比较宏大,对研究者的学术积累和理论储备要求都比较高,但杨抗抗还

---

[①] 作者系原中共中央党校副校长、教授。

是坚定地以此为学位论文方向，并下功夫钻研，潜心思考，虚心请教，顺利完成了论文写作和最终答辩，获得了答辩委员会老师的充分肯定，并被推荐为优秀博士学位论文。这部书就是在他的博士学位论文基础上多次修改而成。

人类命运共同体概念的涵义是什么？提出这一理念的现实基础和理论依据是什么？如何理解其核心意蕴与时代意义？如何推动这一理念从理论走向实践？人类命运共同体又蕴含着什么样的世界图景？这部书主要针对这些问题进行哲学的思考和辨析。

杨抗抗认为，人类命运共同体理念的提出依据，主要包括时代依据和理论依据，人类命运共同体理念是根植于时代背景而提出来的，本书力求深入挖掘这种时代要素，揭示其产生的物质前提、历史必然与时代要求。同时，从古今中外思想家尤其是马克思主义经典作家那里，发掘人类命运共同体思想的理论渊源。

杨抗抗认为，人类命运共同体的核心意蕴需要置于今天的时代背景下才能更加深刻地理解。针对人类社会发展的难题、传统世界秩序的不合理、不同文明价值冲突的社会现实，人类命运共同体理念致力于提供一种新的发展观、世界秩序观以及共同价值观。人类命运共同体理念一经提出，就在世界上产生了巨大的影响力，它不仅对中国自身的发展具有重大的指导意义，占据国家外交价值的制高点，提升国际话语的塑造力和影响力，还对世界以及人类文明的发展具有重大的推动意义，创新人类社会发展路径，促进世界治理理念的变革，推动交流互鉴文明观的生成。

马克思主义哲学是面向实践的哲学。人类命运共同体理念来源于实践，也必然要回归于实践。人类命运共同体理念作为全球化时代背景下提出来的关于人类社会的美好理想，作为一种观念性的存在，其难点就在于如何将其落实，使它由观念性的存在走向事实性的存在。全球化时代背景下，一方面人类的相互依存程度不断加深，另一方面人类社会面临的共同问题和挑战不断增多。由于不同国家、不同民族在历史发展进程、政治现实和社会文化方面差异较大，因而存在利益共享的困境、制度共建的困境、价值认同的困境，如何化解不同国家、不同民族之间的利益矛盾、政治纷争和价值分歧，是研究的难题，也是实践的难题。马克思曾指出："如果斗争只是在机会绝对有利的条件下才着手进行，那么创造世界历史未免就太容易了。"[①] 杨抗抗认为，遇到难题，正确的研究态度便是迎难而上，敢于针对难点进行研究，如此，即便不能取得实质性突破，做些有益的探索也是值得的。

这部书最后还揭示了人类命运共同体蕴含的新世界图景，它是推动人类社会永续发展的人间正道，主要体现为和平安宁之道、发展繁荣之道、共建共享之道、生态和谐之道、文明互鉴之道，为推动构建持久和平的世界、普遍安全的世界、共同繁荣的世界、开放包容的世界、清洁美丽的世界提供了顶层设计和发展蓝图。对于当代人类而言，人类命运共同体为我们提供了一种新的生存法则，展现了世界发展的新图景与文明愿景，是一种有望实现人类和平发展与共建共享的制度设计。在这种制度设计下，人与人的敌对或者是强调本国利益至上的战略不再成为有利可图的战略，从而促进人的"类意识"觉醒，提升人的精神觉悟，去推动构建和谐共生的命运共同体。

总体而言，这部著作的特点主要体现在三个方面：

---

[①]《马克思恩格斯文集》第10卷，北京：人民出版社2009年版，第354页。

一是系统性。作者查阅了国内外学术界关于人类命运共同体问题研究的大量学术文献，以此为基础对该理念的渊源、内涵、理论意义和实践运作进行了全面系统的考察，并给出了作者自己的一种宏观性的、总体性的理解。

二是理论性。对人类命运共同体这样一个重大命题，作者侧重于从哲学、历史学、社会学和国际政治的理论视角进行透视，并将这一命题的理论渊源追溯至马克思主义经典理论、西方哲学和历史理论以及中国传统文化的根基处，对其进行深度解读，因而具有较高的理论价值。

三是时代性。马克思说："问题是时代的格言，是表现时代自己内心状态的最实际的呼声。"[①] 哲学作为时代精神的精华，应该与现实世界接触并反映时代的问题。构建人类命运共同体本身就是对时代问题的回应，因此作者尝试揭示当今人类社会发展所遇到的问题和挑战、构建人类命运共同体的时代内涵与重大意义，以及人类命运共同体所蕴含的新世界图景，体现了作者关注时代重大热点问题，并学以致用、注重理论联系实际的良好学术素养。

至今，人类命运共同体仍然是一种理念、一种倡议，进入制度性程序性实践性的落地，尚需漫长时日。但是这部书是杨抗抗认真思考、潜心研究的成果，文风朴实、行文流畅，值得一读。在本书即将付印之际，我很高兴为各位读者推荐此书，是以为序。

2022 年岁末于海淀大有庄

---

[①] 《马克思恩格斯文集》第 1 卷，北京：人民出版社 2009 年版，第 203 页。

# 目 录

绪 论 ……………………………………………………………… 001
一、研究背景 …………………………………………………… 004
二、研究意义 …………………………………………………… 008
　（一）回应"人类向何处去"这一时代课题的需要 ……… 009
　（二）凝聚全人类共同价值的时代需求 ………………… 010
　（三）中国和平发展与走向世界的现实需要 …………… 011
　（四）构建"理论中国""思想中国"的迫切需要 ……… 012
三、研究现状述评 ……………………………………………… 015
　（一）人类命运共同体理念的生成背景研究 …………… 016
　（二）人类命运共同体理念的基本内涵与时代特征研究 … 020
　（三）人类命运共同体理念的时代意义研究 …………… 023
　（四）构建人类命运共同体的现实挑战与实践路径研究 … 026
　（五）人类命运共同体的研究进路展望 ………………… 030

## 第一章　人类命运共同体的提出与生成基础 ……………… 035
一、人类命运共同体概念的提出 ……………………………… 038
　（一）人类命运共同体概念的提出过程 ………………… 039

（二）人类命运共同体概念释义⋯⋯⋯⋯⋯⋯⋯⋯⋯⋯⋯⋯⋯041
　　（三）人类命运共同体的基本构成⋯⋯⋯⋯⋯⋯⋯⋯⋯⋯⋯045
二、人类命运共同体理念生成的现实基础⋯⋯⋯⋯⋯⋯⋯⋯⋯⋯⋯052
　　（一）物质前提：社会化大生产的事实存在⋯⋯⋯⋯⋯⋯⋯052
　　（二）历史必然：历史转化为世界历史的客观趋势⋯⋯⋯⋯056
　　（三）时代要求：全球性生存危机的合理回应⋯⋯⋯⋯⋯⋯059
三、人类命运共同体理念生成的理论渊源⋯⋯⋯⋯⋯⋯⋯⋯⋯⋯⋯063
　　（一）西方的人类共同体思想⋯⋯⋯⋯⋯⋯⋯⋯⋯⋯⋯⋯⋯064
　　（二）中国传统文化中的人类共同体思想⋯⋯⋯⋯⋯⋯⋯⋯069
　　（三）马克思的人类共同体思想⋯⋯⋯⋯⋯⋯⋯⋯⋯⋯⋯⋯076

## 第二章　人类命运共同体理念的核心意蕴⋯⋯⋯⋯⋯⋯⋯⋯⋯⋯087
一、人类命运共同体理念蕴含新发展观⋯⋯⋯⋯⋯⋯⋯⋯⋯⋯⋯⋯089
　　（一）人与自然对立的发展观及其实践困境⋯⋯⋯⋯⋯⋯⋯090
　　（二）人与人对立的发展观及其实践困境⋯⋯⋯⋯⋯⋯⋯⋯093
　　（三）新发展观的内涵与实质⋯⋯⋯⋯⋯⋯⋯⋯⋯⋯⋯⋯⋯096
二、人类命运共同体理念蕴含新世界秩序观⋯⋯⋯⋯⋯⋯⋯⋯⋯⋯102
　　（一）传统世界秩序的不合理及其困境⋯⋯⋯⋯⋯⋯⋯⋯⋯103
　　（二）全球化背景下国家的存在与发展趋势⋯⋯⋯⋯⋯⋯⋯107
　　（三）新世界秩序观的内涵与实质⋯⋯⋯⋯⋯⋯⋯⋯⋯⋯⋯114
三、人类命运共同体理念蕴含共同价值⋯⋯⋯⋯⋯⋯⋯⋯⋯⋯⋯⋯118
　　（一）共同价值的实质⋯⋯⋯⋯⋯⋯⋯⋯⋯⋯⋯⋯⋯⋯⋯⋯119
　　（二）共同价值何以必要⋯⋯⋯⋯⋯⋯⋯⋯⋯⋯⋯⋯⋯⋯⋯124
　　（三）人类命运共同体理念蕴含的基本价值⋯⋯⋯⋯⋯⋯⋯128

## 第三章　人类命运共同体理念的时代意义 ········ 135

### 一、人类命运共同体理念对中国的意义 ········ 138
（一）促进中国与世界的共同发展 ········ 139
（二）占据国家外交价值的制高点 ········ 142
（三）提升国家文化软实力建设 ········ 144

### 二、人类命运共同体理念对世界的意义 ········ 150
（一）人类社会发展路径的创新 ········ 151
（二）促进世界治理理念的变革 ········ 156
（三）推动交流互鉴文明观的生成 ········ 162

## 第四章　构建人类命运共同体的现实困境与推进路径 ········ 167

### 一、人类命运共同体理念的实践困境及成因 ········ 170
（一）利益共享困境及成因 ········ 171
（二）制度共建困境及成因 ········ 175
（三）价值认同困境及成因 ········ 182

### 二、构建人类命运共同体的方法论 ········ 184
（一）当前与长远的统一 ········ 185
（二）部分与整体的统一 ········ 187
（三）求同与存异的统一 ········ 192

### 三、推动人类命运共同体实现的主客观因素 ········ 197
（一）主观因素：人类主体意识的生成 ········ 198
（二）客观因素：社会生产力高度发展与社会交往普遍展开 ········ 207

## 第五章　作为世界新图景的人类命运共同体 ········ 217

### 一、以新文明观重新认识西方主导的全球化进程 ········ 220
（一）近代以来由西方国家主导的全球化进程 ········ 221

（二）西方国家主导的全球化的内在逻辑 …………………… 223
（三）推进新型全球化的中国方案 …………………………… 226

二、以大历史观理解百年未有之大变局 …………………………… 231
（一）如何理解百年未有之大变局 …………………………… 233
（二）树立什么样的大历史观 ………………………………… 237
（三）马克思世界历史理论的当代价值与启示 ……………… 242

三、以人类命运共同体引领人类文明新形态 ……………………… 245
（一）构建人类命运共同体是人间正道 ……………………… 246
（二）构建人类命运共同体的中国智慧 ……………………… 255
（三）作为世界新图景的人类命运共同体 …………………… 263

**结　语** …………………………………………………………………… 269

**参考文献** ………………………………………………………………… 278

**后　记** …………………………………………………………………… 292

# 绪 论

## 绪 论

人的命运问题是哲学关注的中心问题。哲学所思考和研究的对象，归根结底是人的生存和发展。围绕人的生存和发展问题，古往今来，无数思想家都曾经给出过自己的思考。关于人的生存和发展问题，马克思同样给出了强而有力的回答。马克思是从人的社会属性层面认识人的生存和发展问题的，在他看来："人不是抽象的蛰居于世界之外的存在物。人就是人的世界，就是国家，社会。"① 人要构建属人的世界，而人的世界始终是以共同体的形式存在着。合理借鉴原始形态共同体的形式，批判吸收资本主义市场经济共同体的内容，建立符合人的本质的真正的共同体，即自由人联合体，是人类社会发展的必然趋势。人所追求的不是异化的、外在于人的共同体，而是真正体现人的本质、符合人的需要、满足人的发展的共同体。所谓真正的共同体，就是"使人的世界即各种关系回归于人自身"②。

实现人与人、人与自然、人与社会和谐共生的共同体是人类社会发展的理想目标。然而，实现这一目标需要艰难漫长的过程。马克思主义具有实事求是的科学精神，强调一切从客观实际出发，因此，我们需要立足新的时代背景，了解当下人类生存和发展的需要，提出新

---

① 《马克思恩格斯文集》第 1 卷，北京：人民出版社 2009 年版，第 3 页。
② 《马克思恩格斯文集》第 1 卷，北京：人民出版社 2009 年版，第 46 页。

的符合时代语境的理论。自从第一次工业革命以来,人类社会进入了现代化发展的"快车道",人类社会取得了前所未有的现代化成就。然而,人类社会却同样遭遇了巨大的现代性危机,面临着人与自然关系的危机、人与人关系的危机以及人类自身精神的危机。这样的生存危机使得人类不得不重新思考人类社会发展的路径、方向和目标。人类该实现什么样的生存方式?人类又该怎样实现这样的生存方式?这是人类的时代之问。面对这一时代之问,以习近平同志为主要代表的当代中国共产党人顺应时代发展,提出构建人类命运共同体,旨在为人类社会的未来发展提供思想引领,维护人类生存和发展的整体利益。这一重大思想理论为破解人类社会生存和发展的难题提供了新的思路和方案。

人类命运共同体理念为什么对我们今天的人类社会发展而言如此重要?这需要从人类命运共同体理念本身具有的精神特质和文明内涵方面分析。人类命运共同体这一理念有其特殊重要意义,作为人类社会未来的新交往理念、新发展战略、新治理方式,关乎人类文明演进的前进方向,关乎人类文明新形态的变革,关乎全人类的根本利益和福祉。因此,立足新的时代语境和人类未来社会的发展需要,对人类命运共同体理念开展研究,迫切而又必要。

# 一、研究背景

一个时代有一个时代的问题。时代总是在解决其面临的问题中前进。哲学作为时代精神的精华，应该与现实世界接触并反映时代的问题。马克思说："真正的批判要分析的不是答案，而是问题。"[1] 他还进一步指出："问题是时代的格言，是表现时代自己内心状态的最实际的呼声。"[2] 人类命运共同体理念作为时代精神的观念表达，深刻反映着当下人类社会全球一体化的现实，同时指引着人类未来的前进道路和世界历史的走向。人类命运共同体理念的提出，是基于对时代问题的深刻理解，研究人类命运共同体理念，需要透视其背后所反映的时代问题。

"世界怎么了、我们怎么办？"这是当今的"世界之问""时代之问"。党的二十大报告指出："当前，世界之变、时代之变、历史之变正以前所未有的方式展开。一方面，和平、发展、合作、共赢的历史潮流不可阻挡，人心所向、大势所趋决定了人类前途终归光明。另一方面，恃强凌弱、巧取豪夺、零和博弈等霸权霸道霸凌行径危害深重，和平赤字、发展赤字、安全赤字、治理赤字加重，人类社会面临前所未有的挑战。世界又一次站在历史的十字路口，何去何从取决于各国人民的抉择。"[3]

20世纪后半叶尤其是21世纪以来，全球化进程日益加快，各个国家之间不仅在经济方面的联系程度日益加深，而且在政治、文化、社会生活、自然生态等方面的相互依赖、相互影响、相互制约程度也日益加强。任何一个国家、一个地区的发展，必然是在开放的环境中，在与别

---

[1] 《马克思恩格斯文集》第1卷，北京：人民出版社2009年版，第203页。
[2] 《马克思恩格斯文集》第1卷，北京：人民出版社2009年版，第203页。
[3] 习近平：《高举中国特色社会主义伟大旗帜 为全面建设社会主义现代化国家而团结奋斗——在中国共产党第二十次全国代表大会上的报告》，北京：人民出版社2022年版，第60页。

的国家相互联系与相互合作中实现的。新的信息技术、通信技术、交通技术的快速发展，使得人类社会的联系空前加强，人类的命运共生性日益凸显。世界正在变成一个"地球村"，各个国家和各个地区的人们日益结成相互依赖的命运共同体，内在要求人们树立人类整体观和共商共建共享的新的全球合作理念。

当今全球化的快速发展，使得人类的共生共在这一主题日益突出。英国社会学家齐格蒙特·鲍曼在提到全球化时这样评论道："由于每天都面对着相互依存的迹象，我们会迟早认识到，没有谁有权把地球，或地球的任何一部分，视为他的个人财产。从相互依存的观点出发，'共同命运'（solidarity of fate）并不是选择问题。依赖于我们选择的是，共同的命运将在共同毁灭中终结，还是产生共同的情感、目的和行动。尽管我们在政治或宗教信仰上通常有着极大的差别，有时还有着激烈的对抗，但是，我们都希望有尊严地活着，不受羞辱，不受恐惧的侵袭，被容许追求幸福。这是一个广泛而稳固的共同的基础，只有在这个基础上，我们才能开始营造一致的思想和行动。"[①] 随着世界一体化进程的加快，人类再也不是游离于世界之外的孤立式的、原子化的个体，而是日益成为你中有我、我中有你的命运共同体，不同国际行为主体之间的互动交流也呈现命运共生性的特征。"在这个已经全球化了的世界中，同以前相比，我们彼此之间的生活距离更近了，我们更多地共享了日常生活的特征，我们有了更多地彼此了解对方的习俗和偏好的机遇。"[②] 今天

---

① [英]齐格蒙特·鲍曼：《被围困的社会》，郇建立译，南京：江苏人民出版社2005年版，引言第18页。

② [英]齐格蒙特·鲍曼：《被围困的社会》，郇建立译，南京：江苏人民出版社2005年版，引言第17页。

的国际社会，人类社会利益高度相互依赖，世界各国的相互联系和依存日益加深。人类的共同利益使得人类社会的相互合作、共同发展显得日益重要，无论是个体、团体组织还是国家，只要是国际社会的一员，都必须坚持相互合作，实现和谐共生。

共同体的形成是物质利益、价值观念、客观环境和外部挑战等多种因素综合作用的结果。由于外部客观环境的不确定性，基于自身生存的压力和保障物质利益进而谋求发展的初衷，人类必须建立起紧密的联系，共同对抗自然环境的挑战，实现人与人之间的互助和帮扶，从而结成现实的命运共同体。对于当下人类社会而言，为什么需要建立命运共同体？这是由当今人类社会所面临的困境决定的。当今的人类主要面临着三大生存和发展困境。其一，人与自然关系层面的困境。人类要获得生存资料，离不开对自然界的开发和利用，然而，人类向自然界的过度索取和不加节制的利用，导致了资源短缺、能源危机、环境污染和生态破坏等问题。其二，人与人关系层面的困境。人类社会是一个大的共同体，共同体就是人类社会的关系网络，人类的生存和发展离不开这一社会关系网络，然而，个人利益至上的逻辑一旦支配人的行动，就会导致人与人合作关系的破坏，对于国家而言同样如此，本国利益至上也会导致国家之间相互不信任并引发冲突。其三，人类自身精神层面的困境。人类现代社会虽然在物质方面取得了巨大的成就，但是人类的道德水平却面临滑坡的危险，有陷入拜金主义和物质享受主义的危险。反思人类生存和发展的困境，人类社会该何去何从？人类该实现什么样的生存方式？人类又该怎样实现这样的生存方式？正是这些问题与困惑，激发了研究者的研究兴趣，围绕人类命运的发展趋向和人类共生共荣理想状态的实现而进行研究和探索。

## 二、研究意义

"没有哪个国家能够独自应对人类面临的各种挑战,也没有哪个国家能够退回到自我封闭的孤岛。"① 针对全球共同面对的问题,我们需要超越一个国家、一个民族的特殊利益来考虑人类的未来发展,通过理论研究和探讨,发掘、确立一种新型的世界制度理念,并且促进世界各国人民为了世界公共利益而采取集体的理性行动,这是哲学崇高的使命自觉。

有学者认为,在全球化之前,"人类的命运"或许只是一种文学夸张或者修辞,但是,全球化使得"人类的命运"成为严肃的问题。在此背景下,哲学需要发挥新的价值和功能,"哲学关乎人类的命运,而不是关于事物的描述"②。人类命运共同体从理念转化为现实,需要哲学的理论自觉,需要哲学以一种新的文化精神塑造时代。面对当今世界各种层出不穷的问题与矛盾,尤其是面对各种热点问题,我们迫切需要从哲学的视角来理解人类命运共同体的时代意蕴与时代意义,哲学比以往任何时候都更加需要以创新的态度来审视和反思世界一体、文化多元、全球治理、秩序重建、共同发展等带来的哲学问题、社会困境和伦理挑战。

---

① 习近平:《决胜全面建成小康社会 夺取新时代中国特色社会主义伟大胜利——在中国共产党第十九次全国代表大会上的报告》,北京:人民出版社2017年版,第58页。

② 赵汀阳:《天下体系:世界制度哲学导论》,北京:中国人民大学出版社2011年版,第81页。

## （一）回应"人类向何处去"这一时代课题的需要

随着全球化进程的加快，世界各地的人们越来越融入命运一体化进程。人类社会正处在大发展大变革大调整时期，也正处在一个挑战层出不穷、风险日益增多的时代。当今的人类社会日益体会到，一些新问题、新挑战并不是一个国家、一个地区能单独解决的，例如新兴传染病不再是一个国家的事情，而是成为全世界各国人民的共同挑战。新冠疫情在全球暴发和蔓延，倒逼着我们去思考人与人、国与国之间应该建立什么样的生存与交往状态。马克思主义认为，人是一切社会关系的总和，人本质上具有类属性。我们经常将命运共同体挂在嘴边，然而，究竟什么是命运共同体，如何实现"待人如己"，恐怕不是每个人都能深刻领会并付诸实践的。在现实生活中，由于受到分工、地域、竞争、认识等主客观因素的制约，人们对此的感受和认识并不是那么深刻。但是，新冠疫情的突然到来，使不同国家的人民比以往任何时候都更加直接而深刻地认识到"同呼吸、共命运、心连心"的重要性和紧迫性。在关乎人类生死存亡的重大疫情面前，人类必须放下成见，联合起来面对病毒这一人类共同的敌人。习近平强调："世界各国尽管有这样那样的分歧矛盾，也免不了产生这样那样的磕磕碰碰，但世界各国人民都生活在同一片蓝天下、拥有同一个家园，应该是一家人。"[①]"这场疫情再次昭示我们，人类荣辱与共、命运相连。面对传染病大流行，我们要秉持人类

---

[①] 习近平：《论坚持推动构建人类命运共同体》，北京：中央文献出版社2018年版，第510页。

卫生健康共同体理念，团结合作、共克时艰。"① 人与人之间尽管存在各种各样的分歧、竞争，国与国之间也时有摩擦、冲突，但是在人类共同的挑战面前，战胜疫情离不开共同体这一组织形式，人与人之间具有相互依存的利益结构、关系结构，战胜疫情符合人类的共同利益。不仅仅是疫情和全球性流行传染病，让我们深刻体会到人类命运的休戚与共，还有当下的全球诸多问题，也迫切需要人类联合起来应对，包括全球生态环境保护问题、恐怖主义问题、难民问题、地区冲突问题、南北国家发展鸿沟问题等，这些都是需要人类社会共同面对的全球性议题。党的二十大报告强调："构建人类命运共同体是世界各国人民前途所在。万物并育而不相害，道并行而不相悖。只有各国行天下之大道，和睦相处、合作共赢，繁荣才能持久，安全才有保障。"② 正是对人类前途命运的关切，使对人类命运共同体的研究显得更加迫切而必要。

## （二）凝聚全人类共同价值的时代需求

价值基础在人类现实的社会交往中具有重要的作用。人类能否采取一致行动，人类一致行动的程度，在深层次上取决于人类的价值共识能否达成。"东海西海，心理攸同；南学北学，道术未裂。"③ 钱锺书认为，中西文化是"貌异心同"，也就是说，虽然东方人和西方人在种族肤色、

---

① 习近平：《携手共建人类卫生健康共同体——在全球健康峰会上的讲话》，载《人民日报》，2021 年 5 月 22 日，第 2 版。

② 习近平：《高举中国特色社会主义伟大旗帜 为全面建设社会主义现代化国家而团结奋斗——在中国共产党第二十次全国代表大会上的报告》，北京：人民出版社 2022 年版，第 62 页。

③ 钱锺书：《谈艺录》，北京：中华书局 1984 年版，序言第 1 页。

语言文字、宗教信仰、风俗习惯等外在形式有所"异",但是内在的基本信念与核心价值是相通的。德国著名文学家歌德也认为,中华民族是一个和德国很相似的民族,他说:"中国人在思想、行为和情感方面几乎和我们一样……只是在他们那里一切都比我们这里更明朗,更纯洁,也更合乎道德。"① 人类社会有了共同的价值、信念,才能相互合作、共同前进。今天,我们人类社会只有更好地凝练价值共识,促进文化沟通和交流,才能促进人类社会走向一体化,实现人类的共生共荣。

人类命运共同体理念蕴含着全人类社会所共同认可的和平、发展、公平、正义、民主、自由价值,它不是局限于中国视野,而是着眼于人类未来社会的共同价值取向,它从人类社会整体发展的高度去思考时代问题,并力求汇聚世界上不同国家人民的价值共识,依靠共同价值的精神纽带作用,将人类社会成员紧密地联系在一起。在学理层面上深刻揭示全人类共同价值何以必要与何以可能,有利于从文化精神、社会心理等层面推动人类命运共同体构建。

### (三)中国和平发展与走向世界的现实需要

中国的改革开放进程带动了自身经济的繁荣与增长,伴随着中国经济力量的壮大,中国再次成为世界关注的焦点。中国强大起来以后,国际上质疑中国的声音也渐渐多了起来。有些西方学者以一种怀疑的心态看待中国,像所谓的"中国威胁论""国强必霸论"等,是西方学者从特定的立场出发对中国进行的歪曲式解读。一个国家强大还是弱小,本

---

① [德]爱克曼:《歌德谈话录》,朱光潜译,北京:人民文学出版社1978年版,第112页。

身是一种客观存在,这种客观存在本身不能改变什么,需要改变的是我们的思想和态度。一个国家强大了,不必然带来对其他国家的威胁。中国即是如此。我们需要开发"中国"这一概念的积极的一面,换言之,中国强大起来以后应该承担什么样的责任,这是我们应该讨论的重点,而不是对一个强大的国家采取歪曲式的解读,这没有丝毫的意义。面对当今世界发展存在的困局,面对不同文明之间可能存在的冲突,面对不同国家合作难以推进的治理难题,中国能够提供一种什么样的智慧和理念,这才是我们期待看到的。

深入研究人类命运共同体理念,对于中国和平发展以及如何走向世界,参与世界秩序建构具有重大而深远的理论意义和实践意义。构建符合正义的国际环境,减少中国在和平发展过程中所承受的国际舆论压力,从而富有成效地推进中国的对外交往。有的学者指出,"事实上,传统的国际传播秩序已经被西方大国所垄断,西方国家的话语权在世界上起着主导作用。西方国家行使这一权力,利用其强大的传播系统和话语优势,排挤发展中国家,使发展中国家失去了在国际事务和国际关系中的话语权,并处于被动地位,受到欺负和剥削。从中国的角度看,这就是为什么要重建全球秩序,尤其是强调中国的话语权是一项重要且迫切的任务的原因了。"①

## (四)构建"理论中国""思想中国"的迫切需要

20世纪,梁漱溟曾经发问:"中国能为世界贡献什么?"他的这一

---

① [缅甸] Kyee Myint:《构建命运共同体》,见王灵桂、赵江林主编:《"周边命运共同体"建设:挑战与未来——中外联合研究报告(No.2)》,北京:社会科学文献出版社2017年版,第35页。

问题其实反映出那一代知识分子对中国应该对世界有所贡献的一种期待。中国能够为世界贡献什么？中国对世界的贡献应该是中华文明所蕴含的独特智慧。中华文明源远流长，是世界上唯一没有中断的文明，在如此厚重的文化资源中，我们一定能够发掘出对当今人类有所裨益和有所贡献的文化资源和思想智慧。西方哲学家罗素曾经预言："全世界都将受到中国事务进展的重大影响，无论好坏，在今后两个世纪内，中国事务的进展将是一个决定性的因素。"① 无独有偶，英国著名历史学家汤因比也指出："世界统一是避免人类集体自杀之路。在这点上，现在各民族中最具有充分准备的，是两千年来培育了独特思维方法的中华民族。"② 德国哲学家黑格尔认为，改变人类总体进步的特定历史时刻是由某个特定的国家决定的。这意味着，某个特定国家追求进步，对整个人类的进步关系重大。这句话正适合今天的中国。如今，中国取得了快速的发展和巨大的经济成就，不仅造福于本国人民，而且对世界发展也做出了独特贡献。

恩格斯曾经说："一个民族要想站在科学的最高峰，就一刻也不能没有理论思维。"③ 走向强起来的中国，不仅需要物质、经济、科技、军事等方面的强大，还需要思想、理论、文化、价值观念等方面的吸引力、创新力、感召力的日益增强。2016年5月17日，习近平总书记在全国哲学社会科学工作座谈会上的讲话中指出："解决好民族性问题就有更强

---

① [英]罗素：《我为什么研究中国》，见何兆武、柳卸林主编：《中国印象：外国名人论中国文化》，北京：中国人民大学出版社2011年版，第353页。

② [英]汤因比、[日]池田大作：《展望二十一世纪——汤因比与池田大作对话录》，荀春生等译，北京：国际文化出版公司1986年版，第284页。

③ 《马克思恩格斯文集》第9卷，北京：人民出版社2009年版，第437页。

能力去解决世界性问题;把中国实践总结好,就有更强能力为解决世界性问题提供思路和办法。"① 2016年7月1日,习近平总书记在庆祝中国共产党成立95周年大会上再次指出:"中国共产党人和中国人民完全有信心为人类对更好社会制度的探索提供中国方案。"② 2022年4月25日,习近平总书记在考察中国人民大学时发表的重要讲话中强调:"当前,坚持和发展中国特色社会主义理论和实践提出了大量亟待解决的新问题,世界百年未有之大变局加速演进,世界进入新的动荡变革期,迫切需要回答好'世界怎么了'、'人类向何处去'的时代之题。要坚持把马克思主义基本原理同中国具体实际相结合、同中华优秀传统文化相结合,立足中华民族伟大复兴战略全局和世界百年未有之大变局,不断推进马克思主义中国化时代化。"③ 面对当今时代人类社会发展的困境、文明进步遇到的挑战,坚持人类的共生共荣这一根本主题,建立一种可以实现人类美好生活的共同体,在这种追求中,结合新的时代精神确立面向全球问题的人类通力合作的命运共同体观念,应当是中国特色社会主义不断发展的理论自觉。

今天,发展起来以后的中国,不仅不会给世界带来威胁,还积极推动构建人类命运共同体,推动人类社会的共生共荣,共享和平发展的机遇。当前,人类命运共同体理念正处于由概念转化为理论体系,由理念

---

① 习近平:《在哲学社会科学工作座谈会上的讲话》,载《人民日报》,2016年5月19日,第2版。

② 习近平:《在庆祝中国共产党成立95周年大会上的讲话》,载《人民日报》,2016年7月2日,第2版。

③ 习近平:《坚持党的领导传承红色基因扎根中国大地 走出一条建设中国特色世界一流大学新路》,载《人民日报》,2022年4月26日,第1版。

转化为现实战略的中间阶段,因而有必要从学理上加强研究。正如习近平总书记所指出的:"加快构建中国特色哲学社会科学,归根结底是建构中国自主的知识体系。……要发挥哲学社会科学在融通中外文化、增进文明交流中的独特作用,传播中国声音、中国理论、中国思想,让世界更好读懂中国,为推动构建人类命运共同体作出积极贡献。"[①] 人类命运共同体理念正在从共同价值的高层次层面推动全球治理和全球秩序的深刻转型,同时对中国本身来说,人类命运共同体理念作为中国对外交往指导思想的重要组成部分,有利于推动中国国际交往实践和营造更加有利的国际环境。

## 三、研究现状述评

"人类命运共同体"这一概念真正为人们所熟知,始于中国共产党第十八次全国代表大会。这一次大会所做的报告将"倡导人类命运共同体意识"写进去。之后,习近平在国内外多个重要场合又多次提及"推动构建人类命运共同体",并且得到了国际社会的认可,被写入联合国的重要决议。人类命运共同体理念是既立足于当下,又着眼于未来的建设性理念,这一理念也将在实践中不断丰富、深入和向前发展。目前,国内外学者围绕这一理念开展研究,取得了较为丰富的研究成果。

---

[①] 习近平:《坚持党的领导 传承红色基因 扎根中国大地 走出一条建设中国特色世界一流大学新路》,载《人民日报》,2022年4月26日,第1版。

## （一）人类命运共同体理念的生成背景研究

"人类命运共同体"是在新的时代语境中提出来的新概念。目前学界主要从现实条件、理论渊源与实践基础等方面对人类命运共同体理念的生成背景进行了研究。

**1. 人类命运共同体理念生成的现实背景**

当前，人类社会存在社会化大生产这一事实，世界市场的形成使得人类社会交往和联系的规模前所未有地扩展，因而必然要求人类社会结合成更加紧密的共同体，任何地区、任何国家的人们，要想实现更具竞争性的发展，就需要置于全球化和社会化大生产的时代背景中。有的学者认为，要想深刻理解人类命运共同体理念的内涵，必须立足于当下人类所处的宏大时代背景，理解这一理念是在人类社会发展模式深刻转型的时代要求下提出来的。[①] 有的学者认为，人类社会面临着现实利益的不平衡，不同文化、国家和制度之间也存在着差异和冲突，但是，人类只有一个地球，各国共处一个世界，正是如此复杂的时代背景使得我们迫切需要思考人类的共存之道。[②] 还有的学者认为，由于全球性危机与世界性风险的存在，世人不得不思考国家治理之外的全球治理问题，从人类命运共同体角度思考公共事务的治理问题，实现全球治理和国家治

---

① 邱耕田：《命运共同体：一种新的国际观》，载《学习时报》，2015年6月8日，第2版。

② 王新生：《命运共同体：人类共存之道的中国方案》，载《中国社会科学报》，2016年2月25日，第3版。

理的良性互动。① 通过回顾这些比较有代表性的文献，可以发现，人类命运共同体理念是在历史向世界历史转变的这一大的时代背景中提出来的，而且是针对人类面临的共同风险挑战而提出来的全球治理理论和人类共生共荣之道。

**2. 人类命运共同体理念生成的理论渊源**

关于人类命运共同体理念的理论渊源，学界主要存在三种观点：

一是马克思主义理论来源说。对此，学界从不同的角度予以概括。有的学者认为，马克思的"类"概念是人类命运共同体理念的理论基础。② 也有学者认为，自由人联合体思想与人类命运共同体理念具有内在的契合之处。③ 还有一种观点认为，人类命运共同体理念与马克思的社会有机体思想有着内在联系，后者是前者的理论基础和方法论根据。④

二是中国传统文化来源说。有的学者认为，人类命运共同体理念作为人类的精神价值世界，是中国人自古以来就有的精神追求，比如中国人长期信守的"和合"价值可以作为人类命运共同体理念的人文基础。⑤

---

① 刘贞晔：《全球治理与国家治理的互动：思想渊源与现实反思》，载《中国社会科学》，2016年第6期，第44页。

② 贺来：《马克思哲学的"类"概念与"人类命运共同体"》，载《哲学研究》，2016年第8期，第3页。

③ 卢德友：《"人类命运共同体"：马克思主义时代性观照下理想社会的现实探索》，载《求实》，2014年第8期，第40页。

④ 毕文锐、马俊峰：《"人类命运共同体"的理论基础》，载《中国社会科学报》，2017年2月23日，第6版。

⑤ 张立文：《中国传统文化与人类命运共同体》，北京：中国人民大学出版社2018年版，第3—13页。

有的学者认为，孟子的仁政理想包含着恒产恒心论、规矩方圆论、谨庠序之教三个方面的内容，与构建人类命运共同体的经济、政治、文化三个层面相对应。①还有学者认为，"中国历史上长期延续的家户命运共同体是重要的思想资源。"②国外学者也有研究，有的学者认为，中国的历史话语体系影响着中国人今天的认知，并且形塑着未来的图景和形象，比如中国古代的思想家提出了"仁义礼智信"这一学说，对社会的和谐稳定发挥了重要的道德规范作用，这一思想学说对中国今天的话语体系依然发挥着重要的塑造作用。③

三是中国特色大国外交理念继承发展说。有学者认为，习近平人类命运共同体理念是对中国外交思想遗产的传承。④有学者进一步提出，"和谐世界理念所包含的国际政治观、全球安全观、全球经济观、世界文明观、自然生态观等内容，奠定了人类命运共同体的总体框架。其包含的国际和平与合作思想，也成为人类命运共同体思想的重要基石。"⑤有学者认为，习近平结合新的时代环境，赋予和平共处五项原则和万隆会议精神以新的时代内涵，"体现了中国的历史观和现实观的有机结合，

---

① 戴兆国：《人类命运共同体与孟子仁政理想的理论关联》，载《学术界》，2017年第10期，第61页。

② 徐勇：《天下一家：人类命运共同体的家户起源》，载《南国学术》，2019年第2期，第181页。

③ J. Hoffman. "China's Search for the Future: A Genealogical Approach", *Futures*, Vol. 54, November 2013, pp. 53–67.

④ 王在邦：《关于中国外交遗产研究的思考》，载《世界经济与政治》，2018年第5期，第151页。

⑤ 吴志成、吴宇：《人类命运共同体思想论析》，载《世界经济与政治》，2018年第3期，第18页。

表明了中国既尊重历史的基本立场和方法，又根据时代变化而提升原有的认识"①。

目前学界形成的三种理论来源说，从不同角度阐释了习近平人类命运共同体理念的思想渊源，虽然基于不同的学科背景，但是从深层意义分析，这三种理论渊源在精神追求层面具有相通之处，都体现着对美好世界的向往，蕴含着对人类社会共生共荣的探索，因而构成人类命运共同体理念可资借鉴的思想资源。

**3. 人类命运共同体理念生成的实践基础**

人类命运共同体理念具有实践基础。有学者指出，随着中国经济、社会的快速发展和综合国力的日益增强，中国将在全球社会中发挥与其日益增长的实力相称的重要作用，因此，习近平提出的"一带一路"倡议，其目标是促进全球经济生产要素的合理流动、资源的有效配置和市场的深度集成，推动构建更加公平正义的全球经济治理体系。② 有学者指出，构建人类命运共同体，其实是中国应对全球化的战略由融入到推动的转变过程，具体表现为发起创办亚洲基础设施投资银行，设立丝路基金，举办"一带一路"国际合作高峰论坛等等。③

总体来说，学界对人类命运共同体理念的现实背景、理论渊源与实

---

① 杨洁勉：《中国外交哲学的探索、建设和实践》，载《国际观察》，2015年第6期，第6页。

② Feng Zhang. "China as a Global Force", *Asia & the Pacific Policy Studies*, Vol. 3, No.1, 2016, pp. 120–128.

③ 张二震等：《从融入到推动：中国应对全球化的战略转变》，载《国际贸易问题》，2018年第4期，第1页。

践基础做了较为充分的概括与分析,但是,相关研究领域依然存在较为薄弱之处,例如从世界百年变局的历史视角思考这一理念的成果还非常少,从中西哲学思想比较的视角探究这一理念思想渊源的成果也不多,未来应该注重从世界百年变局的历史视角以及古今中外思想比较的理论视角出发,推动更为深入的研究。

## (二)人类命运共同体理念的基本内涵与时代特征研究

习近平主席在国际上多个场合对人类命运共同体理念进行了阐释,在伙伴关系、安全格局、共享发展、文明交流互鉴、生态文明建设等层面丰富了这一理念的时代内涵。学界对这一理念的基本内涵和时代特征进行了学理层面的概括和解读。

### 1. 人类命运共同体理念的基本内涵

有的学者认为人类命运共同体理念蕴含着深刻的伦理意蕴,这一理念揭示了人类社会应该遵循的伦理准则和规范,"凸显着同舟共济、同甘共苦、同心同德的伦理精神"[①]。有的学者认为,构成命运共同体的三大基础性因素主要有:物质生活的生命攸关所构成的经济利益共同体,精神生活和价值认同上的密切关联所构成的文化共同体,具有向心力和凝聚力的权力结构存在所构成的政治共同体。[②] 有的学者提出,人类命运共同体理念内含三种正义,分别是个人正义、国际正义和世界正义,

---

① 王泽英:《命运共同体的伦理精义和价值特质论》,载《北京大学学报》,2016年第5期,第5页。

② 曹泳鑫:《从地域民族命运共同体到人类命运共同体——兼论共同体变革的历史条件和实践基础》,载《世界民族》,2018年第2期,第21页。

基于当下国家利益依然是国家对外活动的主要依据这一国际现实，中国应该将国际正义作为首要价值取向。①有的学者认为，"人类命运共同体在国际关系中是一个全新的概念，是更宏观层次上的重大战略理念和国际观。它不同于世界主义或全球主义视野下的世界政府或世界共和国，而是在承认主权国家差异的前提下，强调人类的整体性。"②还有的学者从实践存在论视角对人类命运共同体话语体系进行了解读。③

习近平总书记在多个重大场合对人类命运共同体概念的整体内涵进行了阐释，学界围绕这一概念从不同侧面对其进行了丰富和完善。不可否认，当前学界对人类命运共同体的概念解读存在分歧，有学者通过对现有成果的归纳分析，发现学界对其理论研究主要存在四个方面的分歧，分别是人类命运共同体的存在状态之争、思想内涵之争、理论渊源之争、本质属性之争，并呈现出历时性与共生性并存的特点。该学者进一步指出，"人类命运共同体不仅是一般性的学术概念，而且是一个政治性、政策性都很强的特定术语。"④因此，对这一概念的阐释，不能脱离习近平总书记提出这一概念的文本语境和时代语境，需要在研读原典的基础上正确理解和把握提出者本人的思想，在此基础上开展学理性的解读。

---

① 黄真:《"人类命运共同体"理念的伦理透视》，载《理论月刊》，2016年第11期，第49页。

② 刘建飞等:《构建人类命运共同体：理论与战略》，北京：新华出版社2018年版，第5页。

③ 马俊峰、马乔恩:《人类命运共同体话语体系的内在逻辑和时代价值》，载《学术论坛》，2018年第2期，第72页。

④ 吴怀友:《推进"人类命运共同体"研究学理化》，载《中国社会科学报》，2019年6月13日，第5版。

## 2. 人类命运共同体理念的时代特征

人类命运共同体理念具有鲜明的时代特征，通过归纳分析现有的学术文献，可以总结人类命运共同体理念具有三大特征。一是具有开放性。中国提出的命运共同体理念，有时可能被国际社会误认为一种威胁，针对此种误解，泰国皇太后大学副校长罗林·科索坎蒙特提出，"命运共同体"的实质是中国想把自己的命运同世界分享，是正在发展中的机制，其原则是和平发展。① 英国学者马丁·阿尔布劳则在其专著中进一步论证了，中国在近年来所提倡的人类命运共同体理念，是致力于促进全球和平与合作，而非加剧大国之间的对抗。② 二是具有包容性。人类命运共同体理念体现了共同发展观，它不是采取一家独大、赢者通吃式的发展路径，而是主张各个国家的互利共赢与互惠共享。有学者认为，共同体的团结分为"机械的团结"和"有机的团结"，人类命运共同体主张和而不同、尊重差异，属于有机团结的共同体。③ 三是具有超越性。人类命运共同体理念蕴含一种新的国际观，其超越性主要是针对西方国家主导的旧的国际关系体系而言。西方大国曾经依靠对外扩张和殖民掠夺，建立起西方大国主导的世界体系，但是这种世界体系建立在不平等、非正义的基础之上，因而并不会持久。有学者认为，人类命运共同体理念作为一种新型国际关系追求的目标，是对旧有国际关系理念的

---

① 王灵桂、赵江林主编：《"周边命运共同体"建设：挑战与未来——中外联合研究报告（No.2）》，北京：社会科学文献出版社2017年版，第14页。

② M. Albrow. *China's Role in a Shared Human Future: Towards Theory for Global Leadership*. Beijing: New World Press, London: Global China Press, 2018, p. 6.

③ 陈曙光：《超国家政治共同体：何谓与何为》，载《政治学研究》，2017年第5期，第73页。

摒弃和超越。"在合作共赢这个核心理念和人类命运共同体这个目标模式的引导下，新型国际关系将在主要内容、主题、国家间关系定性、主要矛盾、主要行为方式等方面展现出不同于旧型国际关系的新特征。"①

总体而言，学界对人类命运共同体理念的鲜明特质进行了比较恰当的概括，指出了这一理念具有的开放性、包容性和超越性特征，有利于我们进一步深入认识这一理念。

## （三）人类命运共同体理念的时代意义研究

人类命运共同体理念的提出，既立足于国内现实的发展需要，又着眼于人类社会的未来走向，这一理念为解决人类社会面临的共同问题提供了新视角、新选择和新方案。目前学界对人类命运共同体理念时代意义的研究主要集中在理论意义和现实意义两个层面。

### 1. 人类命运共同体理念的理论意义

有的学者认为，人类命运共同体不同于一般意义的共同体，它是最高层次的共同体，这一理念所具有的时代意义，主要体现为对人类社会的伦理规范意义，其实质是用来平衡个人主义或自由主义价值泛滥的一种总体化伦理。② 有的学者认为，人类命运共同体理念对于推动中国的对外交往具有重要的意义，"人类命运共同体既是新时期中国外交的一

---

① 刘建飞：《新型国际关系基本特征初探》，载《国际问题研究》，2018年第2期，第17页。

② 田海平：《中华文化"走出去"与中国价值观的道德诠释》，载《湖北大学学报：哲学社会科学版》，2017年第5期，第6页。

面旗帜,又是中国对人类的重大思想性公共物品的供给"①。有的学者认为,人类命运共同体理念是对21世纪历史唯物主义理论发展的原创性贡献,为实现人类社会更美好的世界景象奠定坚实的物质基础和精神基础。②有的学者认为,"人类命运共同体思想,是在西方所谓的'普世价值'影响渐亏的情况下承担起拯救全人类命运的精神支柱。它为全人类未来的发展指明了方向,是为实现人类社会一体化发展所勾勒的世界梦。"③构建人类命运共同体这一倡议,因其致力于实现国际社会公平正义,因而占据了国际社会道义的制高点。

### 2. 人类命运共同体理念的现实意义

人类命运共同体理念虽然是由中国这一发展中国家提出来的,但它并不单单针对发展中国家所遇到的现代化问题,也是对西方国家现代化进程及其遇到的瓶颈问题的深刻反思,人类命运共同体理念是真正着眼于人类社会共生共荣之道的创新性探索。有的学者认为,构建人类命运共同体是中国积极寻求新的社会和经济发展战略的体现,这一理念旨在突破西方中心主义的发展模式,为解决世界共同面对的"发展赤字、和平赤字、治理赤字"这三大难题贡献中国的方案与智慧,从而

---

① 黄真:《"人类命运共同体"理念的伦理透视》,载《理论月刊》,2016年第11期,第49页。

② 刘同舫:《构建人类命运共同体对历史唯物主义的原创性贡献》,载《中国社会科学》,2018年第7期,第4页。

③ 谢俊:《人类命运共同体思想的生成逻辑及建构实践》,载《哲学研究》,2019年第2期,第8页。

有利于重建新的世界格局。① 有的学者认为，人类命运共同体理念，通过"一带一路"这一现实载体将其付诸实践，实现了中国国内发展战略与国际发展战略的高度统一，有利于为中国的发展营造更加有利的国际环境。② 有的学者认为，人类命运共同体理念的提出是为了帮助世界各个国家走出现代性困境、解决人类社会共同面对的问题。西方国家利用资本打开了人类通往现代性的大门，但是资本的逐利性使人类在享受到现代性福利的同时，也遇到了现代性的危机，比如全球性生态环境破坏和气候变化问题，应对全球性生态危机，需要人类树立命运共同体意识。③ 有的学者认为，人类命运共同体理念的世界意义主要是强调了人类共存共处的现实，并且提供了人类和谐相处的原则。④ 大力倡扬人类命运共同体理念，对于增进各个国家之间的相互理解、相互包容、尊重差异、共谋发展，建立更加平等均衡的新型全球发展伙伴关系，推动国际秩序和国际体系朝着公正合理的方向不断发展具有重要意义。

总体而言，学者们的研究大多分析了构建人类命运共同体的一般意义，而对其文化战略意义重视程度不够。人类命运共同体理念汲取了马

---

① 韩庆祥、陈远章:《人类命运共同体与中华新文明》，载《学习时报》，2017年6月26日，第1版。

② Christine R. Guluzian. "Making Inroads: China's New Silk Road Initiative", *Cato Journal*, Vol. 37, No. 1, 2017, pp. 135–147.

③ Xiangwan Du. "Responding to Global Changes as a Community of Common Destiny", *Engineering*, Vol. 2, No. 1, 2016, pp. 52–54.

④ 王帆:《命运共同体的理论意义与实践推动》，载《当代世界》，2016年第6期，第4页。

克思主义理论、中华民族文化和人类文明的优秀成果，既是对中国社会主义实践的理论总结，也是对人类社会发展模式的深刻反思，对当前中国乃至世界的未来发展都具有深刻的启示意义。因此，进一步探寻人类命运共同体所根源的马克思主义理论与中华传统文化元素，用以回应当今全球化发展中的问题，发掘人类命运共同体的理论贡献，既有利于丰富和完善中国特色社会主义理论，又有利于增强自身的文化自信与战略自信，推动中国特色哲学社会科学话语体系的构建。

## （四）构建人类命运共同体的现实挑战与实践路径研究

马克思主义理论是面向实践的理论，始终关注时代的重大问题，它不满足于解释世界，更重要的在于改变世界。"一步实际运动比一打纲领更重要。"[①] 马克思主义理论具有鲜明的实践性，必然要在实践中体现现实的塑造力和行动的引领力。人类命运共同体理念作为马克思主义中国化最新的理论成果，应该用来指引人们的实践活动。学界对构建人类命运共同体的现实挑战与构建路径进行了探讨。

### 1. 构建人类命运共同体的现实挑战

当前构建人类命运共同体，是由于人类社会面对生存和发展的现实危机，从而倒逼人类合作机制的形成，而人类自觉自愿的力度较小。有学者提出，全球治理相较于国家治理来说，其难度更大，主要原因在于国家治理进程中有核心治理主体，而全球治理则缺乏有效主体，国家之

---

① 《马克思恩格斯文集》第 3 卷，北京：人民出版社 2009 年版，第 426 页。

间的价值和利益冲突也势必影响全球治理的成效。① 国外学者认为，人类命运共同体理念虽然是关于人类未来社会的美好设想，但不可忽视的是，构建人类命运共同体面临着客观挑战。一是人类命运共同体理念难以得到普遍认可。认可这一理念是实践的前提，而现实中这一理念却往往遭到质疑和误解，一些持意识形态偏见的人士将其归结为"民族中心说"②"理想主义说"③。二是现实的国际冲突。有学者提出海上丝绸之路的推进会引发国家领土主权纷争④，也有学者提出大国博弈会阻碍这一理念的深入推进⑤。

总体而言，学界对构建人类命运共同体进程中遇到的现实挑战进行了较为深入的分析，归纳起来，其困境主要为利益共享的困境、制度共建的困境以及价值认同的困境。

### 2. 构建人类命运共同体的路径

尽管构建人类命运共同体面临着不少挑战，学界依然对这一理念持

---

① 徐勇、吕楠:《热话题与冷思考——关于国家治理体系和治理能力现代化的对话》，载《当代世界与社会主义》，2014年第1期，第10页。

② R. Gonzalez-Vicente. "The Empire Strikes Back? China's New Racial Sovereignty", *Political Geography*, Vol. 59, 2017, pp. 139-141.

③ Nien-chung and Chang-Liao. "China's New Foreign Policy under Xi Jinping", *Asian Security*, Vol. 12, No. 2, 2016, pp. 82-91.

④ K. Morton. "China's Ambition in the South China Sea: Is a Legitimate Maritime Order Possible?", *International Affairs*, Vol. 92, No. 4, 2016, pp. 909-940.

⑤ Suisheng Zhao. "American Reflections on the Engagement with China and Responses to President Xi's New Model of Major Power Relations", *Journal of Contemporary China*, Vol. 26, No. 106, 2017, pp. 489-503.

乐观的期待，并且为促进这一理念转化为实践做出了有效的探索。

有些学者从哲学层面对这一问题进行了探索。有的学者提出，构建人类命运共同体，合理解决全球性问题，需要破除资本拜物教和两极对立思维模式，建立基于劳动实践的平等交往关系，同时还要尊重历史规律，完善社会生产方式和交往方式。① 有的学者认为，构建人类命运共同体需要发扬自由和平等的公共精神，实现个人自由与共同体发展相统一，需要从现实的个人出发，并且扬弃资本逻辑带来的货币——资本共同体的抽象性和虚假性，最终目标是实现自由人联合体。② 有的学者认为，构建人类命运共同体需要坚持理想性和现实性的统一。现实性是指市场经济条件下的国家间交往是出于利己主义和本国利益的考量；理想性则是根植于人类的本性，植根于人的"类意识"中本然具有的对公平正义乃至更高超越性价值的追求与渴望。③ 有学者认为，构建人类命运共同体需要凝聚价值共识，塑造新的国际社会共同价值。④ 而对于如何塑造价值共同体，有学者提出，培育文化认同感更重要的是人和人的合作、机构和机构的合作，丝绸之路的目标就是发展更加健康的国家间关系，我们既需要建立一个共同的身份，也要

---

① 臧峰宇:《马克思的共同体思想与人类命运共同体意识》，载《中国社会科学报》，2016 年 2 月 25 日，第 3 版。

② 孔伟:《哲学视域中的共同体理论》，载《中国人民大学学报》，2018 年第 3 期，第 97 页。

③ 王新生:《命运共同体：人类共存之道的中国方案》，载《中国社会科学报》，2016 年 2 月 25 日，第 3 版。

④ Xing Li and Timothy M. Shaw. "'Same Bed, Different Dreams' and 'Riding Tiger' Dilemmas: China's Rise and International Relations/Political Economy", *Journal of Chinese Political Science*, Vol. 19, No. 1, 2014, pp. 69–93.

保持文化的多样性。① 还有学者指出，以教育为纽带促进多元文化中的各国各族人民相互了解、相互信任、相互尊重，是共建人类命运共同体之通途。②

国际法是约束国际关系的重要力量，需要重视国际法规的作用。因此，有的学者认为，构建人类命运共同体需要国际法治的支持，需要运用统一适用的规则明辨国际是非、促进世界和平、谋取合作与发展。③ 有的学者指出，在遵循国际法这一实践路径的同时，还需要对其加以深化，认为"需要厘清人类命运共同体构建的基础和价值所在，寻找人类命运共同体的国际关系法治化目标的实践路径，探寻人类命运共同体的构建对国际法的发展方向"④。还有学者提出，在国内法治和国际法治的互动过程中，中国应据此明确国际定位，积极参与国际法治进程，掌握法治建设话语权。⑤

关于人类命运共同体的构建主体，学界提出了不同的观点。有的学者提出"综合主体说"，认为构建人类命运共同体，应该由国家行为主体和国际行为主体共同参与，同时还需要发挥党政部门、媒体力量、学

---

① 王灵桂、赵江林主编：《"周边命运共同体"建设：挑战与未来——中外联合研究报告（No.2）》，北京：社会科学文献出版社2017年版，第13页。

② 崔新有：《"一带一路"建设与开放大学的责任使命》，载《终身教育研究》，2017年第5期，第4页。

③ 李赞：《建设人类命运共同体的国际法原理与路径》，载《国际法研究》，2016年第6期，第62页。

④ 谢海霞：《人类命运共同体的构建与国际法的发展》，载《法学论坛》，2018年第1期，第23页。

⑤ 赵骏：《全球治理视野下的国际法治与国内法治》，载《中国社会科学》，2014年第10期，第79页。

术界知识分子的共同作用。① 有的学者提出"国家主体说",要求各个主权国家肩负起维护人类共同利益、相互合作的国际义务。② 有的学者提出"人民主体说",认为人民群众是推动历史进步的主导力。③

通过梳理文献可以得出,学界主要从哲学方法论、国际法治、构建主体、教育、文化交流等不同层面对构建人类命运共同体的实践路径进行了富有启发性的探索。构建人类命运共同体并不是一朝一夕之功,我们需要掌握科学的方法论,并探究人类命运共同体理念实现的可能因素,包括主观因素和客观因素,推动人类命运共同体理念由愿景转化为现实。

### (五)人类命运共同体的研究进路展望

总体而言,学者们从不同的学科视角与研究视野出发,对人类命运共同体理念进行了多学科、立体式的研究和探讨。当前的研究虽然取得了不少成果,但是从整体上看依然存在一些不足,主要表现为系统性研究成果不多、学科交叉性研究成果不够、问题意识不够鲜明。未来深化人类命运共同体研究,可以从以下三个方面着力:

---

① 李景治:《推动构建人类命运共同体的路径选择》,载《新视野》,2017年第6期,第10页。

② 龚柏华:《"三共"原则是构建人类命运共同体的国际法基石》,载《东方法学》,2018年第1期,第35页。

③ 李景源:《构建人类命运共同体何以可能?》,载《湖北大学学报(哲学社会科学版)》,2017年第6期,第3页。

**1. 强化整体意识，在人类命运共同体的研究对象上，注重微观与宏观相结合**

一是挖掘人类命运共同体的核心构成要素。人类命运共同体的构成包括共同利益、共同价值、共同命运、共同秩序、共同规则等核心要素，对于这些要素及其内在联系的阐释，有利于深化人类命运共同体研究。二是注重对与"人类命运共同体"易混淆概念的辨析。人类命运共同体概念具有整体性和层次性特点，我们在研究时，需要辨析这一概念与"利益共同体""价值共同体""安全共同体"之间的涵摄与层次区分关系，加深对人类命运共同体概念的理解。三是阐释清楚人类命运共同体理念提出的内在逻辑。人类命运共同体理念究竟因何而提出以及何以能提出，这需要学界从历史逻辑、理论逻辑和现实逻辑三者统一的整体视域中去阐发。然而，当前学界从单一逻辑视角分析的较多，从整体逻辑探析的较少，今后有必要进行更系统的研究。四是深入分析人类命运共同体在现实推进过程中的不利因素与有利机遇。针对人类命运共同体的构建路径，学界虽然进行了多维度和不同层面的分析，但是对其实践过程中的不利因素与有利机遇分析得还不够全面深刻，例如其潜在风险与可能挑战究竟有哪些？其有利机遇又有哪些？通过什么方法可以转危为机？对于这些战略性层面的问题，学界应予以更多思考和关注。

**2. 强化创新意识，在人类命运共同体的研究方法上，注重比较与交叉相促进**

一是应用比较研究法。人类命运共同体理念具有典型的中国文化元素，体现了中国人重视集体利益的思维方式，这不同于西方文化重视个人权利的思维方式。在进行研究时，注重中西文化思维的比较，可以更深刻地理解这一理念的精神特质及其文化内涵。二是运用学科交叉法。研究人类命运共同体不能从单一学科出发，而要发挥学科交叉的作用。当前从马克思主义理论学科、哲学、国际关系学、政治学学科研究人类命运共同体的成果较多，从环境科学、教育学、人类学、历史学等学科视角研究的成果较少。构建人类命运共同体离不开经济力量作用，需要运用政治经济学理论进行分析；人类命运共同体理念作为文化价值，需要运用哲学方法进行辨析；构建人类命运共同体离不开国家实体之间的合作，需要运用国际政治学来探讨。

**3. 强化问题意识，在人类命运共同体的研究视野上，注重古与今、中与外相统一**

马克思曾经说："真正的批判要分析的不是答案，而是问题。"① 深化人类命运共同体相关研究，必须基于相应的问题意识。未来可以从以下三个方面着力：一是总结历史发展经验。古代丝绸之路在人类历史上曾经发挥过重要的作用，促进了不同国家和地区之间的文明交流、贸易往来和商业繁荣。今天，"一带一路"作为构建人类命运共同体的重要载体，我们应该分析研究"一带一路"在实践中面临的问题，吸收古代丝绸之路发展经验，并结合新的时代条件进行转化，推动今天的"一带一路"建设。二是面向时代解决问题。人类社会不断发展，每一个时代面临的问题不尽相同。面对世界百年未有之大变局，我们需要思考，国际秩序深刻转型背景下如何推动构建人类命运共同体？当今科学技术的快速发展尤其是移动互联网的运用实践，以及媒介融合和媒介交往在人类

---

① 《马克思恩格斯全集》第 1 卷，北京：人民出版社 1995 年版，第 203 页。

社会领域的扩展，对构建人类命运共同体产生了什么样的影响？人类社会除了面对战争这样的传统安全威胁，还面对恐怖主义、网络犯罪、气候变化等非传统安全威胁，这对人类命运共同体的深层次影响又是什么？这些问题都迫切需要予以回应。三是重视国际话语权。新中国成立70多年来，我们解决了"挨打""挨饿"的问题，但是还没有解决好"挨骂"的问题。人类命运共同体理念多次被写入国际大会文件，在国际上赢得了良好的赞誉，但是也不乏国际敌对势力诋毁的声音，将"一带一路"歪曲为"新版马歇尔计划"，将中国在非洲的援助行动抹黑为对发展中国家的"殖民政策"。对于这些错误观点，不仅需要政府、新闻媒体的正确引导，也需要国内学界从学理上加以阐释和辨析，发挥学术交流、人文互动的作用，廓清思想和认识的误区。

任何一种研究范式，都有其应有的价值和意义。总体而言，这些研究成果丰富了既有的研究视角，体现了较高的研究水平，是继续开展研究的参考和借鉴。对人类命运共同体这一理念的把握，不能仅停留于描述式的理论研究，还要善于透过现象分析事物的本质，也就是说，有必要确立人类命运共同体研究的哲学视野和哲学方法，从而更加深刻地把握这一研究对象的本质内容。我们需要通过哲学的反思性研究，深入开掘"人类命运共同体"概念所具有的丰富的哲学意蕴，分析这一概念由理论转化为现实过程中所存在的困境及其原因，并尝试提供解决现实问题的哲学方法论根据，从而为探索人类社会共生共荣之道做出哲学应有的贡献。同时，我们也要从人类文明新形态的高度去认识人类命运共同体的重大意义与时代价值，在当今世界面临百年未有之大变局、充满不确定性与挑战性的时代背景下，中国提出构建人类命运共同体，体现了一种积极有为的历史主动精神，旨在推动创造和平、繁荣、文明、包容、绿色的美好世界,为建构世界普遍交往的新格局和世界历史的新图景指明了前进方向。未来的研究,应该努力揭示人类命运共同体所体现的重大时代意义、文明内涵以及未来图景,不断深化学理性阐释,从而使以"人类命运共同体"为标志的原创性概念真正成为中国自主的知识体系、学术体系和话语体系,真正成为在国内外立得住、叫得响、传得开的"中国理论""中国思想"。

# 第一章

## 人类命运共同体的提出与生成基础

一种新的理论的产生，会有其时代背景和理论渊源。人类命运共同体理念是结合新的时代语境提出来的创新性理论。当人类进入21世纪，伴随着全球化的深入发展和国家之间联系的日益增多，人类社会进入了新的时代。当前人类社会发展迅速，全球社会的各个领域，都经历着复杂而深刻的变革。

这是一个大发展大变革大调整的时代。世界之变、时代之变、历史之变正以前所未有的方式展开。由于现代信息技术、通信技术和交通技术的迅速发展，人类生活从未像今天这样如此紧密地关联在一起，人类社会已经形成了你中有我、我中有你的命运共同体。同时，人类社会既面临着诸如战争、经济危机等传统挑战，也面临着诸如恐怖主义、网络犯罪、气候变化、全球性疾病蔓延等非传统安全威胁。面对这样的时代背景，以习近平同志为主要代表的中国共产党人，基于对国际社会现实的深刻体悟和感知，基于对古今中外文明理念精髓的继承与创新，提出了人类命运共同体这一重大创新理念。

一种理论的价值及其产生的影响，根本在于其所蕴含的真理性力量、科学性方法、开放性智慧。站在人类历史的十字路口，面对世界之变、时代之变、历史之变，人类命运共同体理念正是在聆听时代声音、回应时代呼唤、把握历史脉络、找到发展规律的基础上提出的科学思想理论。人类社会生活的现实实践是这一理念生成的现实基础，人类文明所积累的丰厚文化资源是这一理念生成的理论源泉。

# 一、人类命运共同体概念的提出

"人类命运共同体"是在新的时代语境中提出来的新概念。人类命运共同体这一理念是应时代之变而提出的,其提出源于对当今人类社会多方面的深刻感受力、分析力和抽象力,它综合了经验、历史和观念的多重层面,包含了利益、制度和价值的不同维度,是致力于推动人类社会不同区域和不同文明相互交流与学习的世界一体化过程的科学理念。人类命运共同体理念有着强烈的问题意识、社会关怀和人文精神,因而其自身具有强大的吸引力、凝聚力。"'人类命运共同体'首先是一个现实,反映了在全球化的最新阶段展现出的日益相互依赖、命运与共的人类利益格局。"[①] 命运,是指人的生死、贫富等一切现实的遭遇,其根本是关乎人的生存境遇的好坏。对于人类总体而言,创造和平与稳定的生活环境、实现更好的生存与发展是人类命运的根本指向。今天,人类社会进入全球化的新阶段,人类的共同命运表现在经济生活、政治生活、社会生活和文化生活等各个领域。"人类命运共同体"这一概念有着自身的形成和发展过程,本节将对这一概念的形成过程、理论内涵和基本构成进行梳理、总结。

---

① 常健:《构建人类命运共同体与全球治理新格局》,载《人民论坛·学术前沿》,2017年第12期,第36页。

第一章　人类命运共同体的提出与生成基础

## （一）人类命运共同体概念的提出过程

"命运共同体"概念最早出现于党的十七大报告，胡锦涛在2007年召开的中国共产党第十七次全国代表大会上正式提出"命运共同体"，用于描述大陆同胞和台湾同胞血脉相连的关系。2011年11月18日，温家宝在第十四次中国—东盟（10+1）领导人会议暨中国—东盟建立对话关系20周年纪念峰会上的讲话中指出："中国与东盟作为致力于和平与繁荣的战略伙伴，在前所未有的广泛领域和高水平上开展交流与合作，成为休戚相关、荣辱与共的命运共同体。"① 由这一表述可以看出，中国政府开始将"命运共同体"应用于处理国家间关系。"人类命运共同体"这一概念初步成型于2011年《中国的和平发展》白皮书，其具体表述是："经济全球化成为影响国际关系的重要趋势。不同制度、不同类型、不同发展阶段的国家相互依存、利益交融，形成'你中有我、我中有你'的命运共同体。"② 这一表述虽然没有直接出现"人类命运共同体"，但是已经在全球层面上思考国家间的关系，针对的是国际社会的和平共处问题，因而可以看作"人类命运共同体"概念的初步形成。党的十八大报告首次将"倡导人类命运共同体意识"写入党的文件，其具体表述为："合作共赢，就是要倡导人类命运共同体意识，在追求本国利益时兼顾他国合理关切，在谋求本国发展中促进各国共同发展，建立更加平等

---

① 温家宝：《温家宝在第十四次中国—东盟领导人会议暨中国—东盟建立对话关系20周年纪念峰会上的讲话》，载《人民日报》，2011年11月19日，第2版。

② 中华人民共和国国务院新闻办公室：《2011年中国政府白皮书汇编》，北京：人民出版社2011年版，第183页。

均衡的新型全球发展伙伴关系,同舟共济,权责共担,增进人类共同利益。"①

党的十八大之后,习近平针对"构建人类命运共同体"发表了一系列重要讲话。从2013年莫斯科国际关系学院演讲②到2015年博鳌亚洲论坛③、2016年G20峰会④,再到2017年联合国大会⑤,习近平从国际关系、经济发展、文明关系、世界安全、生态建设等方面阐述了人类命运共同体理念的时代内涵和重大意义,强调了中国对外交往新理念,为今日的中国走向世界奠定了主基调,并得到了国际社会的广泛认可。2017年2月10日,联合国社会发展委员会第55届会议协商一致通过"非洲发展新伙伴关系的社会层面"决议,"构建人类命运共同体"理念首次被写入联合国决议中,体现了中国智慧、中国方案在推动世界文明进步中的

---

① 胡锦涛:《坚定不移沿着中国特色社会主义道路前进 为全面建成小康社会而奋斗——在中国共产党第十八次全国代表大会上的报告》,载《人民日报》,2012年11月18日,第1版。

② 2013年3月23日,习近平在俄罗斯莫斯科国际关系学院做了《顺应时代前进潮流,促进世界和平发展》的演讲,详见习近平:《论坚持推动构建人类命运共同体》,北京:中央文献出版社2018年版,第4—12页。

③ 2015年3月28日,习近平在博鳌亚洲论坛发表了《迈向命运共同体,开创亚洲新未来》的演讲,详见习近平:《论坚持推动构建人类命运共同体》,北京:中央文献出版社2018年版,第203—213页。

④ 2016年9月4日,习近平在二十国集团领导人杭州峰会上做了题为《构建创新、活力、联动、包容的世界经济》的开幕词,详见习近平:《论坚持推动构建人类命运共同体》,北京:中央文献出版社2018年版,第377—382页。

⑤ 2017年1月18日,习近平在联合国日内瓦总部做了题为《共同构建人类命运共同体》的演讲,详见习近平:《论坚持推动构建人类命运共同体》,北京:中央文献出版社2018年版,第414—426页。

重要作用。党的十九大报告将"构建人类命运共同体"单独作为一个部分来阐述，并写入新修订的《中国共产党章程》。党的二十大报告继续强调："中国始终坚持维护世界和平、促进共同发展的外交政策宗旨，致力于推动构建人类命运共同体。"①人类命运共同体理念是具有中国特色的话语表达，蕴含着中国文化和中国价值，同时，这一理念又不仅仅属于中国，它也体现了世界上不同国家、不同地区人民的共同精神追求，因而是世界人民共有共享的精神文化资源。

## （二）人类命运共同体概念释义

德国现代社会学家滕尼斯是现代共同体理论的重要奠基者。滕尼斯在《共同体与社会》这一代表性著作中对"共同体"与"社会"进行了区分，提出"共同体"（德文是 Gemeinschaft）是一种不同于"社会"（德文是 Gesellschaft）的交往有机体，专门指那种依靠传统的自然感情而密切交往的有机体。"共同体"和"社会"虽然都属于人类的共同生活形式，但只有"共同体"才是真正的共同生活。②共同体是依赖人的感情、心理、精神等"本质意志"而形成的有机团结；社会则是依赖权力、制度、法律等"选择意志"而形成的机械团结。滕尼斯对共同体还做了三种区分，分别是：血缘共同体、地域共同体与精神共同体。滕尼

---

① 习近平：《高举中国特色社会主义伟大旗帜 为全面建设社会主义现代化国家而团结奋斗——在中国共产党第二十次全国代表大会上的报告》，北京：人民出版社 2022 年版，第 60 页。

② [德] 滕尼斯：《共同体与社会》，林荣远译，北京：商务印书馆 1999 年版，第 54 页。

斯将共同体界定为"人的意志完善的统一体"①。共同体是基于价值、情感、语言、信念等的相互认同,进而结成的一种相互依赖、彼此支撑的具有某种亲密关系的人们的结合体。家庭、氏族是最小意义上的共同体,当文化、风俗、利益、地缘等更多的因素加进来时,又会形成更大意义上的社团共同体、地缘共同体、民族共同体和国家共同体。

共同体在长期的发展历程中,功能日益丰富。一方面,共同体承载着共同的价值追求和行为规范;另一方面,共同体必须为成员提供安全保障、需求满足、秩序维护、利益协调等职能。从类型上划分,共同体可分为血缘共同体、地缘共同体、政治共同体、军事共同体、经济共同体等。德国著名哲学家胡塞尔对"共同体"所做的最简单定义就是"我们:世界意义的共同承载者"。确切地说,"共同体"是一个与交互主体性密切相关的探讨课题:一方面,"共同体"意味着交互主体的共同构造形式。在共同体中,复数的经验主体构造着交互主体有效的生活习性、生活世界、文化、宗教等等。在这个意义上,胡塞尔也谈及"共生的共同体""宗教的共同体""现象学的共同体""先验主体的共同体"等共同体形式。②在胡塞尔的先验现象学中,"人类"总体作为交互主体性或复数单子的共同体被理解为世界的相关项,世界之有效性是这个交互主体性"在共同体化中的意向成就"③。

---

① [德]滕尼斯:《共同体与社会》,林荣远译,北京:商务印书馆1999年版,第58页。

② 倪梁康:《胡塞尔现象学概念通释》,北京:生活·读书·新知三联书店2007年版,第8页。

③ 倪梁康:《胡塞尔现象学概念通释》,北京:生活·读书·新知三联书店2007年版,第8页。

共同体概念，小到一个家庭和社团，大到一个民族和国家，都是不同层次的共同体。人类命运共同体是最高层次、最广范围、最大地域的共同体。人类命运共同体是基于整个人类生存和发展的需要而结成的命运与共、祸福相依的联合体。人类命运共同体作为一种社会关系而呈现出来，通过人类社会的共同理想、共同价值、共同利益、共同需要、共同规范、共同权利、共同义务等体现出人类的共同命运。人类命运共同体并不是一个抽象模糊的概念，而是具有丰富的内容规定。

其一，作为地理意义上的人类命运共同体，即是说人类共处一个地球，人类处于共同的生存环境之中，这是人类生存和发展的前提条件。这是一种客观的事实，不以任何人、任何民族或者任何国家的意志为转移，是不证自明的。地球是人类生存的唯一家园，自然界给人类提供了生存的资源，人类通过对资源的开发和利用来满足自身生存和发展的需要。人类只有共同保护赖以生存的自然环境，合理利用地球上的资源，才能具有可持续发展的基础。

其二，作为制度和规范意义上的人类命运共同体，内在要求人类必须基于一种正当原则来建立世界秩序。人类必须在一种现实的社会关系中活动。亚里士多德早就提出，人是政治的动物。马克思更加鲜明地指出，人是社会的动物。马克思从社会化的人或人类社会出发开展理论研究。人类既然处于一定的社会关系之中，就必须借助一套社会规范体系来约束每个人的活动。社会中不存在绝对的自由，每个人自由的实现不能以牺牲他人的自由和权利为前提。为了实现这样的社会秩序，需要借助普遍的法治来加以保障。国内社会有国家制定的法律，国际社会上有各个国家共同制定的法律。人类要想实现和平与发展，离不开普遍法治的规范和约束。虽然在目前阶段，人类社会只能达成最低限度的法治共识，但是，随着人类社会法治文明的不断进步，人类必将进入一个普遍守法的文明社会。

其三，作为文化意义上的人类命运共同体，其实质是人类关于自身存在方式的文化想象。此种意义上，人类命运共同体是作为一种文化图景和价值目标而存在。结成人类命运共同体的主要纽带是共同的价值认同。人类命运共同体之所以能够形成，是因为对共同价值的认同。共同价值是能够发挥引导和规范作用的软因素。人类命运共同体这一概念蕴含了对共生共荣这一人类社会状态的渴望与追求。那么，人类命运共同体究竟是价值概念，还是事实概念？或者两者兼而有之？可以这样分析，从人类命运共同体的内在取向和未来追求上说，它是作为一种价值概念而存在，包含和谐、正义、民主、自由等理想。从人类命运共同体的现实基础来说，当前人类社会所具有的共同利益已经将人类社会联系在一起，人类命运共同体已经成为一种事实。

人类命运共同体不同于其他类型的共同体，主要在于它是一种交互型的共同体，本质上体现了人与人之间相互依存、密不可分、命运与共的生存和发展状态。在人类历史上曾经先后存在过不同性质的共同体，分别体现为以"自我中心意识"和"排他的主体性"观念为根据的单子共同体，此种类型的共同体主要是基于地缘关系和地理上的集聚而产生，主要特征是较弱的对外交往和联系；然后是以"单一中心意识"和"独占的主体性"观念为根据的依附共同体，此种类型的共同体主要基于民族历史转变为世界历史的客观趋势，因而建立起资本权力主导的依附性，其特征是存在较强的对外联系，并且存在着绝对权力的主导，因而有中心国家与边缘国家的划分；今天，人类社会主要是以"交往关系意识"和"为他的主体性"观念为根据的交互共同体，人类社会是一种

"共在"关系,人类社会成员以"相互承认"为前提,"互相依靠"为基础,"共御风险"为保障,"共同发展"为目标。①

人类命运共同体理念作为新的时代语境下提出来的新概念,反映了新的时代精神,即人类命运休戚相关、共生共荣的时代精神。这一概念,不是局限于个体、群体或者国家,而是强调全人类主体,因而是最高层次的主体范畴。人类的命运,其核心是人类的生存和发展。人类命运共同体理念不仅仅强调人类的命运,还关注自然和生态环境的好坏,内在要求人与自然、人与人、人与社会的和谐共生。

### (三)人类命运共同体的基本构成

人类命运共同体的构成要素包括利益、制度和价值。利益是构成任何一个共同体的最基础性的要素,离开了利益,共同体就无法形成。制度是构成人类命运共同体的保障性要素,制度能够保障共同体的运行与稳定。价值则是共同体成员的黏合剂,共同的价值和目标追求能够为共同体的进步和完善提供强大的精神和文化动力。利益要素、制度要素和价值要素对于人类命运共同体来说,都是不可或缺的。

自有人类社会以来,就有大小规模不等的共同体。人类共同体的形式由原始的宗族发展到部落,再发展到民族和国家,最终走向人类命运共同体。我们正处于一个全球化快速发展的阶段,全球化将人类社会以前所未有的规模紧密联系起来。人类的共同命运表现在经济、政治、安全和文化等领域。构建人类命运共同体,主要体现为构建经济共同体、

---

① 陈曙光:《人类命运与超国家政治共同体》,载《政治学研究》,2016年第6期,第54页。

政治共同体、责任共同体和价值共同体。

**1. 经济共同体**

今天，世界上的经济交流、贸易往来日趋频繁，没有哪个国家能够脱离世界经济体系而实现自身的发展。构建人类经济共同体，这是从人类生存和发展的物质基础来说的。经济共同体主要表现为三个方面：其一是贸易共同体。人类社会的贸易与交换行为，已经存在了数千年，但是像今天这样的规模，人类历史上还不曾存在过。今天，不同国家、不同地区之间的贸易发展迅速，贸易频次快速增加，商业团体和跨国公司交流频繁，建立在世界市场体系之上的自由贸易，使得世界上各个国家和各个地区的商品生产、交换、消费都成为一个整体。不同国家和不同地区之间的贸易占世界总产值的比例不断增加。国际社会正在形成一个充满活力的贸易网络。其二是金融共同体。金融风险会导致对人类财富的巨大破坏。全球资本主义无节制的扩张活动，在人类历史上不止上演了一次。两次世界大战的爆发，从根本上讲，与金融活动的全球化扩张与资本主义的经济全球化活动有着不可分割的联系。金融危机的周期性上演，不仅对世界经济的发展造成了致命的打击，而且破坏了国际社会通过长期努力建立起来的金融秩序、社会秩序和治理机制。国际社会需要针对国际贸易与跨国金融活动建立完善的监督与管理机制，预防资本金融市场可能发生的风险，从而避免对社会造成难以估量的破坏。其三是技术共同体。自近代英国爆发工业革命以来，人类社会就步入了技术发展的快车道。尤其是信息革命的爆发，更是将人类带入了信息社会。技术的革命改变了人类的生产方式、生活方式与交往方式。以电子计算机和互联网的发展为例，它们的出现大大方便了人类的交往，促进了不同国家和不同地区人们的交流。人类社会的未来发展，关键还是要依靠科学技术的创新。科学技术的创新，能够将人类从繁重的体力劳动中解放出来，也能够大大提高社会生产效率，从而给人更多的自由活动时间。面对不同国家技术发展不平衡的客观实际，我们一方面要探索技术发达国家支援技术落后国家的合理机制，帮助技术落后国家；另一方面要预防技术发展带来的潜在风险。新兴的信息技术革命虽然使人类社会在诸多方面享受了便利，但是也带来网络跨国犯罪等社会安全问题。因此，人类社会必须在技术的合理运用方面建立起较完善的机制，将人类技术发展带来的风险降低到可控范围。

### 2. 政治共同体

当今世界并不太平，局部地区依然有战争与冲突。种族冲突、宗教冲突、国别冲突等，使得整个世界的安全面临着战乱的威胁。战争在人类历史上一直存在。战争可以摧毁人类社会积累的财富，可以摧毁生命，破坏社会秩序。人类社会的文明演进经过了上千年，但是，文明的力量似乎没有战胜战争的力量，人类社会到今天还会发动战争。为什么人类创造了文明，积累了知识，还不足以改变人类的野蛮？我们同作为人类，具有共同的属性，为什么还要相互冲突？人类现实社会生活中存在的利益冲突是战争发生的根本原因。而制止战争，实现和平，唯有依靠人类自身的合作与协调。人类社会的安全与和平，需要人类共同的努力。人类在经历两次世界大战的惨痛经历后，认识到建立全球性的政治组织的重要性，联合国就是在人类理性指导下建立的世界组织。这一世界组织的建立，是人类试图建立维护世界和平与稳定、协调各个国家之间冲突的机制。作为世界性的政治共同体，联合国在维护世界稳定与安全、协调各个国家之间冲突方面发挥了重要的作用。各个国家能够在联合国这一政治合作框架内进行协商,在这一平台上进行充分的沟通,并寻求中间结构的协调作用,从而实现化解政治矛盾、消除政治分歧、达成政治共识的目的。联合国作为人类社会最大的政治共同体,虽然是初级意义上的政治共同体,在政治治理机制、协调机制、监督机制等方面还有不完善、不健全的地方,但是,目前来看,联合国是人类社会合作已经达到的最高水平的政治共同体。

建立民主、平等、合作、对话的政治共同体秩序。国际社会的和平与安全,离不开每个国家的共同努力。各个国家需要在承认各自主权的前提下,相互尊重,平等地开展对外交往。每个国家都是一个独立自主的政治实体,不能凌驾于他国之上,更没有支配他国的特权。国家与国家之间,基于政治平等而建立的政治共同体,必须将平等协商、相互尊重作为交往的原则,通过政治对话化解政治分歧,正确处理民族矛盾、领土和边界纠纷。要反对一切形式的政治强权主义,推动不同国家之间平等对话,建立多种有效的政治沟通机制,建立和完善多边主义协调机制,促进国际社会各类问题的解决,从而引导建立世界政治新秩序,建立和平稳定的政治共同体。

### 3. 责任共同体

人类社会自从第一次工业革命爆发以来,生产力水平就不断进步,创造出了高度发达的物质文明和精神文明。然而,人类社会也同样面临贫富差距开始扩大,不同国家之间发展不平衡的问题。面对这些问题,人类需要认识论方面的转换,认识到人类社会的发展是一个命运与共的过程,人类社会的长期繁荣稳定不可能建立在一些国家日益贫穷,而另一些国家日益富裕的基础上。人类社会的长期稳定发展，需要建立在完善有力的责任体系基础之上。新自由主义打着全球化的旗帜，不断向全球进行扩张，然而，新自由主义所鼓吹的"市场万能论"并没有实现，反而在一次次的经济危机中证明了自身存在着缺陷。新自由主义造成了全球范围内财富分配的不合理，加剧了全球贫富两极分化的趋势，让处于第三世界的人民面临着更多的失业风险、环境风险、健康风险。

人类社会的现代工业生产，给人类创造了巨大的物质财富，但同时也带来了全球变暖、生态环境恶化等自然问题，这已经成为威胁落后国家社会与政治稳定的重要因素。面对人类社会的生态风险，人类必须负起责任，建立权责一体的生态安全体系。每个人都是共同体的一员，风险与责任共担。人类对自然资源的利用和开发，必须坚持理性、节制和负责任的态度，从人类未来可持续发展的角度来规划当下的活动。良好的生态环境是人类生存和发展的前提，构建人与自然和谐共生的生态关系是人类不可推卸的责任。人类命运共同体理念要求人类能够在共同的自然灾难面前，团结合作，共御风险。

近些年来，全球化的快速发展，给人类带来了巨大的福利，但同时，也对人类社会秩序造成了威胁。今天的世界，无论是资金、技术，还是人员、信息的往来，都是非常密切的，从而加速了世界的一体化。这给跨区域性的犯罪、病毒的全球性传播创造了条件，也极易导致经济危机从一国向多国的蔓延，从而给世界的安全秩序、社会秩序以及经济秩序带来极大的冲击和破坏。处于全球化社会中的人类需要以"太空船理念"代替"救生艇理念"。"救生艇理念"是指遭遇意外事件时，为了挽救一部分人的生命，必须牺牲另一部分人的生命，将另一部分人抛入大海。"太空船理念"则是强调大家生死与共，处于太空船中的乘员都发挥着不可替代的作用，抛弃任何一个人，其他人都无法生存，只有齐心协力排除万难，大家才有生存的可能。今天，世界上各个民族和各个国家犹如生存在同一个"太空船"，任何民族和任何国家都不能以损害其他民族和其他国家的利益为代价谋取自身利益，经济侵略、资源掠夺等不合乎国际正义也有损于人类整体利益的行为，都应该加以制止。各个民族和各个国家只有团结合作，减少冲突，增进共识，共担责任，人类才有持续繁荣发展的可能。

### 4. 价值共同体

当代人类社会虽然取得了非凡的民主政治成就、高度发达的物质文明成就，但是人类的精神生活领域却仿佛陷入了混乱和无序之中。我们常常受困于人类自身制造的文化与价值重建的困境之中。在人类社会的活动空间和世界交往领域中，我们会有关于自身身份和文化角色的困惑，我们也会时常陷入角色认同与文化认同的危机之中。

一个群体，需要共同价值进行规范、引导。我们需要一套基本的价值共识，引领人类社会消除分歧，进行合作。人类正处于全球化快速发展的阶段，国际社会大生产以及世界大市场的形成，要求人类建构与之相适应的价值观念与意识结构。人类社会的世界交往结构，已经深刻改变了人们的生存方式和生活方式，而原先在不同的环境和条件中形成的价值观，开始呈现出相互激荡和碰撞的态势，同时也呈现出相互交融和相互借鉴的趋势。

人类由于具有共同利益，生活在共同的环境之中，因而具有对话的可能、合作的可能、达成共识的可能。人类社会的基本价值共识，能够在精神引领、目标导向和道德规范方面发挥出积极的作用，比如人类对公平正义的追求，人类对和平发展的向往，人类对民主自由的渴望，这些蕴含在人类价值体系中的共同之处，正是将人类凝聚团结在一起的深层动力。因而，构建价值共同体对于人类命运共同体的实现是不可或缺的。美国学者亨廷顿认为人类现在生活在多元文明的世界中，要想实现不同文明之间的和平相处，必须坚持"共同性原则"[①]。

人类社会建立价值共同体，关键是通过众多社会实践、社会对话与平等协商的途径，产生人们共同认可的价值观。人类共同价值观有利于团结、凝聚和引领人类社会成员，为了共同的行动目标和社会理想而相互合作。人是社会的动物，历史上产生的各种各样的共同体，都形成了各自不同的价值观，维持了共同体的稳定与发展。今天，全球化使得人类社会具有了形成人类命运共同体的现实基础，人类开始形成最高层次、最大规模、最广范围的共同体，这一共同体的形成、建立和维系，不可能离开共同价值观的引导、规范和凝聚作用，这种共同价值观可以以类意识、世界公民观念等形式表现出来。各个国家、各个民族基于对人类前途命运的共同忧患意识和底线思维而建构起"地球村"观念和世界公民意识，从而在价值和精神纽带的作用下将全球社会联系起来，这是人类共同体继续前进发展的精神动力。

---

[①] [美]塞缪尔·亨廷顿：《文明的冲突与世界秩序的重建》，周琪等译，北京：新华出版社2010年版，第295页。

# 二、人类命运共同体理念生成的现实基础

全球化和现代化是当今人类社会生存和发展的最鲜明特征。人类社会的前进和变革必然是以物质基础为前提的。一种社会生产方式也需要建立与之相适合的社会交往方式。当前，人类社会存在社会化大生产这一事实，因而必然要求人类社会结合成更加紧密的共同体，任何地区、任何国家的人们，要想实现发展，就必须置于全球化和社会化大生产的时代背景中。人类历史正在走向世界历史，这一进程是不以任何人的意志为转移的。伴随着人类社会全球化进程，人类社会也在经历着现代化。现代化虽然给人类带来了巨大的物质福利，但同时也带来了现代性风险和危机。人类该如何生存与发展？又该如何实现更加美好的生活目标？这些问题客观上需要一种新的理论来加以解释，并引导我们人类社会创造更加美好的未来。

## （一）物质前提：社会化大生产的事实存在

社会意识归根结底是由社会存在决定的。人类命运共同体理念的提出离不开一定的物质前提。人类命运共同体理念的提出，是基于现实的物质基础，它并不是抽象精神的产物，而是在现实的物质生产运动中生发的。社会化大生产水平的提高为这一理念的生成创造了条件。人类社会在今天以前所未有的规模和速度呈现高度一体化，其根本原因是社会

化大生产的推动。正是现实的社会化大生产推动了世界历史的前进,从而产生了世界贸易、世界市场,使得今天的人类社会形成密切联系的共同体。

人类历史上曾经存在过自然地缘性的生产方式,这种生产方式是基于地缘、血缘等因素形成的,前资本主义生产方式就是典型的自然地缘性的生产方式,在这种生产方式基础上产生的共同体是自然形成的共同体。在自然形成的共同体内部,共同体成员的生产具有自给自足性,并不具有对外扩张性,因而总是局限于特定地区和特定民族。各个地区、各个民族之间基本上没有相互往来和交流。随着生产力水平的不断提高,社会生产方式的不断进步,人类社会逐渐形成了商品交换性的生产方式,这种生产方式是基于社会分工、商品交换形成的,资本主义市场经济是这种生产方式的典型代表。由于货币是商品交换的主要媒介,因此我们称这种共同体为"货币共同体"。资本主义社会作为货币共同体的典型代表,其对外交往的活动逻辑是资本主导的逻辑,即利润最大化的逻辑,在资本逻辑主导下,这种生产活动必然要在全世界范围内推广自身,它要力图超越一切国家的界限,将全世界纳入自己的活动范围中。全球化就是在这种逻辑主导下开始的。在全球化的推动下,人类活动的时空大大压缩,人类社会日益呈现高度一体化的发展趋势。资本主义所开启的社会化大生产进程,打破了不同地域狭隘的、孤立发展的状态,使全世界各民族、各国家在经济、政治、文化等领域的相互往来、相互交流日益密切,各民族、各国家的发展开始呈现出一体化的整体特征。恩格斯在为共产主义者同盟撰写的纲领草案《共产主义原理》中指出:"单是大工业建立了世界市场这一点,就把全球各国人民,尤其是各文明国家的人民,彼此紧紧地联系起来,以致每一国家的人民都受到另一国家发生的事情的影响。"①

"世界史不是过去一直存在的;作为世界史的历史是结果。"②社会化大生产推动了人类历史走向世界历史,主要源于社会化大生产的基本特性。一是社会化大生产的根本动力是扩张市场以获取利润。在这一动力驱使下,资产阶级并不满足于国内市场,必然向外扩张,积极建立海外市场。马克思和恩格斯在《共产党宣言》中指出:"不断扩大产品销路的需要,驱使资产阶级奔走于全球各地。"③二是社会化大生产建立的基础是社会化大分工。社会分工不仅仅在国内存在,而且在国际上存在,从而由世界性的普遍交换带来世界性的普遍交往,建立起"以国际分工为基础的商品生产"。国际分工的必要性,使得人类合作也提上日程,人类只有在合作中才能更好地实现发展的目标。三是社会化大生产的基本动力是科学技术的进步。从最初的轮船、铁路、电报等技术的发明和使用,到最新的以航天技术、通信技术和互联网技术为代表的技术进步,都为推动全球一体化和构建人类命运共同体提供了坚实的物质基础。人造卫星使我们能够了解世界各地发生的事件,通信技术使人类能够实现无距离、跨国界、即时性的沟通与交流,互联网使各个国家和地区的人们增进了解,人类最起码已经在视觉上实现了世界一体化。这种技术的进步,不仅拉近了人与人之间的距离,更带来了世界观的深刻变革。信息论的先驱者之一麦克卢汉惊呼"地球村"已经形成。

资本主义生产的扩张逻辑必然导致全球化。"前资本主义生产方

---

① 《马克思恩格斯文集》第1卷,北京:人民出版社2009年版,第687页。
② 《马克思恩格斯全集》第30卷,北京:人民出版社1995年版,第51页。
③ 《马克思恩格斯文集》第2卷,北京:人民出版社2009年版,第35页。

式的规律,是生产过程在原有规模上、原有技术基础上的重复……相反,资本主义生产的规律,是生产方式的经常改造和生产规模的无限扩大。"①"创造世界市场的趋势已经直接包含在资本的概念本身中。"②资本对外扩张的逻辑开启了世界市场,使得一切落后民族无一幸免,资本到处开发,到处建立联系,这就是资本的力量。资本主义所开启的社会化大生产进程,不仅将本国各地区、各部门的经济联系起来,而且必然开拓世界市场,将世界上各个国家、各个地区纳入资本主义经济体系当中。列宁曾经针对民粹派经济学家的错误观点进行反驳,他认为资本主义积极开拓国外市场,并不意味着它走到了尽头,恰恰相反,"这种需要明显地表明资本主义进步的历史作用"③。列宁之所以这样认为,是因为资本主义在打破旧的封闭孤立的经济体系方面发挥了重要作用,瓦解了不同地区闭关自守、相互隔绝的状态,因而也破除了人类社会精神生活和政治生活的狭隘性,使世界上所有的国家开始形成一个统一的经济整体。

今天,人类命运共同体的提出是基于全球化、现代化的时空语境。虽然说古代也有国际交往,也有向往天下大同的愿景,但只是古代意义上的人类共同体。今天的人类社会无论是在经济、政治还是文化方面,都形成了前所未有的紧密联系,人类社会处于一种共同的运动之中。在古代,各个国家、各个地区之间是在"体表"或者外围与其他国家和地区进行交往,在实体"体内"仍然可以保持相对的稳定性和独立

---

① 《列宁全集》第3卷,北京:人民出版社2013年版,第49页。
② 《马克思恩格斯文集》第8卷,北京:人民出版社2009年版,第88页。
③ 《列宁全集》第3卷,北京:人民出版社2013年版,第50页。

性。今天，不同国家、不同地区和不同文化之间的联系程度前所未有地密切，全球化和世界历史的展开带动人类社会走向相互依存、命运与共的利益格局。"人类命运共同体"这一概念的提出，正是反映了全球化的这一最新阶段。今天，世界性大生产的社会存在方式已经形成。人类因为这种世界性大生产而改变了原先地域性、孤立性的存在状态，从而发展成为一种全球性的生存和发展样态。世界性大生产，极大地推动了人类社会的经济贸易、文化交流、社会交往等。世界性大生产给人类的跨地区、跨界交流提供了物质技术基础。交通运输技术、通信技术、互联网技术等，极大地方便了人类社会的联系和交往，使人类活动的空间大大扩展，使人类活动的领域不断丰富。人类形成命运共同体，在今天看来，已经具有现实的物质基础。正是对这种社会存在的深刻把握与洞察，人类命运共同体理念才得以提出。

## （二）历史必然：历史转化为世界历史的客观趋势

人类历史必然形成世界历史，这是不以任何人的意志为转移的客观趋势。人类命运共同体理念的提出，正是适应了这一历史大趋势。一个国家、一个民族要想保持自身的强大，就必须善于把握世界历史发展的趋势，站在世界历史的高度分析人类社会所面临的现实问题和客观挑战。

马克思和恩格斯在《德意志意识形态》这一著作中，提出了"历史向世界历史转变"这一重大命题。马克思和恩格斯揭示了人类社会发展的必然趋势，即突破狭隘的、孤立的、封闭的地域性存在状态，实现普遍联系、广泛交往的世界一体化存在状态。如何理解"历史向世界历史转变"这一命题？可以从以下三个方面重点把握。首先，世界历史是人类历史发展的结果，而不是一开始就存在，它是人类社会发展到近代，各个民族和各个国家通过经济、政治和文化领域的交往而逐渐形成的世界一体化状态。其次，世界历史是由现实的物质生产推动的，并非"自我意识""宇宙精神"或者某种形而上学抽象的产物，从根本上来看，人类社会生产力水平的进步，社会交往关系的发展，推动了世界历史的形成。最后，世界历史一开始是由资产阶级推动的，资产阶级将现代工业和市场体系推广到了全世界，"资产阶级，由于开拓了世界市场，使一切国家的生产和消费都成为世界性的了"①。资产阶级创造了不同于以往的历史阶段，这一历史阶段是以打破人类的地方性发展和对自然的崇拜为前提的。在资产阶级的主导下，人们从局域性的共同体开始走向全球性的共同体，一种基于普遍物质交换的人类社会关系开始建立。相对于传统的自然血缘关系对人的统治，历史走向进步和开放，人类开始超出地域性的分割和民族国家的范围，逐渐走向普遍的社会物质交换，建立全面的关系、多方面的需求以及全面的能力体系。

世界历史，一方面是空间性的扩展。从最直观的表现来看，人类交往活动是在世界舞台上进行，世界历史就是人类活动空间的关联性。当前，人类社会不再是一个逻辑预设的概念，而是获得了经验性的事实支撑。各个地区、各个民族和各个国家之间的联系和交往日益密切。另一方面是时间性的延续。人类活动不仅仅要考虑当代人的需要和利益，还应该具有代际视野，兼顾后代人的需要和利益。没有人类代际的延续，人类历史不能成为真正意义的世界历史。正是将未来人类纳入当代人类

---

① 《马克思恩格斯文集》第 2 卷，北京：人民出版社 2009 年版，第 35 页。

的思考视域，人类的发展才能具有可持续性。人类从相互分离、相互隔绝的地域性存在到今天走向世界性的存在经过了上万年，这一历史是漫长曲折的过程。自从新航路开辟和地理大发现之后，人类社会的联系比以往任何时候都更加密切和深入。世界贸易、世界市场和世界交往开始具有前所未有的规模。自 20 世纪后半叶开始，全球化加速了世界历史的发展，并由此推动全球社会在经济、政治和文化等各方面的联系，人类的生存和发展由此具有了整体相关性。处于全球性社会背景下，一个表面看来似乎是局域性的事件，现在开始具有全球性的影响，一个国家、一个地区的冲突和战争有可能影响到全世界范围内的政治经济秩序并造成较大的波动。

今天，我们需要在世界历史的宏大背景中认识人类命运共同体的构建问题。人类既然已经进入世界历史阶段，就需要站在世界历史发展的高度认识人类自身的生存和发展问题。顺应世界历史发展的趋势，民族与民族、国家与国家之间就必须超越狭隘的局部利益和特定价值，面向全球社会调整自身的生存方式、交往模式和价值观念。任何一个民族，在世界历史舞台上活动，都需要正确处理人类主体与民族主体的辩证关系，需要正确认识人类共同价值与民族特殊价值之间的辩证关系。今天出现的许多世界性经济、政治和生态问题，究其原因，还是一些国家难以摆脱民族利己主义和本国利益至上主义。一些国家总是从自身的特定利益出发，无视人类整体利益，因而导致许多世界性问题难以通过协商来解决，或者协商签订协议之后却得不到有效执行的现实困境。要想解决这种现实困境，只能置于人类社会发展的大背景中予以考虑，各个国家要认识到局部利益和人类整体利益的内在关系，认识到人类整体利益的实现并不会损害国家特殊利益，从长远来看，这二者具有内在的一致性。只有实现这种认识论的转换，才能有助于世界性问题的解决。从世界历史发展的客观趋势来看，就不难认识人类命运共同体理念的重要性和时代价值。

## （三）时代要求：全球性生存危机的合理回应

当前的人类社会正处在快速变革之中，在取得巨大成就的同时，也面临着共同的全球性生存危机。马克思曾经说："问题就是公开的、无畏的、左右一切个人的时代声音。问题就是时代的口号，是它表现自己精神状态的最实际的呼声。"① 中国的国家领导人敏锐地洞察到时代的问题，及时回应全球性生存危机的挑战，提出构建人类命运共同体这一深刻的思想理念。"就人类命运共同体而言，既不是一种自在的自然共同体，也不是理想的自由人联合的共同体，而是对存在危机进行反思的命运共同体，也是观照生死存亡底线的共同体。"②

何谓时代的生存危机？时代的生存危机既包括自然危机，同时也包括社会危机与人类的精神危机。其一，人类面临全球性的自然环境危机。人类进入 21 世纪，人类所创造的文明并不如我们所想象的那般美好，相反，我们见证了自然环境的恶化对人类生存造成的威胁。全球变暖、环境污染、资源紧张、能源匮乏等问题，正以组合性的力量对人类社会施压，人类的生存与发展面临着生态环境恶化的严峻挑战。人类社

---

① 《马克思恩格斯全集》第 40 卷，北京：人民出版社 1982 年版，第 289—290 页。

② 沈湘平：《关于人类命运共同体、人类共同价值的几点思考》，载《社会科学辑刊》，2018 年第 3 期，第 9 页。

会的发展历程证明,人类无论怎样推进自己的文明,都摆脱不了对自然环境的依赖。人类任何发展目标的实现,都脱离不了自然环境的约束。其二,人类具有社会属性,人类所面对的全球性社会危机,比如全球治理机制失效、经济发展动力不足、国际社会合作缺乏等问题,会对人类社会的长远稳定发展形成挑战。这些社会问题倒逼人类树立新的合作理念,探索新的合作形式,确立新的合作机制。当今全球社会需要建构一种合作的机制与模式,其行动逻辑是基于全球化、后工业化进程中所出现的生存挑战。"在应对风险和危机的过程中,人们更倾向于相信共同行动的伙伴,更乐意于合作,更愿意建立平等关系……对于行动者而言,风险与危机就是他们展开行动的全部理由。"① 我们应该区分什么是不可控的生存危机,什么是可控的和通过提前行动可以避免的生存危机。对于不可控的生存危机,我们人类根本无能为力,比如星系爆炸所产生的伽马射线暴,足以穿透地球的臭氧层从而对人类造成毁灭性的打击;还有陨石的撞击等。对于这些不可控的威胁因素,我们人类现在的力量还不足以改变。我们重点要探讨的是由于人类社会自身的运行而产生的生存危机,通过对这些危机进行合理防控,从而避免这些危机日益恶化,并在一定程度上扭转其危险形势。

当代全球性生存危机是在历史向世界历史转化的过程中出现的。今天的人类实践活动,无论是在层次、范围还是程度上,都较之以往实现了扩展,这种历史走向带来了人类交往密切程度的提高,使人类的命运呈现出前所未有的相关性。世界历史的推进,使各个国际主体日益呈现命运共生性的特征,一方面表现为国际各个主体之间共同利益的增加,

---

① 张康之:《为了人的共生共在》,北京:人民出版社2016年版,第267页。

各个地区、各个民族和各个国家之间的利益日益具有相互关联性；另一方面表现为全球性风险社会的到来，不同地区、不同国家面临着共同的问题和挑战，使得人类命运前所未有地联系在一起。人类的命运真正具有整体性意蕴。这种整体性意蕴在当代全球性生存危机境遇中更加突显出来。全球性生存危机，不仅仅是在空间和地域上涉及全球范围的人们，而且在其经济、政治和社会效应等方面都对全球范围的人们发挥着重要影响。

全球性生存危机不再仅仅作为一种描述性概念出现，更大意义上是作为一种反思性的概念。它是对人类生存方式的理性反思，我们需要正视和回应这种生存危机，建立面向新的全球性生存危机的哲学分析概念。人类命运共同体理念就是对人类生存危机的一种时代性回应。人类命运共同体作为一种全球意义的共同体，是最高层次的共同体，其提出有着鲜明的时代色彩，是针对全球性危机的出现而提出的。命运一词，按照中国传统文化的理解，是指人的生死、贫富、祸福、苦乐遭遇。在全球化的新阶段，人类的命运一体性表现在经济、政治、社会和文化的各个方面。人类命运共同体理念能够被国际社会广泛承认，其重要原因是人类面临着共同的全球性危机以及生存与发展的难题。这些危机主要表现为全球经济动荡、地缘政治冲突、生态环境危机。人类社会面临着不确定性和风险性。人类不可避免的命运所产生的责任应该由人类全体共同承担。

在德国社会学家乌尔里希·贝克看来，人类社会正在进入全球性的风险社会。这种风险超越了地区和国别，不再局限于国家的界限。工业化和现代化产生的风险随着全球化而扩大。贝克认为，"风险的概念像一根使我们可以不断去探究整个建构方案，以及整个文明结构上的每一块使文明自陷危境的水泥斑点的探针。"① "它们包含着一种打破了阶级和民族社会模式的'飞去来器效应'。生态灾难和核泄漏是不在乎国家边界的。"② 人类生存和发展过程中所面临的生态风险、技术风险等，使得所有人面临着同样的威胁，不管是哪个社会阶层，不论生活于哪一个国家，其生命权、财产权都会面临着威胁。人类对这些灾难性后果的关注，不仅仅是关注它所带来的对生态和人类健康的生存性威胁，还关注这些副作用所带来的社会的、经济的和政治的后果。今天，人类面临着全球性的生态破坏问题、环境污染问题以及全球疾病的流行等问题，这些问题的解决必须依靠全体人类的通力合作，如果没有全体人类达成的共识，这些全球性风险也就不可能得到解决。

今天的全球化已经深刻改变了人类社会的存在论逻辑。全球性生存危机的客观存在昭示着人类未来的努力方向。人类社会所面对的危机和风险是全球性的，包括自然环境问题、资源匮乏问题、社会治理问题、全球安全问题、跨国犯罪问题等，都需要人类通力合作，这并不是某一个国家和地区所能单独解决的。人类社会需要作为一种共同体来存在，共同的生存和发展需要，共同的威胁和挑战，使得人类的命运紧紧相连。任何一个地区、任何一个民族、任何一个国家，都无法单独解决世界性问题。全球化和现代化已经将人类推向一个风险性的共生境遇，人类社会面临着极大的不确定性。而这种不确定性需要人类团结合作，以地球主人翁的意识来参与到维护公共的生存环境这一历史活动中。我们

---

① [德]乌尔里希·贝克:《风险社会》，何博闻译，南京：译林出版社2004年版，第218页。

② [德]乌尔里希·贝克:《风险社会》，何博闻译，南京：译林出版社2004年版，第21页。

应看到，全球化确实遇到了危机，但同时也意味着新的机遇，问题的产生和问题的解决方法总是同时出现的，出现危机，进行应对，产生新的危机，进行新的应对，人类社会正是在不断地解决危机中进步，从而推动社会走向更高层次的形态，实现更高层次的文明。恩格斯的"社会合力论"启示我们，历史不是由某个人的意志和行动单独决定的，而是所有人的合力作用共同推动的。按照这种理解，人类在共同的社会风险面前，因为共同的命运而担负共同的责任，这就是命运共同体。人类必须作为一个类整体进行活动，全球社会的风险性和不确定性，以及面对的生存危机呼唤命运共同体时代的到来。

## 三、人类命运共同体理念生成的理论渊源

回顾人类思想史，古代哲人对人类共同命运的思考至今仍然闪耀着真理的光辉。作为人类存在形态的命运共同体这一概念，古今中外的大思想家都曾做出了自己的思考和解释。西方的古希腊哲学、德国古典哲学，东方的儒家学说、道家学说，对于人类社会的道德准则、交往理念和行为标准都有着自身的独特见解。他们虽然不曾直接使用"人类命运共同体"这一概念，但是其思想理念却不乏对人类命运的关注，对人类共生共荣之道的探索。古今中外思想家的理论和智慧为人类命运共同体理念提供了理论资源和支撑。

人类命运共同体理念坚持了马克思主义这一根本指导思想，植根于人类文明的深厚沃土，融合了东西方的智慧，是当代人类社会具有强

大吸引力和感召力的科学理论。这一科学理论真正坚持理论与实践的互通，坚持促进中西文明的融合，因而具有强大的理论感召力、目标吸引力。价值的共识从来不是靠强制措施形成的，而是基于对价值理念的高度认可从而自觉地趋向某种价值。一种价值理念能够赢得多数人的真心认同，必定在于其自身的普适性和强大的凝聚性，能够提供给世人一种追求的目标和愿景。西方哲学家提出的"善"的价值理念，中国古代思想家提出的"和"的价值理念，以及马克思所提出的"自由人联合体"的价值理念，本质上是相通的，都代表了人类对理想社会的追求，反映了人类内心深处共同的渴望。

## （一）西方的人类共同体思想

西方思想在漫长的历史发展中，形成了自身认知世界的独特体系。在西方思想传统中，直接将"人类"作为一个整体概念去探讨和论述的并不多。在西方思想的谱系中，古希腊哲学家和德国古典哲学家对人类共同命运的思考做出了巨大的理论贡献。古希腊哲学家苏格拉底为人类共同体确立了比较完善的道德准则，从而开启了古希腊哲学对人类社会现实伦理的思考。柏拉图进一步发展了苏格拉底的伦理学说，将"善"的理念作为人类生活的最高准则。情感主义者从人的情感角度出发，认为人皆具有同情心，因而可以通过情感的纽带将人们联结为共同体。以康德为代表的理性主义者则认为人是具有理性的，人通过理性的思考和衡量，可以选择人类生活的方式，而实现这种生活方式的最佳途径是人类的联盟。实现人类社会的永久和平，需要通过人类社会的联盟，这就要求每个人能够自觉地以世界公民的身份参与人类社会活动与交往。

## 1. 古希腊哲学家的人类共同体思想

"cosmopolitanism",翻译为"世界主义",这个词来源于希腊语,古希腊哲学家用其描述一种世界主义观点。如斯多葛学派,用来描述超越国界、超越民族的对全人类的爱,提出这些主张的人被称为世界主义者。世界主义者认为,人类社会的每一个成员都有义务和责任去培育、改善并丰富总体的人性。世界主义理想与"四海之内皆兄弟"的思想有相通之处,均主张人类是一个统一体,人类社会应该团结互助、和谐共荣,避免相互冲突。

苏格拉底作为古希腊重要的哲学大师,他开启了古希腊哲学一个新的时代。在苏格拉底之前,古希腊哲学家主要以研究宇宙起源为己任,研究世界是如何来以及如何构成的问题,后人称之为"自然哲学"。而苏格拉底认为研究这些问题无益于现实的国家、社会和人民。苏格拉底考虑的是人在公共生活中,即人在共同体中该如何行动。他致力于研究人间之事,而非天上之事,比如风雨雷电等。出于对国家现实和人民命运的关心,苏格拉底开始研究人自身和人与人之间的关系,即人与人之间的伦理问题,尝试为人类的共同体生活确立一种伦理准则。这就为古希腊哲学的发展提供了一种新的路径,并且对后世影响深远。

柏拉图进一步发展了苏格拉底的思想。柏拉图继承了苏格拉底对伦理问题的首要关怀。当然,柏拉图在一些重要的问题上也有着自身独特的见解。柏拉图确立了公共精神的重要性。人类生活在一个共同的社会环境中,依靠自身的力量,个体还不能满足需要,必须在共同体中才能满足生存和发展的需要。共同体内部基于不同的需要,成员彼此交换,由此产生了分工和交换体系。不同的共同体之间也会有交换,交换各自所制造的东西。然而，人们的欲望会不断扩张，个体与群体不以所得为满足，便会企图侵占他人与别国的财富，因而就会发生冲突与战争。但是，冲突与战争的结果是人类的自相残杀。因此，为了避免这种结局，人类需要确立一种公共精神，并以此为指导原则来建立善的共同体，也就是说要采取正义的标准。所谓善的共同体，其实是追求一种符合正义的社会组织形式。这种正义的共同体，按照柏拉图的看法，就是各在其位、各司其职、各谋其事、各尽其责。换句话说，正义是建立秩序并维护秩序。柏拉图虽然反对现实，但由于他所生活的时代奴隶等级制度森严，因而柏拉图所希望的"理想国"不可能实现，然而，不可否认的是，柏拉图对善的共同体的追求，却开启了人类寻找更加现实的符合人类存在方式的共同体的道路。

继柏拉图之后，亚里士多德又进一步发展了共同体理论。亚里士多德认为，个人并不属于他自己，"个人是城邦的组成部分"，"自然生成的城邦先于个人"。人是政治的动物，其实就是说人是社会的动物。亚里士多德的代表作《政治学》开宗明义地指出国家和集体的重要性，认为国家是最高的集体，以至善为目的。亚里士多德认为，国家虽然出现的时间晚于家庭，但在重要性上优先于家庭，并且也优先于个人。亚里士多德曾经提出一个重要的思想，他认为当身体毁灭的时候，一只手就不再是一只手了。一只手是被它的目的——拿取——所规定的，唯有当手与一个活着的身体结合在一起的时候才能够完成它的目的。同样，一个人不能完成他的目的，除非他是国家的一部分。亚里士多德所说的国家，我们不能理解为今天意义上的民族国家，而应该理解为超越利益纷争、没有边界冲突的人类社会共同体。

## 2. 德国古典哲学家的人类共同体思想

作为德国古典哲学的奠基者，康德对人类的未来和命运倾注了太多的心血和思考。康德思考人类共同体的视角是从社会伦理出发，他对人类社会进行了道德哲学的阐释，并且加入了理性的因素。康德认为，人类作为一个集体，既有相互的对抗，又有不可缺少的和平共处，人类社会必须借助法律和契约的规范，使世界结合成一个向着世界公民社会进步的联合体。①

人类（整体）是否在不断地朝着改善方向前进？康德认为，人类很难从个体意志中发现人类社会的发展规律，而考察人类整体，则可以看到人类社会的进步是合乎大自然目的的。"把普遍的世界历史按照一场以人类物种的完美的公民结合状态为其宗旨的大自然计划来加以处理的这一哲学尝试，必须看作是可能的，并且甚至还是这一大自然的目标所需要的。"②将人类历史放在更加长远的历史背景中看，就可以发现一条线索：人类向着更高级的联合阶段前进，人类能够更好地创造并实现社会的繁荣。然而，人类实现永久和平的目的，并不能凭借个体的意志和个人的自由协调实现，而是要按照人类社会发展的规律，对未来社会加以计划和组织，引导人类社会向着完美的世界公民社会前进。人类并不能被简单地设定为"恶的类"，虽然人类社会充满了对抗性和竞争性，但是，人类在对抗和竞争中获得了更多的理性，人类的知识水平不断提

---

① [德]康德：《康德人类学文集》，李秋零译注，北京：中国人民大学出版社2016年版，第185—186页。

② [德]康德：《历史理性批判文集》，何兆武译，北京：商务印书馆1990年版，第18页。

高，获得智慧的人类会不断推进现实的社会共同体趋于完善。康德进一步提出，为了实现人类社会的永久和平，人类有必要建立国际契约，以普遍的世界法治保障人类社会的和平与稳定。康德主张建立世界联盟，在此制度下，所有国家都将放弃独断地使用武力。世界联盟拥有道义权威机构，该机构通过多方协议建立起来，以不偏不倚的方式达成共识。在这种制度下，人类才有实现永久和平的可能性。

同样，黑格尔也对人类历史走向世界历史给予了深度的思考。黑格尔的历史观是深刻的，包括对人类主体和民族主体的关系、普遍性和特殊性的关系、历史进步与倒退的关系等方面的理解，是极富有启发性的。黑格尔从分析精神现象出发，把对世界历史与人类共同体的分析建立在他的精神哲学基础之上。黑格尔的自由意志概念，体现为三个阶段，分别是主观精神、客观精神和绝对精神。在黑格尔看来，客观精神通过作为个体的国家形成的相互关系，即国际法而进入世界历史。客观精神的运动，就是通过外化为现实世界并在现实世界里实现自由。他进一步提出世界历史与世界帝国的设想，这一设想主张，一个统一的世界帝国能够保证世界的和平稳定状态，符合理性和人性的需要，是绝对精神在世俗世界的外化。黑格尔认为，人类社会的整体进步，需要世界精神的推动作用，而具有这一世界精神的国家是世界历史性的民族国家。这一世界历史性的民族国家如果能够追求进步，并自觉担负起推动世界历史进步的使命，这对整个人类的进步关系重大，最终能够推动人类历史走向普遍繁荣的世界历史。

德国古典哲学家费尔巴哈，提出"类"这一哲学概念，同样是对人类共同体的深切关注与思考。费尔巴哈认为，人的本质属性是类属性，人是类动物，这是人类社会生活的秘密。"哲学最高和最后的原则，因此就是人与人的统一。"① 对于费尔巴哈而言，共同体以抽象的、无原则的、普遍的"爱"为纽带。人类社会内部的分裂和冲突、对立和斗争，使得费尔巴哈诉诸"类"的抽象人学，试图以抽象的"爱"的宗教替换传统意义上的"上帝"的宗教。费尔巴哈认为，人与人之间要实现普遍的爱，当然，这种爱是不分阶级、不分种族、不分国别的。

古希腊哲学和德国古典哲学都对人类的命运进行了思考，包括确立人类生活共同体的伦理准则，对共同体与个体关系的深刻辨析，对世界联盟的设想，对世界历史走向的预测以及对人的本质属性的揭示，这些都是人类命运共同体理念直接或间接的思想资源。人类命运共同体理念与这些思想资源在表达形式上有所不同，但是从其精神实质看，它们有着内在的相通之处，均体现了人文主义精神，都蕴含着对人类未来命运深切关注与思考的精神维度。

## （二）中国传统文化中的人类共同体思想

中国传统文化中蕴藏着丰富的人类命运共同体思想。习近平总书记指出："中华民族历来是爱好和平的民族。中华文化崇尚和谐，中国'和'文化源远流长，蕴涵着天人合一的宇宙观、协和万邦的国际观、和而不同的社会观、人心和善的道德观。"② "中华民族历来讲求'天下一家'，主张民胞物与、协和万邦、天下大同，憧憬'大道之行，天

---

① [德] 费尔巴哈：《费尔巴哈哲学选集》上卷，荣震华、李金山等译，北京：商务印书馆1984年版，第186页。

② 习近平：《论坚持推动构建人类命运共同体》，北京：中央文献出版社2018年版，第106—107页。

下为公'的美好世界。"① 这些思想不仅能为中华民族的延续提供精神支撑，也能为人类文明的更迭与转型提供可资借鉴的思想资源。中国传统文化中的一些概念内在蕴含着人类命运的整体视野，包含着对人与人的关系、人与自然的关系、人与世界的关系的深刻思考，比如"天下"概念、"和合"概念、"大同社会"，这些概念的深层意蕴与时代内涵还没有完全开发出来。今天，面向人类整体的未来事业，我们应该深度开掘中国传统文化中的人类共同体思想资源，为关系到人类命运与前途的事业提供理论支撑。

将人类作为一种更高形式的团体来考虑，在中国古代文化中就已经很发达。梁启超曾经说："'全人类大团体'的理想，我们中国是发达很早的，我们向来并不认为国家为人类最高的团体，所以说'修身齐家治国平天下'。"② 在梁启超看来，"身"指的是个人，是基本单位，"天下"指的是世界，是最高层次的单位，"家"和"国"不过是团体组织里的一种过程。所以，在中国人的精神观念里，一面是崇尚个人主义，一面是崇尚世界主义。

### 1. 中国传统文化中的"天下"概念

中国的先哲很早就涵养了天下观，以整个世界为观察和研究对象，以全体人类为思考和关注对象，"帝光天之下，至于海隅苍生"。《六韬》是中国古代最著名的兵书之一，其中论述道："天下非一人之天下，乃天

---

① 习近平：《论坚持推动构建人类命运共同体》，北京：中央文献出版社2018年版，第509—510页。

② 梁启超：《国际联盟评论》，见《梁启超全集》第5册，北京：北京出版社1999年版，第3031页。

下之天下也。同天下之利者，则得天下；擅天下之利者，则失天下。"①中国的儒家学说和道家学说都有过对"天下"的论述，比如儒家提出"大道之行也，天下为公"②，道家提出"以天下观天下"③。

在中国的殷商文明时代，中国周边并没有一片由具有相当文明程度的社会构成的区域，也没有迹象表明中国与印度或近东有任何接触。但是，中国却能发展出人类整体意识，这种意识体现为"天下"理念。在中国，为什么很早就出现了"天下"这样的世界概念？为什么中国很早就能体察到自身与人类的同一性？美国学者埃里克·沃格林认为："中国从不曾是诸多社会之中的一个；从一开始，对中国社会的成员们来说，尽其所知，中国社会的历史就是人类的历史。因此，中国人关于秩序的意识所具有的结构与近东有着深刻差异，因为由社会数量的多元性所提供的经验土壤，在中国并不存在。如果说，有关一个天下及其组织的观念终究还是在中国发展出来了，那么，它并非来自中国与其他社会的文化接触，亦非产生于组织多元文明帝国的过程，而是内生的。从有关中国与人类的同一性的不间断意识那里，中国的普世主义获得其独有特征。"④

梁漱溟曾经说："中国人是富于世界观念的，狭隘的国家主义和民族主义在中国都没有，中国人对于世界向来是一视同仁。"⑤ 吕思勉持同

---

① 《六韬·鬼谷子》，曹胜高、安娜译注，北京：中华书局2007年版，第7页。
② 《礼记》上卷，胡平生、张萌译注，北京：中华书局2017年版，第417页。
③ 《老子》，汤漳平、王朝华译注，北京：中华书局2014年版，第216—217页。
④ [美] 埃里克·沃格林：《天下时代》，叶颖译，南京：译林出版社2018年版，第386页。
⑤ 梁漱溟：《梁漱溟全集》第5卷，济南：山东人民出版社1992年版，第980页。

样观点,"中国人总愿意与天下之人,同进于大道,同臻于乐利。有什么办法,可以使天下的人,同进于大道,同臻于乐利,中国人总欣然接受",而"压服他人,朘削他人,甚而至于消灭他人的思想,中国人是迄今没有的"。① 用钱穆的话来解释,就是"中国人常把民族观念消融在人类观念里,也常把国家观念消融在天下或世界的观念里"②。可以说,中国人的天下观是中国人独有的世界观,它不仅反映了中国人对宇宙空间格局的深刻理解,更体现了中国人的文化精神和价值追求。"中国传统的理想是'天下主义'而非'民族主义'。"③

中国古代的"天下"概念是一种丰富的世界观。"天下无外"的思想,意指普天之下都是一个命运相连的共同体。那时候,可能由于古代人经验的局限,他们所接触的世界面积很小,所能想象的最大范围也就是邹衍所提的世界由81个"九州"组成,中国是81个"九州"之一。"天下体系"的精义是人类不同的群体可以聚合为一个整体。有学者认为,"天下不仅是地理概念,而且同时意味着世界社会、世界制度以及关于世界制度的文化理念,因此它是个全方位的完整的世界概念。"④ 中国传统文化中的"天下"概念,内蕴着中华民族深沉的天下思虑和整体关怀,因而构成生发人类命运共同体价值理念的文化积淀、文化心理和文化支撑。

---

① 吕思勉:《中国政治思想史》,北京:中华书局2014年版,第103—104页。
② 钱穆:《中国文化史导论》,上海:上海三联书店1988年版,第19页。
③ 李慎之:《全球化与中国文化》,载《太平洋学报》,1994年第2期,第8页。
④ 赵汀阳:《天下体系:世界制度哲学导论》,北京:中国人民大学出版社2011年版,第25页。

## 2. 中国传统文化中的"和合"观念

中国文化的特征是"和合",和合文化发源于中国的先秦时期。"和"最初是指乐器的和谐,后渐渐推广到人际关系的和谐,国家政事的和谐。西周史伯主张"和实生物,同则不继"(《国语·郑语》),孔子主张"君子和而不同,小人同而不和"(《论语·子路》),老子主张"万物负阴而抱阳,冲气以为和"(《道德经》第四十二章),荀子主张"万物各得其和以生"(《荀子·天论》),和合思想可谓源远流长。"和合"文化的基本特点主要在于:其一,客观地承认事物之间存在不同,如"阴阳""天人""男女""上下"等;其二,不同的事物可以有机地融合在一起,如"阴阳相生""天人合一""五行和合"等,它强调人与人、人与自然之间的和谐。在中国传统文化观念中,世界是一个和谐共生的整体,它深刻影响着中华民族的态度与行为,并在漫长的历史演进中,成为中国人处理人与自然、人与人以及国与国关系的重要准则和基本价值观。"和"是中华民族的文化基因和精神核心。在中国人的思想观念中,习惯于化冲突为和谐,中国文化中没有寻求与他者对抗的基因。"和而不同""天人合一""以和为贵",这些经久不衰的文化理念反映了中华民族热爱和平、崇尚友善的理想追求。中国人民不仅希望自身生活得好,而且也希望他国人民生活得好,推己及人,将心比心,"老吾老以及人之老,幼吾幼以及人之幼",这在本质上反映出"命运共同体"的思维方式与交往原则。"己所不欲,勿施于人",不仅是人与人之间的相处准则,而且扩展到国与国的交往层面也同样适用。以"陆上丝绸之路"和"海上丝绸之路"为典型的古代命运共同体,就是以和平交流、贸易往来、文明互鉴为主要特征的亚非欧合作之路,它促进了亚非欧地区的共同发展。在中国的明朝时期，航海家郑和就曾经率领船队"七下西洋"，远涉亚洲和非洲 30 多个国家和地区，不仅没有侵略他国，还传播了中华的灿烂文明和先进科技，促进了中外文化融合，增进了中国同其他国家的友谊。

在很多西方人眼里，存在一个独立于此岸世界的彼岸世界。例如基督教建构出"上帝"这一形象，从而与人类相脱离、相区别。在中国人眼里，万事万物是一体的，即人和天地在本源上是一体的。天地生人，人能弘道，"道"即指生存之道、发展之道。人能感受到天地之美与生命之美，能够将天地万物的和谐之美与生命的内在美表达出来。人与人、人与天地万物是相连的命运，各种生命生生不息，万物一体，其内部保持着一种自然的平衡，具有和谐的秩序。这就是生命和谐之道。

"和"文化传统在本质上是与人类命运共同体概念相通的。"和"文化的主要特点，是将他人看作与自身同等的主体，交往双方基于对道义的认同而建立社会关系，而非将自身的意志强加于人，更不是基于某种心理的优越感而建立非对等的关系。将心比心、推己及人，这样良性互动的交往关系，能够将交往双方纳入命运与共、祸福相依的联结状态。而这样的联结状态如果能向外扩展到更多国家乃至整个世界范围，人类社会便会形成命运共同体。从"和"文化的角度对中华文明进行总结，便不难理解人类命运共同体这一理念何以能被中国提出。这一理念继承了中华民族悠久的"和"文化传统，并且结合新的时代语境被赋予新的时代内涵。

### 3."大同社会"理想

关于"大同社会"的具体描述，在《礼记·礼运》中有记载："大道之行也，天下为公。选贤与能，讲信修睦，故人不独亲其亲，不独子其子，使老有所终，壮有所用，幼有所长，矜寡孤独废疾者皆有所养。男有分，女有归。货恶其弃于地也，不必藏于己；力恶其不出于身也，不必为己。是故谋闭而不兴，盗窃乱贼而不作，故外户而不闭。是谓大同。"[1]通过《礼记》中的这段描述，可以得出古人设想的大同社会主要具有以下几方面的特征：

一是在大同社会中，人们遵循"天下为公"的价值追求。天下并非一个人的天下，社会是所有人的集合体，在这种社会制度中，权力和财产均不属于个人所有。正是这种"公天下"的价值追求，使得人们能够选举出最有威望的人来治理天下，也就是所谓的"选贤举能"。依靠这种合理的社会制度，社会能够有序运行，人们没有必要去争权夺利，在位者往往是德才兼备之人，能够赢得大家的信服。二是人们奉行"讲信修睦"的社会交往准则。诚信是一个社会正常运行的基础，没有诚信，社会就会充满欺诈，无论是政治生活、经济生活还是社会生活，人与人之间都相互算计，社会就会陷入无序和混乱状态之中。社会是人的集合体，人们在社会中生活要遵守相应的行为准则，否则社会共同体就不能稳定地存在。大同社会理想的实现，离不开人们基于诚信准则而展开的理性活动。三是有健全的社会保障制度。"矜寡孤独废疾者皆有所养"，这一描述反映出人们对理想社会制度的想象和期待。人们对弱者的态度，其实反映了这个社会的文明程度。大同社会致力于实现所有人的共同富裕，目标是消除社会贫富不均，让每个人都能享受到社会发展的福利，实现"皆有所养"的美好生活状态。四是崇尚

---

[1] 《礼记》上卷，胡平生、张萌译注，北京：中华书局2017年版，第417页。

各尽其力的良好风气。"力恶其不出于身",意指每一个人都在为社会的发展奉献自己的力量,劳动不仅是参与社会的途径,更是体现个人社会价值的方式。人们在劳动中有所归属,人人都能尽到劳动的义务,这种义务是自觉自愿的,不是为一己私利而劳动,是为了整个社会的利益而劳动。

"大同社会",其实反映了中国古人对人类共同体的一种想象,寄托了中国古人希望实现的一种美好生活状态。人类命运共同体理念与"大同社会"理想有着内在的精神相通,这两者深层的价值追求是一致的,都追求天下为公的政治理想,坚持讲信修睦的社会准则,崇尚社会的公平正义。

## (三)马克思的人类共同体思想

马克思主义是关于现实的人及其历史发展的学说,是关于人类活动及其社会关系的整体论题研究,将人的自由全面发展以及全人类解放作为终极价值追求。马克思提出的"自由人联合体",是对人类未来命运走向的科学预判。马克思所设想的"自由人联合体",是超越意识形态隔阂、制度差异以及国家界限的高级社会形态。马克思提出这一社会理想,并不缺乏依据,而是建立在对人类社会发展规律的科学理解基础之上。恩格斯在马克思墓前的讲话中提道:"查理·达尔文发现了我们星球上有机界的发展规律。马克思则发现了决定人类历史运动和发展的基本规律。"①

历史唯物主义认为,人类在长期的社会生活实践中,必然结成共同

---

① 《马克思恩格斯全集》第 25 卷,北京:人民出版社 2001 年版,第 591 页。

体的联合形式，以实现个体的生存和发展。马克思说："只有在共同体中，个人才能获得全面发展其才能的手段，也就是说，只有在共同体中才可能有个人自由。"①组成共同体的成员，往往有着相似的价值观念和文化传统，正是因为不同成员具有共同的利益、感情和信仰，培育了集体意识，所以这些成员才能最终组成一个共同体。共同体形成之后，就要担负为其成员提供安全稳定生活的功能，保障其成员的基本生存，而共同体成员因为处于共同的生存环境之中，逐渐形成了相互依赖、紧密团结和相互帮助的社会关系。对于卢梭而言，共同体是基于契约而建立的社会形式。对于黑格尔而言，共同体是绝对精神的外化。对于费尔巴哈而言，共同体以抽象的、无原则的、普遍的"爱"为纽带。人类社会内部的分裂和冲突、对立和斗争，使得费尔巴哈诉诸"类"的抽象人学，试图以抽象的"爱"的宗教替换传统意义上的"上帝"的宗教。不管是以绝对精神为基础的共同体，以意志为基础的共同体，还是以普遍的抽象的爱为基础的共同体，都不可能真正推动现实的运动。直到马克思才实现了彻底的变革，自由人联合体这一真正的共同体旨在追求实现全人类解放，实现人的自由全面发展。

马克思认为："新唯物主义的立脚点则是人类社会或社会化的人类。"②从这一论断可以看出，人类社会构成了马克思共同体理论的核心内容。在马克思看来，人类共同体既不是脱离个体的纯粹抽象物，也不是个体的机械组合或者简单集合体，而是具有内在的社会关系和社会结构的组织形式。人类并不是抽象地生活在现实世界以外的动物，"人就

---

① 《马克思恩格斯文集》第1卷，北京：人民出版社2009年版，第571页。
② 《马克思恩格斯文集》第1卷，北京：人民出版社2009年版，第506页。

是人的世界，就是国家，社会"①。人要构建属人的世界，而人的世界始终是以共同体的形式存在着，合理借鉴原始形态共同体的形式，批判吸收资本主义市场经济共同体的内容，建立符合人的本质的真正的共同体，即自由人联合体，是人类社会发展的必然趋势。马克思的自由人联合体，其特征是生产力的高度发达、生产资料的共同占有、交往的普遍化。

马克思在《1857—1858年经济学手稿》中阐述了人类社会发展经历三大共同体形态的理论。马克思认为，第一阶段是以人的依赖为基础的自然共同体，人们基于血缘、地缘等结合成特定的共同体。这种共同体虽然一定程度上保障了人的生存和发展，但是共同体利益的维护是以牺牲个人能力、创造性潜能为前提的，个人失去了自主性和独立性。随着生产力的发展，人类社会进入以"物"的依赖为基础的近代共同体，这种共同体的典型特征是"物"建立起自身的主导和支配地位，商品、货币、资本等主宰着人与人的关系，成为人与人交往的纽带和中介。人失去了"物"的支撑，便会失去自身的价值，人的价值是以"物"体现的。"物"的增殖与"人"的贬值是成正比的。"物"的胜利与"人"的退败，构成了最富矛盾性的近代社会图景。因而，马克思批判的就是"物"的共同体。然而，这种"物"的共同体是人类走向真正的共同体之前必经的历史阶段。人类只有经过货币、资本的充分洗礼，发掘现代社会的生产力，建立现代的社会运行体系，"物"的共同体才会逐步瓦解，迎来人的真正的共同体。到那时，人的解放，人的自由而全面发展，才能真正实现。在这种共同体中，人与人没有冲突、战争，真正实

---

① 《马克思恩格斯文集》第1卷，北京：人民出版社2009年版，第3页。

现个体与整体、个体与自身、人类社会与自然的统一。在《1844年经济学哲学手稿》中，马克思提出："这种共产主义……是人和自然界之间、人和人之间的矛盾的真正解决。"① 人类进入共产主义社会即自由人联合体阶段，才是人类解放的实现。资产阶级革命实现了人类社会政治领域的解放，还没有实现人类社会领域的解放。人类实现完全的解放，其标志是实现公民的现实政治权利，而不再是抽象的权利。人类实现完全的解放，只有当人真正实现自身的类存在，个体无论是在自身的经验生活和个体劳动，还是在自身的个体关系中间，都能作为类存在物而进行活动的时候；只有当人认识到自己的社会本质，并且知道如何运用自身的社会力量，并且不再将这种社会力量异化为政治力量，使其反过来成为束缚人的自由全面发展的力量的时候，人的解放才能真正实现。②

总的来看，马克思对人类未来共同体的思考主要有这三个要点：其一，构建人类共同体的根本动力是物质生产，社会生产力水平的提高和社会生产关系的进步，是推动人类共同体不断完善的根本动力；其二，人类社会不可避免地要经历以"物"的依赖为基础的共同体阶段，也就是市场经济共同体阶段，这一共同体阶段是人类社会走向更高级形态的基础，不可能跨越过去，更不可能制定超出特定历史阶段的任务；其三，资产阶级所建立的政治共同体，至多在政治领域实现了人类的解放，人类还没有实现社会领域的解放，只有人再次获得自身固有的社会力量，不再使这种社会力量作为政治力量同自身相分离，进而推动人的自由全面发展，实现自由人联合体，才是真正的人类命运共同体时代的

---

① 《马克思恩格斯全集》第3卷，北京：人民出版社2002年版，第297页。
② 《马克思恩格斯文集》第1卷，北京：人民出版社2009年版，第46页。

到来。中国共产党是马克思主义政党,马克思的共同体理论是中国共产党的主要理论来源。马克思主义致力于全人类的自由和解放。马克思主义关于"自由人联合体""人的本质的社会性"等理论都包含着从"类"的角度思考人类社会问题的基本思路。中国共产党将马克思主义基本原理激活,完成其当代转化,为人类找到了解决资本主义驱动的全球化所导致的全球性问题的基本理念——人类命运共同体。人类命运共同体理念是解决当今时代全球问题的价值指引。

人类命运共同体理念和马克思关于"自由人联合体"的理论虽然处于不同的时代背景中,但是二者在内在精神上是相通的,都体现了关注人类未来命运的人文精神和一切从实际出发的科学精神。"人类命运共同体对自由人联合体的理论创新既以时代环境的变迁为内在逻辑,又以科学社会主义基本原则的坚持为限度。"[①] 从二者的内在精神层面来看,"人类命运共同体"理念继承和发展了"自由人联合体"即"真正的共同体"思想所体现的人民性、整体性、批判性、开放性。

第一,"人类命运共同体"理念继承和发展了"真正的共同体"思想所体现的人民性。

现实的人既是马克思"真正的共同体"思想生成的逻辑前提,也是构建人类命运共同体的现实起点、基本根据和依靠力量。人类命运共同体的构建,必须始终坚持人民立场,从"现实的人"的需要出发,从人民群众的美好生活需要出发,为从"虚幻共同体"向"真正的共同体"的逐步过渡创造和提供条件。坚持人民立场,就是"将国家利益与世界

---

① 桑建泉、陈锡喜:《人类命运共同体与自由人联合体理论关系新论》,载《青海社会科学》,2017年第6期,第10页。

各国利益、民族情结与人类情怀、民族前途与人类未来福祉融为一体，体现中国共产党既为中国人民谋幸福又为世界人民谋福祉的务实精神和伦理关怀"①。

从人类的普遍利益着眼，是马克思真正的共同体思想的价值追求。马克思所期待实现的自由人联合体，是共产主义社会的最高目标，也是全人类的美好追求。这样的共产主义社会并不是一国、一地可以实现的，而是作为一个总体的人类才能够实现，并且共产主义社会是人类作为一个类与自身和大自然的双重和解。以习近平同志为主要代表的中国共产党人提出人类命运共同体理念，从当下人类面临的生存困境出发，根本上着眼于全人类生存和发展的状况，致力于维护人类的共同利益，努力实现人与自然、人与共同体、人与社会和谐共生的理想社会形态。无论是"真正的共同体"思想还是"人类命运共同体"理念，其不变的主线是为人类谋福祉、为世界求大同的远大理想和根本立场，其终极目标都是为了实现人的自由而全面发展。由此可见，人类命运共同体理念继承了马克思"真正的共同体"思想所蕴含的类精神和人民性，并对其进行了创造性的发展，使其成为具有鲜明时代特征的重要理念。

第二，"人类命运共同体"理念继承和发展了"真正的共同体"思想所体现的整体性。

马克思对共同体问题的思考，是从人类整体利益出发来思考人类社会的未来走向，其思维方式超越了狭隘的个体性、民族性和地域性。在马克思看来，真正的共同体并不是高居于任何个体或者民族之上的"抽

---

① 张华波、邓淑华：《马克思发展共同体思想对构建人类命运共同体的启示》，载《马克思主义研究》，2017年第11期，第37页。

象共同体",而是包含着个性、多元性、差异性的"丰富统一性"的共同体。这是马克思思考共同体问题的整体视野。从资本主义工业革命以来,人类历史就加快了进入世界历史的进程,而这种历史走向带来了人类交往密切程度的提高,使人类的命运呈现出前所未有的相关性、整体性。一方面表现为全球社会各个主体之间共同利益的增加,各个地区、各个民族和各个国家之间的利益日益具有相互关联性;另一方面表现为全球性风险社会的到来,不同地区、不同国家面临着共同的问题和挑战,使得人类命运前所未有地联系在一起。

在全球化深入推进并且将人类社会带入一个命运与共的新阶段的背景下,习近平总书记同样从人类社会的整体利益出发,思考人类社会向何处去,并给出了富有启发意义的答案,就是构建人类命运共同体。"当今世界,人类生活在不同文化、种族、肤色、宗教和不同社会制度所组成的世界里,各国人民形成了你中有我、我中有你的命运共同体。"[①] 这是人类社会的整体结构,人类思考问题、做出决策都要从这个社会整体出发。人类生存在共同的地球家园上,需要以生命共同体与命运共同体思维处理人与自然的关系、人与人的关系、人与社会的关系、国与国的关系,面对人类社会共同的自然环境问题和社会问题,人类需要顺应世界历史发展的趋势,超越狭隘的局部利益,以人类命运共同体为前进方向和目标,面向全球社会调整自身的生存方式和交往模式。

第三,"人类命运共同体"理念继承和发展了"真正的共同体"思想所体现的批判性。

中国共产党以马克思主义为行动指南,而马克思主义按其本质来说

---

① 《习近平谈治国理政》,北京:外文出版社2014年版,第261页。

是批判的和革命的。马克思在谈到唯物辩证法的时候明确指出："辩证法在对现存事物的肯定的理解中同时包含对现存事物的否定的理解，即对现存事物的必然灭亡的理解。"① 马克思"真正的共同体"思想是在批判资本主义社会"虚幻共同体"基础上提出的。资本主义虚幻共同体，由于受资本逻辑的主导，资本对利益的追求，导致了个体与个体之间、共同体与共同体之间矛盾的激化。资本主义国家一方面在国内维护资产阶级利益，对广大无产阶级实行统治；另一方面对外侵略扩张，开辟海外市场，转移国内阶级矛盾，从而建立起不平等的资本主义世界体系和国际秩序。在谈到资本主义的自由贸易时，马克思认为，所谓的自由贸易只是"资本的自由"，"排除一些仍然阻碍着资本自由发展的民族障碍，只不过是让资本能充分地自由活动罢了"。②

今天，习近平提出"人类命运共同体"理念，在深层次意义上继承了马克思对资本主义的批判精神。资本主义生产方式本质上是追求利润的最大化，因而要求在全世界范围内推广其自身，在军事上对外扩张，在经济上用廉价商品打开其他国家的大门，严重冲击了发展中国家的社会经济秩序，并造成发展中国家长期依附于发达资本主义国家的世界格局。正如有学者指出，西方主导的全球化具有虚伪性，"原本宣称人类平等的全球化在其实践过程中反而形成了不平等的格局"③。构建人类命运共同体，内在要求发展中国家与现存的资本主义世界体系以及不合理的国际政治经济秩序进行斗争，注重维护弱小国家的利

---

① 《马克思恩格斯文集》第5卷，北京：人民出版社2009年版，第22页。
② 《马克思恩格斯文集》第1卷，北京：人民出版社2009年版，第756页。
③ 龙运杰：《人类命运共同体：世界主义虚伪政治的超越与重构》，载《新疆社会科学》，2019年第2期，第1页。

益，促进世界的平衡发展，推动公平正义国际秩序的建立。人类命运共同体理念蕴含新型世界秩序观，提倡主权平等、合作包容，旨在通过不同国家合作治理、民主协商的方式来实现世界的和平安全与繁荣发展。这样的新型世界秩序超越了传统的不合理的国际政治经济旧秩序，体现了一种新的人类社会发展理念。

第四，"人类命运共同体"理念继承和发展了"真正的共同体"思想所体现的开放性。

任何共同体都必须建立在一定的生产力水平之上，而随着生产力的不断发展，社会生产必然要突破地域限制，走向更大范围的联合，这是社会规律所决定的。"各民族之间的相互关系取决于每一个民族的生产力、分工和内部交往的发展程度。"[①] 社会大生产的出现，使得人类的社会交往不断扩大，日益突破狭隘的地域限制，走向更大范围的世界交往。资本主义国家爆发工业革命以来，社会化大生产不断发展，世界分工和世界市场体系日益完善，从而将世界上其他地区、其他国家都纳入资本主义生产体系中。人类社会不可能再退回到封闭孤立、自给自足的自然经济时代。经济全球化为世界交往提供了现实的物质基础，它使得人类社会的封闭性日益不可能。当今经济全球化的出现正是适应了人类世界历史发展的趋势。人类要走向真正的共同体，离不开生产力的高度发展和社会交往的普遍展开，因而，不同地区、不同民族、不同国家还需要高度重视社会经济的发展，尤其是融入经济全球化进程，利用世界范围内技术、资本、劳动力等生产要素的流动性，发挥生产要素的整合性优势，立足于全球，实现本地区、本国更

---

① 《马克思恩格斯文集》第 1 卷，北京：人民出版社 2009 年版，第 520 页。

好更快的发展。

人类命运共同体理念具有的开放性，体现为对新型经济全球化的引领，维护开放的多边贸易体系。作为人类命运共同体理念的忠实践行者，中国不断加强与世界其他国家在多边机制下的合作，推进贸易和投资自由化便利化，推动经济全球化朝着更加开放、包容、普惠、共赢的方向发展。针对某些国家实行贸易保护主义政策、逆全球化而行的做法，习近平主席强调："搞保护主义如同把自己关进黑屋子，看似躲过了风吹雨打，但也隔绝了阳光和空气。打贸易战的结果只能是两败俱伤。"[①]"一带一路"作为构建人类命运共同体的重要实践平台，这一倡议的提出是着眼于沿线国家的共同发展和开放发展，"中国对外开放，不是要一家唱独角戏，而是要欢迎各方共同参与；不是要谋求势力范围，而是要支持各国共同发展"[②]。

总而言之，人类命运共同体理念作为对马克思共同体思想的当代开拓，继承和发展了马克思"真正的共同体"思想所体现的人民性、整体性、批判性、开放性，是面向当代全球性挑战和世界共同问题而贡献的中国智慧、中国方案，是推动人类社会和谐共生的人间正道。人类命运共同体通过推动建设持久和平、普遍安全、共同繁荣、开放包容、清洁美丽的世界等维度的展开，将马克思"真正的共同体"思想由理论转化为实践、由思想转化为现实，是马克思主义中国化的伟大成果之一，具有重大的理论意义和现实意义。

---

① 《习近平谈治国理政》第2卷，北京：外文出版社2017年版，第481页。

② 习近平：《中国发展新起点 全球增长新蓝图——在二十国集团工商峰会开幕式上的主旨演讲》，载《人民日报》，2016年9月4日，第3版。

# 第二章

## 人类命运共同体理念的核心意蕴

人类命运共同体作为一种理念，它内在包含着人类社会的现实是什么样子的，还包含着人类社会未来应该成为什么样子的。人类命运共同体不仅是一种事实性的存在，还体现为一种价值性的追求。对人类命运共同体理念的理解，可以从这一理念蕴含新发展观、新世界秩序观以及共同价值观这三个主要方面去把握。构建人类命运共同体，本质上是推动人类社会物质文明、制度文明以及精神文明的发展，而这种发展应该置于新的时代境遇来考虑。全球化则是这一新的时代境遇。人类命运共同体理念所蕴含的发展观、世界秩序观与共同价值观是新的时代条件下的理论图景呈现。

# 一、人类命运共同体理念蕴含新发展观

发展观是一定时期经济和社会发展的需求在观念意识层面的反映，是一个国家和地区在发展进程中对发展是什么以及如何发展的系统性理解。如何确立发展的目标？发展是为什么人的？在什么条件下发展是有利的？这些问题折射出对人类生存和发展意义的思考与追问。

自从第一次工业革命以来,人类社会科学技术水平快速发展,生产力水平迅速提高,人类取得了物质上的巨大成就。人类在享受到现代社会进步所带来的巨大福利的同时,也遭遇到了人与自然关系的危机以及人与人关系的危机。乌尔里希·贝克认为包括生态问题在内的许多全球性问题,可以归结为人类缺乏责任的"总体的共谋"[①]。在贝克看来,人类社会的每一个成员都是生态危机的制造者,任何人既是原因又是结果,因而也就没有原因可寻。人类的行为逐渐构成了一种总体性的境域,当这种总体性境域所产生的破坏性力量构成强大的系统时,全球性问题由此产生。人类命运共同体理念的提出,正是蕴含着一种新的思维方式,这种思维方式要求人类在面对共同的问题时,不采取消极回避的态度,它是一种思维方式上的转化,它能够使人类意识到人与自然、人与人之间相互依存的关系性存在这一事实,从而真正将他者的生命纳入自身的视野与考虑范围之内。

## (一)人与自然对立的发展观及其实践困境

在人类社会的原始阶段,人类对自然界充满了崇拜,认为自然界万物都是带有神性的。自然力量的强大,使得人类屈从于自然,于是,自然宗教主义应运而生。随着人类生产技术的进步和社会生产力水平的提高,人类社会不断进步,人的主体意识开始觉醒,人的权威逐步确立,人类社会进入"自然的祛魅"阶段。人的主体性的确立,有利于彰显人的权利,体现人的尊严,客观上是人类社会的进步。但是人过分夸大了

---

① [德]乌尔里希·贝克:《风险社会》,何博闻译,南京:译林出版社2004年版,第34页。

自身的主体性，与之相伴随的是人的欲望的膨胀，人类希望征服自然，将自然界看作人类需要征服的客体。黑格尔曾经说："从笛卡尔开始，哲学一下转入了一个完全不同的范围，一个完全不同的观点，也就是转入主观性的领域。"[①] 黑格尔深刻地认识到了人的主体性在近代社会的突显，这种主体性确实展示出人自身力量的变化，但也造成了人的主体性的过度发展，从而带来了现代社会转型的危机。

由于我们人类过度追求现实的眼前利益，对自然环境肆无忌惮地加以破坏，因此造成生态破坏、环境污染等一系列自然环境问题，引发了人与自然的矛盾，造成人与自然关系的极度紧张。人类在技术理性的支配下，陶醉于技术理性的胜利，对自然界展开了大规模的掠夺活动，引发了人与自然关系的严重失衡。在《寂静的春天》这一著作中，作者卡逊描写了一个可怕的故事，由于人类对环境的破坏，乡村迎来一个没有声息的春天（理想的状态是生机盎然的春天）。这是对工业文明的指责和控诉，我们人类社会在充分享受现代工业文明的巨大成就和福利时，却造成了环境的污染、生态的破坏、资源的匮乏、生物多样性的消失等问题。现代工业文明近300年来的快速发展，使得人类对地球资源的开发和自然环境的破坏达到了前所未有的程度。人类在自然界面前，逐渐占据主导性地位，自然界成了人类发展自身所需要的客观条件。人类不加节制的生产和消费行为，已经极为严重地损耗了自然资源，破坏了生态环境，导致了环境污染，威胁到了人类自身的生存和发展。应该承认，近代以来的工业文明所导致的人与自然关系紧张的状态并非合乎理

---

① [德]黑格尔:《哲学史讲演录》第4卷，贺麟、王太庆译，北京：商务印书馆1978年版，第69页。

想的状态，这种状态既破坏了自然界的秩序，也不利于人类的生存和发展。

人类曾经依靠理性和科学技术，试图征服自然，改造自然。然而，人类肆无忌惮破坏自然界的活动，却导致了地球生态环境恶化、全球气候变暖、资源能源枯竭等问题。

恩格斯曾经对人与自然的关系做出了深刻的论述，人类不能陶醉于对自然界所取得的胜利，人类在每一次胜利之后，都会遭到自然界的惩罚。人与自然是生命共同体，自然界是大的生命系统，人类社会是小的生命系统，人类社会这一小的生命系统只有放置于自然界这一大的生命系统之中，才能获得持久存在的条件与可能。自然界的资源承载力和环境承载力都是有限的，人类不能盲目地扩张活动范围，必须尊重自然界的客观运行规律，否则人类社会不可能持续发展。

人过分夸大自身的能动作用，贬低自然的作用，将自然置于与自身相对立的客体地位。人从自然界中获取自身所需要的资源，将自然看作满足自身需要的工具，而忽视了保护自然和生态环境的重要性。这种发展观实质是"人类中心主义"的反映。具有后现代主义倾向的美国哲学家大卫·雷·格里芬认为，人类现代社会的第一阶段产生的是"激进的人类中心主义伦理学"[1]，这一伦理观念主张将人类的需要、欲望及其满足看作第一位，因而，受此种伦理观念支配的人类，必然会对自然进行疯狂掠夺和破坏，人类也不会考虑到自然的生命及其内在价值。自然成了人类要征服和统治的对象。格里芬所提出来的"激进的人类中心主

---

[1] [美]大卫·雷·格里芬编：《后现代精神》，王成兵译，北京：中央编译出版社2011年版，第209页。

义",其内涵是指强调人类利益至上的绝对人类中心主义,最终会导致人与自然关系的二元对立状态。人类因为受到自身欲望的驱使,对自然界过度开发和利用,从而破坏了自然界生命系统的平衡,导致了一系列生态环境问题的出现。激进的或者绝对的人类中心主义,完全背离了人类可持续发展、世代生存延续的目标。我们需要对其进行原则上的纠偏,确立理性的原则和可持续发展的眼光,规范人类自身的行为。有学者主张的"生态人类中心主义"[①]可以为我们提供一些理论的启示。

## (二)人与人对立的发展观及其实践困境

人类现代社会快速的发展,虽然带来了物质的丰裕,但是也带来了人与人之间社会关系的分化。现代化的强大推动力,使得人类社会创造了前所未有的物质成就。然而,现代文明的弊端也日益显现出来,比如出现人与人之间心理上的疏远、人与人社会财富分配上的悬殊等。人类虽然在物质文明上取得了丰富的成果,但是人类的精神文明却面临倒退的危险。人类正处于人的价值被物质尺度所衡量的非属人世界。

自从启蒙运动以来,西方资本主义现代社会所走过的发展道路,主要是一种"发展主义"的现代化道路,这种发展主义的模式片面强调了经济增长,而忽视了发展中"人"的重要性,使发展退化为"无人身的发展",是一种隐去了"人"的发展。这种发展不仅导致了本国社会矛盾的激化,导致了人与人之间的分裂,而且这种发展建立在资本霸权、对外掠夺资源和抢占别国市场的基础上,因而给别的国家和地区的人们

---

[①] 陶德麟主编:《当代哲学前沿问题专题研究》,武汉:武汉大学出版社1998年版,第386—387页。

带来沉重的灾难。

回顾资本逻辑所主导的人类现代化进程，可以发现，资本逻辑的统治导致了人与人关系的对立，资本逻辑主导人类社会并将一切都抽象成交换价值，人受抽象物统治。资本逻辑主导的社会发展进程，过于突出了资本的重要性，而忽视了人的价值。由此带来了社会发展进程中"人"的隐退，"物"的突显。今天，现代化的进程确立了以物的依赖为基础的社会关系，人与人之间的关系退化为"物"的关系。人们的活动是以"物"的生产、获取和占有为价值导向的。因而，人与人之间结成了"物"的共同体。世界应该是属人的世界，现在却成了"物"占主导和支配地位的世界。资本逻辑主导的社会发展，带来了另一个严重的弊端，就是导致社会公共空间的不断缩减，人的私利性的增强带来了人的公共性的衰退。人的社会活动焦点过于强调私人的经济利益，而对关系社会整体发展、稳定与进步的政治议题变得漠视。追求私利是个人活动的至上逻辑。每个人一旦受这种逻辑支配，人类社会就不可能成为一个整体性的存在。这种逻辑导致的就是人与人相互为敌的竞争式发展状态。用德国政治思想家卡尔·施密特的一个术语来说，就是"敌我政治"，世界呈现为分裂样态的存在。比如现在全球社会贫富差距日益扩大的问题，有研究显示，世界上最富有的 10% 的人拥有全球财富的 75% 以上，这种财富分配不合理的状态亟须被改变。

曾经由西方资本主义国家所主导的全球化，在向外推行资本主义生产方式、开辟世界市场的过程中，采取了暴力和战争的激烈手段，形成了未开化和半开化的国家从属于发达国家、东方文明从属于西方文明、农村民族从属于城市民族的不合理的世界体系。这种世界体系的主要特征是西方发达资本主义国家处于中心地带，广大发展中国家处于边缘地带，因而是一种"中心—边缘"式的结构。这种世界体系导致了城市和农村关系的不平衡，城市建设快速扩张，农村发展却十分缓慢。这种世界体系还产生了"依附性"结构，发达国家凭借自身的经济、技术和军事优势，对落后的国家进行直接或者间接控制，甚至进行政治上的操纵，因而导致了被控制国家长期的发展受限、发展空间压缩、发展方式不合理、发展不平衡等问题。构建人类命运共同体，内在要求不同国家、不同地区之间的协调均衡发展，任何国家、任何地区的发展不能以牺牲别的国家、别的地区的发展权利为代价，否则，发展是不可能持续的。

今天，我们人类需要面对新的时代背景，摆在全人类面前的难题是，进入全球一体化的人类社会应该如何发展。埃利亚斯在《文明的进程》一书中，将人类的群体看作"生存单位"，这个单位的主要功能有两个：一是提供食物和其他生活必需品；二是遏制战争，控制暴力，提供安全的环境。埃利亚斯试图论证人类不是天生爱好战争和武力的，而是受后天形成的社会竞争结构所迫。今天，人类社会虽然面临着核威胁，但没有哪一个国家敢轻易发动核战争，国家间的谈判和妥协显示出人类社会相互依存程度的加深。人类的命运一体化正在形成。然而，构建人类命运共同体并不能单凭美好的意念，还需要从现实的物质条件出发，用发展的眼光和手段解决全球社会发展中出现的问题。马克思曾经提出，"消灭城乡之间的对立，是共同体的首要条件之一，这个条件又取决于许多物质前提。"[1] 所以，解决不同地区之间发展的不平衡问题，归根结底要依靠社会的物质生产手段，而不能单凭人的主观愿望和

---

[1] 《马克思恩格斯文集》第1卷，北京：人民出版社2009年版，第557页。

意志。人类最终要依靠经济发展来解决不同地区和国家发展的不平衡问题。因此，要转变发展动力，转变发展理念，立足当今世界，从现实出发，在发展的过程中注重协调平衡人与人之间的关系，促进全球社会的平衡、协调、可持续发展。

## （三）新发展观的内涵与实质

人类社会的进步、人类生存方式的变革往往与发展观的自我超越与革新有密切关系。人类实现生存和发展，前提是需要一个相对稳定的生活环境和生活空间。在全球化快速发展的今天，人类社会的生活空间不断扩大，并且日益扩展到国际社会层面，人与人关系的建立、人与自然关系的建立都需要在更大的时空范围内考虑。这种更大的时空范围提供了人类生存的坐标，它是人类开展一切活动，包括生产、交往、文化交流、休闲等一切活动必须予以考虑的出发点。人类命运共同体理念所蕴含的发展观，致力于超越资本逻辑主导的发展模式，是对片面强调资本利益至上的发展模式的扬弃。这一新型的发展观确立了以人的自由全面发展为中心的取向，而人的自由全面发展的取向既内在包含了人与自然的和谐发展，又内在包含了人与人、人与社会的和谐共生式发展。

构建人类命运共同体开辟了人类社会发展的新航线，它使得人类改变了满足自身不同需要的方式，不再通过对大自然的征服而实现，不再通过对他人利益的侵占和掠夺而实现。人类命运共同体理念，主要是面向人类的可持续性生存和发展实践而展开。恩格斯在《政治经济学批判大纲》中提出："我们这个世纪面临的大转变，即人类与自然的和解以及人类本身的和解。"① 这也是马克思所说的"人与自然""人与人"两大矛盾的解决。为了创造适宜人类生存的环境和空间,能够保证生命的安全,需要坚持科学精神和人文精神的双重标准。一方面要坚持科学精神,尊重客观规律,尊重自然秩序,保护生态环境;另一方面要坚持人文精神,坚持真善美的价值理念,促进人与自然、人与人、人与社会和谐关系的建立,提倡一种真正的天人合一的生命境界。人类社会正在成为一个有机的整体,任何发展都应该从这种整体的立场出发,正如佩鲁所强调的:"我们所讲的发展是整体性的;这种发展使技术受到各个人类共同体知识的、社会的和道德的约束。"②

**1. 坚持人与自然的共生式发展**

人类的生存和发展离不开和谐有序的自然环境这一前提。人类共同的生存环境既包括社会环境,同时也包括自然环境。而只有在生态良好、环境宜居的自然环境中,人类才有可持续发展的可能。从终极意义来看,人类社会与自然界是统一的,而非对立的。马克思对此曾经有过深刻的论述,他认为,作为人类未来理想社会形态的共产主义,是一种实现了自然主义和人道主义相统一的社会,这二者在实质意义上是相通的。在马克思看来,未来的共产主义社会(也可以称自由人联合体社会)"是人和自然界之间、人和人之间的矛盾的真正解决"③。构建人类命运共同体,虽然不同于马克思意义上的共产主义社会(也可以称自由人

---

① 《马克思恩格斯文集》第1卷,北京:人民出版社2009年版,第63页。
② [法]弗朗索瓦·佩鲁:《新发展观》,张宁、丰子义译,北京:华夏出版社1987年版,第194页。
③ 《马克思恩格斯文集》第1卷,北京:人民出版社2009年版,第185页。

联合体社会），二者所处的时代背景和实现路径都有所不同，但是二者在内在的精神追求上是相通的，都是为了真正解决人和人、个体和类、人和自然之间的矛盾。

人与自然本来是和谐统一的生命共同体，但是，资本主义的工业文明和现代化进程却建立在对自然资源掠夺和生态环境破坏的基础上，使人与自然处于二元对立的状态。生态破坏、资源短缺、能源危机、气候变化等，都在警示人类，不以自然规律为指导的人类活动，必然会遭到自然界的惩罚。西方的现代化道路已经不能再被广大发展中国家模仿和复制，发展中国家在探索自身的现代化道路时，必须坚持人与自然是生命共同体的思维，坚持绿色发展，走可持续发展道路。人类只有一个地球，人类共享一个家园，人类在经济社会发展的同时，应该合理利用自然资源，注重保护生态环境，追求人与自然的和谐统一。

中国古代的思想家很早就认识到人与自然是一个整体，提出了许多著名的处理人与自然关系的思想，比如"天人合一""道法自然""钓而不纲，弋不射宿""孕育不得杀，鷇卵不得探，鱼不长尺不得取，彘不期年不得食"等。人与自然组成的生态系统，具有系统性和整体性。人类社会是小的生命系统，而自然界则是大的生命系统，人类社会这一小的生命系统只有置于自然界大的生命系统之中，才能更好地发展和完善自身。人类如果不注重对自然界的保护，在开发和利用自然界时不尊重自然界的客观规律，自然界也会反过来报复人类。这是得到人类历史反复验证的普遍规律，这个规律谁也无法抗拒。今天，人们正日益沦为只顾满足自身物质享受和欲望的"单面人"，但是人生存的意义不仅仅是体现在物质方面的享受和满足，人应该在追求物质和精神全面的满足中来实现自身的价值。中国传统文化中关于人与自然和谐共生的思想，对于当今日益加剧的"人的单向度"问题，对于人类生存方式的合理重建，具有特别重要的思想价值和现实指导意义。

坚持人与自然和谐共生的发展观，其内在要求是顾及自然界的一切生命及其内在价值，推动构建人与自然的生命共同体，引导人类形成更加合理的生存方式，减少对自然资源的浪费和对生态环境的破坏。地球是我们人类共同的家园，不同国家、不同地区的人民都是地球公民，保护环境和资源不仅是人类的义务，而且也是人类道德良知的体现。保护地球资源和环境，不仅是保护本国的自然资源和生态环境，还应该保护地球上人类共有的资源。人类是命运相连的共同体，任何地区、任何国家所遭受的生态灾难都会危及其他地区和国家。"城门失火，殃及池鱼"，任何损人不利己的做法，最终损害的也是自身地区和国家的利益。人类迈向命运共同体的道路步履维艰，地区和地区、国家与国家之间依然存在利益、资源的竞争。人类为了整体的生存、发展与延续，应该本着理性、负责的态度，在竞争中求合作，在享受权利的同时承担义务，可持续地开发地球资源，保护好生态环境，共同创造属于人类的美好未来。

### 2. 坚持人与人的共生式发展

坚持人与人和谐共生的发展观，是主要面向人本身而确立的发展路径、发展目标与发展价值。以往的发展模式过于偏重对物质的迷恋，以获取财富和资源积累为主要目标，而这种以物质成就为导向的发展模式往往造成经济发展和人道标准之间紧张的冲突关系。我们应该明白一个道理，工业属于人类，而非人类属于工业。人类社会的发展，无论是资源的分配，还是产品的生产，都应该确立一个中心，那就是以人为中心的发展战略。

联合国教科文组织在《1977—1982年中期规划》中提出："发展越来越被看作是社会灵魂的一种觉醒。"社会灵魂的觉醒，首先是作为社会主体的人的全面觉醒，确立以人的全面发展以及人与自然和谐发展的新的价值导向和新的发展观。20世纪90年代初期，"联合国环境与发展大会"在巴西里约热内卢召开，《21世纪议程》作为这一大会的重要成果，首次明确提出了"可持续发展"的理念，从而为人类进入21世纪确立了一种新的可持续发展的行动准则。发展是构建公平的全球体系的基石，同时也是维护世界和平与稳定的重要前提。因此，推动世界各个地区、各个国家尤其是发展中国家的繁荣与发展，是全球社会应该关注的重要议题。在此时代背景中提出的人类命运共同体理念，蕴含着新的发展哲学，是一种全新的合作发展理念。这种全新的发展观包含着系统性思维，这种思维将人类社会看作一个整体，认为人类社会的各个领域不是单独存在的，是自然因素和社会因素、技术因素和文化因素、政治因素和经济因素的交叉渗透、交互作用、相互影响。

国际社会的变化凸显了人类共同体成员之间相互依存关系的存在。当前的种种事件表明，发达国家的利益与发展中国家的利益不能相互分开，发达国家的发展与发展中国家的发展之间存在着密切的关系，整个人类共同体的繁荣与发展离不开对每一个成员政治权利、社会福利和经济利益的保障，而这些离不开国际共同体的所有成员建立在主权平等和消除它们之间现存的不平衡基础上的合作。经过工业化、电气化、信息化的发展，人类社会的交往日益便捷，新的通信技术、交通技术等，使得人类社会的联系空前加强，地球正日益成为一个"地球村"。同时，人类的命运共生性也日益凸显。在经济全球化、信息科技革命的时代大格局中，各个国家的命运紧密相连，各国在政治、经济、文化、社会生活等方面的相互依赖、相互影响、相互制约日益加强，正在逐渐形成你中有我、我中有你的命运共同体。任何国家、地区的发展，必然是在开放的环境中，在既有竞争又有合作的过程中实现的。由于全球范围内自然资源分布的不均衡性、存量的有限性以及开发利用的共享性，因此世界各国、各地区需要进一步强化整体思维和全球意识，共同面对和解决全球问题。一个民族、一个国家，其繁荣发展不可能离开世界历史的大环境、大背景，制定什么样的发展战略、实现什么样的发展目标，以及采取什么样的发展路径，都要置于人类整体利益和命运共同体的环境条件之中，从而更好地实现本民族、本国家的利益。

  人类往往是追求多种目标的，这正是人类的复杂性。但是人类在追求一种目标的同时，不能牺牲其他目标。我们一方面追求更有效率的生产、更丰富的产品，但是我们也不能因为追求生产效率和物质享受而放弃对生存环境的保护、对人的精神世界的丰富。我们要在多种目标之间寻求一种张力。正如佩鲁所强调的那样，"具有主动精神的人从这种历史运动中看到一种新发展观和光荣而宏大的新社会方案带来的希望。"[①]人类命运共同体理念就是这样一种光荣而宏大的新社会方案，在这一现实的构建过程中，我们应该注重共同体利益、长远利益、现实利益、整体利益以及各种利益的平衡协调。人们追求自己的正当利益是合理的，但是从个人利益至上的角度去思考和解决问题却是不负责任的。人在思考问题和进行社会活动时，必须考虑到他人的利益，而不能将

---

① ［法］弗朗索瓦·佩鲁：《新发展观》，张宁、丰子义译，北京：华夏出版社1987年版，第100页。

他人的利益排除在外。个体利益与他人利益的合理兼容是我们应该努力的方向。

人类命运共同体理念主张构建一种超越各种主义的、以可持续发展为原则的政治经济制度，这一新的发展观是超越一个国家、一个民族和一个地区层面的，立足于全球和人类社会整体的利益。我们需要一种新的共同体，这样的共同体既能保障各种小的共同体的生存，同时又能满足人类这一大的共同体生存的需要。我们需要承认某些共同的价值、意义和目标，例如承认所有社会成员的生命权利。人类社会及其环境是一个整体相关的系统，无论是人与自然的关系，还是人与人、人与社会的关系，都有着内在的相关性。系统中的任何一种要素缺失，都会使人类社会失控。人类只有发挥自身塑造未来的能力，注重调整自身意识，调控自身行为，从而使人类社会这一复杂系统得到控制，人类社会才可能进入一种更高级的社会发展阶段。

## 二、人类命运共同体理念蕴含新世界秩序观

秩序在一定意义上是与安全和稳定相关联的。一个团体有自身的秩序，一个国家有自身的秩序，全球社会也必须以秩序为前提。秩序是保障人的生存和发展的前提条件。世界秩序，根本上是关乎国家间交往规则及其关系的构建。世界秩序观则是对这一构建过程的看法，包括对世界秩序本质的理解，对传统世界秩序的评价，以及对合理世界秩序的

设想。

国际关系领域的著名学者赫德利·布尔认为，世界秩序"指的是人类活动的格局或布局，它追求整个人类社会生活的基本或主要的目标"①。在布尔看来，世界秩序不同于国际秩序，国际秩序反映的是国家与国家之间的秩序，但是，国家只是人的集合体中的一种形式，人与人还会构成国家以外的多种组织形式。我们需要关注的是国际秩序背后更深层次的问题，也就是要关注人类社会这一更宏观意义上的秩序问题。国家因为有制度才成其为国家，世界因为有秩序才成其为世界。世界需要一种共有的安全秩序，而安全的秩序需要通过合理的治理方式来获得。基辛格在《世界秩序》一书中提出，"评判每一代人时，要看他们是否正视了人类社会最宏大和最重要的问题，而政治家必须在结果难料的情况下做出应对挑战的决策"②，而"重建国际体系是对我们这个时代政治家才能的终极挑战"③。制度和秩序是构成世界的不可或缺的要素，同时也是构建人类命运共同体的内在要求和基本向度。

## （一）传统世界秩序的不合理及其困境

和平有序的社会环境是人类得以生存和发展的前提条件。然而，自近代世界秩序形成，资本主义所推动构建的世界秩序，客观上促进了人

---

① ［英］赫德利·布尔：《无政府社会：世界政治中的秩序研究》，张小明译，上海：上海人民出版社2015年版，第20页。

② ［美］亨利·基辛格：《世界秩序》，胡利平等译，北京：中信出版社2016年版，第491页。

③ ［美］亨利·基辛格：《世界秩序》，胡利平等译，北京：中信出版社2016年版，第486页。

类社会的交往与融合，但是这一秩序建立的出发点是维护资本集团的利益，因而造成了人类社会内部分裂、矛盾重重的状态。资本主义国家所推动形成的世界秩序是如何形成的呢？这种世界秩序的主要特征是什么？在实践中又产生了怎样的困境？

以唯物史观来看，一切事物都在历史中产生、演进和发展。世界秩序作为人类活动的产物，应该置于人类历史的进程中去看待。人类所面对的社会环境，不是自然而然就存在的，而是人类实践活动的产物。真正现代意义上的世界秩序，最初是由资产阶级推动形成的。由于资本具有攫取利润的本性，因而要不断地对外扩张，开辟世界市场，驱使资产阶级在世界各地奔走。地理大发现和新航路开辟，资本主义生产方式向全世界范围的扩张，使得世界开始联系为一个整体。而与之相伴随的是资本主义主导的世界殖民体系，这种体系所确立的世界秩序，实际上由发达的资本主义国家主导，以服务于发达资本主义国家的利益。这种世界秩序的主要特征是不平等，它建立在发达资本主义国家统治落后国家的基础之上。此种类型的国际社会是机械地、外在地联系为一个整体，还缺乏制度的规范以及秩序的保障，因此，世界处于矛盾与斗争、冲突与妥协、战争与和平、结盟与背弃、霸权与反霸权等各种错综复杂的利益与权力引发出来的关系网络中。因而，这种世界秩序具有极大的不稳定性，它面临着被殖民的国家反抗并趋于瓦解。这种世界秩序给被殖民国家人民带来了沉重的灾难，导致当地经济发展落后，社会进步缓慢，人民生活困顿。尤其是资本主义发达国家为了扩大自己的殖民优势，不断对外扩张侵略，最终引发了两次世界大战，成为人类历史上最惨痛的经历。为了避免世界各国、各地区之间的无序和混乱状态，世界需要规则和制度。换句话说，我们需要构建由规则和制度来加以保障的世界，世界需要我们全体人类共同治理。

第二次世界大战导致了"雅尔塔体制"的形成，雅尔塔体制在根本上体现的是大国意志，是由美、苏、英三大国主导制定的，这一国际秩序一直延续到苏联解体之前。这种国际秩序的特征主要有两点：一是集团政治，二是霸权政治。美苏对抗的两极格局曾使世界人民一度陷入紧张对立的状态，以政治制度和意识形态划分的两大政治集团，主导了世界的秩序、规则。一方是美国主导的资本主义国家阵营，一方是苏联主导的社会主义国家阵营，集团政治的影子无时不在。当然，霸权政治虽不像从前那样以赤裸裸的面目出现，但是大国欺压支配小国的行为依然存在，美苏两个超级大国在国际政治活动中，坚持本国利益至上，甚至不惜牺牲弱小国家的利益。苏联解体后，美国逐渐确立了自己的超级大国地位，世界上形成一超多强、多极主导的世界秩序格局，单一的世界中心已经不复存在，多个世界中心相继成长。正是在这种世界秩序格局中，美国之前实行的赤裸裸的强权主义和干涉主义政策开始变换形式，开始采取更加柔性的、精巧的控制方式，来实现主导世界秩序的目的。

近代以来，西方国家主导的世界秩序主要存在以下特征：一是以工业文明为基础，强大的经济实力做后盾。第一次工业革命之后，英国的工业迅速发展，英国凭借强大的工业实力开始了对外扩张的道路。与这种全球秩序相适应的是一种经济自由主义理念。"第一代英国古典政治经济学家非常正确地以整个世界和全人类作为他们的研究领域。但他们把带来普遍和平的能力归之于工业，把按照'经济效益'要求和'可行的'正义要求分配资源的能力归之于市场的扩大，这就把人们引入歧途。"① 以亚当·斯密和大卫·李嘉图为代表的自由主义经济学家就是持这样的观点。他们认为，通过自由贸易的发展可以促进国家间的和平，减少国家间的战争，自由贸易及其确立的市场秩序是将人类团结在一起的纽带。然而，理论和现实总是相差太远，以号称"自由贸易帝国"的英国为例，英国历史学家 J. 加拉赫和 R. 鲁滨逊一针见血地说："通常将帝国的自由贸易政策总结为'是贸易而不是统治'，其实它应该读作'如果可能，是非正式控制下的贸易，如果必要，则是统治下的贸易'。"② 二是以对外扩张为手段，实行军事侵略。西方发达国家由于具有强大的经济实力，在对外扩张过程中，不可避免地采取武力和战争手段，来实现自身经济利益。三是对外输出文明理念和价值观，实行文明同化政策。西方发达国家不仅仅在经济和军事上占据优势地位，还力图从思想文化上控制落后国家，力图在思想文化上占据霸权地位。

美国著名思想家沃勒斯坦曾经将西方主导的世界经济体系概括为"中心—边缘"体系，这种体系的主要特征是，核心经济区域通过剥削边缘区域经济，将边缘区域的财富转移过来，这实质上是一种不平等的世界经济体系，是建立在边缘区域依附在核心区域经济基础上的。

资本主义所推动形成的世界秩序，其本质是以资本利益最大化为主导逻辑的，而这种资本利益至上的逻辑，必然导致世界治理出现诸多困境，国家间关系出现不对等的发展趋势。第一，全球贫富差距扩大，自由主义强调自由竞争，但在全球治理失衡的国际大环境中，发展中国

---

① [法]弗朗索瓦·佩鲁：《新发展观》，张宁、丰子义译，北京：华夏出版社1987年版，第4页。

② [美]斯塔夫里亚诺斯：《全球分裂：第三世界的历史进程》上卷，迟越等译，北京：商务印书馆1993年版，第170页。

家处于竞争劣势，付出巨大代价，却没有得到与之相匹配的机会和收益。第二，美国及其西方盟国以"保护个人自由权利"之名，行霸权主义、强权主义之实。第三，西方国家实行文明中心主义，鼓吹文明优越论、文明等级论。第四，西方发达国家在全球生态环境保护问题上莫衷一是，一方面掠夺发展中国家的资源，另一方面向发展中国家转移生态危机，全球性气候、环境、生态问题迟迟无法得到解决。这些正是传统的世界秩序和治理机制出现困境的表现。

在《失序时代》这一著作中，理查德·哈斯承认世界正在走向失序时代，他认为"二战"以来的世界治理机制正在失效，我们所处的时代面临着恐怖主义、核武器扩散、气候变化、网络空间安全等全球性的威胁，传统的基于国家主权的世界治理模式不再适用。哈斯认为我们有必要建立一种新的世界秩序。[①] 新的世界秩序应该降低国家主权和边界的重要性，为了解决人类共同面对的问题，国家必须承担相应的义务。

## （二）全球化背景下国家的存在与发展趋势

国家主权概念真正得到国际社会承认，始于1648年的《威斯特伐利亚和约》。在近代以来的世界秩序体系中，国家一直扮演着主要行为者的角色。虽然20世纪后半叶世界性组织大量出现，国家的作用和地位受到影响。国家作为一个独立的主权实体，在世界秩序体系中享有主权不可侵犯的权利。因此，世界交往中，任何国家都不得侵犯他国主权，世界秩序的合理建构是建立在国家主权平等原则基础上的。黑格尔

---

① [美]理查德·哈斯：《失序时代》，黄锦桂译，北京：中信出版社2017年版，第217—222页。

认为，任何一个国家相对于别的国家来说，其存在都应该是独立自主的，而且国家之间要相互尊重各自的主权。[①] 从黑格尔对国际交往原则的理解出发，国与国之间的正常交往，理应建立在独立自主的基础上。一个国家的自主性或者说主体性，在国际社会现实中主要体现为国家主权，而其实质是国家能够自主做出决定和选择的权力。

进入全球化的新阶段，国家自身的利益结构和主权结构已经发生重大变化。全球经济一体化产生了世界性的生产结构，但是国家主权对应的是地区性的政治结构，当全球性的生产结构与地区性的政治结构相遇时，地区性的政治结构便不得不做出一定的妥协和让步。世界性的生产结构已经降低了民族国家做出决策的独立性和自主性。世界贸易组织的建立，联合国对国际社会集体安全责任的加强，跨国公司和国际组织的影响日益显著，正使得民族国家原先的经济主权和安全主权面临削弱的可能，民族国家在卷入全球经济、安全一体化的浪潮时，也不得不做出让步，即让渡部分主权。

既然全球化和世界历史已经成为客观趋势，那么，在这种背景下，国家还有没有存在的必要性？按照历史唯物主义的观点，历史终将转变为世界历史，而国家是要走向消亡的。但是，国家走向消亡需要具备一定的前提条件：首先，生产力高度发达是基础；其次，实现世界性的普遍交往，确立人与人平等相待、互相尊重的基本原则，消除人与人的对立状态，消除剥削和压迫，真正实现人类社会的和谐共生；再次，人们可以跨地区流动，不同民族之间语言、文化相互融合，全球交往的外在

---

① ［德］黑格尔：《法哲学原理》，范扬、张企泰译，北京：商务印书馆1961年版，第393页。

障碍逐渐消失；最后，社会自治和社会自我管理水平高度发展。国家是从社会中产生的，当社会已经高度自治，人类已经习惯社会公共生活的规则，并自觉维护社会公共秩序，国家也就没有存在的必要，要被放进历史的博物馆。国家作为人类社会发展到一定历史阶段的产物，并不是一开始就存在的。在人类社会的某个历史阶段，有什么样的社会共同体组织形式，取决于历史客观规律性与人类主体选择性的共同作用，而国家作为社会共同体组织形式中的一种，并不一定是唯一的形式，也不一定是最合理的形式。"在人类历史上，确实曾有过不知国家为何物的时期；在未来理想的社会状态中，国家也可能会由于不再需要而消亡。"①

全球化过程中，民族国家确实在发挥着重要作用，民族国家在保证国内秩序稳定方面，依然发挥着不可替代的作用，但是，民族国家的角色也在被重新塑造。吉登斯认为，自冷战结束后，大部分国家就不再有敌人了，而风险则是所有国家需要共同面对的。这是因为，全球化的进程改变了国家制度。我们今天所谈论的包括国家在内的各种制度，虽然形式上还保留着，但是其实质内容已经发生了变化。民族国家的职能在新的时代背景下被赋予了新的内容。②

国家作为主体，在一定程度上保障国家内部成员的安全，在维护本国公民的根本利益方面发挥着不可替代的作用。但同时，强调本国利益至上的原则，也限制了人类社会活动的空间。以民族国家为本位，排斥和损害别的国家或民族的利益，可能走向狭隘的民族主义。康德曾经提

---

① 郭湛：《主体性哲学——人的存在及其意义》，北京：中国人民大学出版社2011年版，第112页。

② [英]安东尼·吉登斯：《失控的世界》，周红云译，南昌：江西人民出版社2001年版，第13—14页。

出:"人性表现得最不值得受尊敬的地方,莫过于在整个民族彼此之间的关系这方面了。"① 康德认为,因为人类的自私性,每一个国家在对外交往时都从本国的利益出发,因此导致人类社会总是冲突不断,以至于每一个国家都无法保障自身主权的独立和财产的安全。国与国之间的交往如果奉行狭隘的和自私的民族主义,其他民族也实行同样的行为,这样国与国之间不可能和平相处。那么,如何实现民族国家之间的永久和平状态呢?康德依据社会契约论的原则,主张将这一原则扩大到国际社会层面,建立一种合理的国际契约。他认为,每一个民族"都可以而且应该为了自身安全的缘故,要求别的民族和自己一道进入一种类似公民体制的体制,在其中可以确保每一个民族自己的权利。这会是一种各民族的联盟,但却不必是一个多民族的国家"②。康德所提出的国际联盟的原则,在当时看来是几乎不可能实现的。然而历史总是不断地走向进步,今天的国际关系较康德所处的年代,已经取得了长远的发展。人类在总结经验的基础上,建立了联合国这样的世界组织,从而在超越国家层面上进行活动,并在改善国家之间的关系、协调国际社会的运行、促进全球的治理等方面发挥了重要的作用。同时,我们也应该看到,当今的国际关系距离较为理想的状态还非常遥远,国家之间的矛盾和摩擦依然比较频繁,西方大国主导着不合理的世界秩序,单纯依靠国际契约并不能阻止他们一意孤行、欺凌别的民族国家的行为。今天的世界秩序在某种意义上,依然是由国家实力做支撑的,换句话说,一个国家在世界上

---

① [德]康德:《历史理性批判文集》,何兆武译,北京:商务印书馆1990年版,第208页。

② [德]康德:《历史理性批判文集》,何兆武译,北京:商务印书馆1990年版,第110页。

能否占据外交主动权或者取得国际话语权，在根本上是由自身实力决定的，而不是由某种人道主义精神或者永久和平的国际理想所赋予的。

我们可以对世界秩序做出如下判断：首先，统一的全球性组织机构在解决世界问题时虽然发挥了一定的作用，但总体上是乏力的。今天的世界秩序所面临的矛盾就是，国家内部的有政府状态与国际社会的无政府状态。由于统一的全球性组织机构在权力的平衡方面缺乏强制性，某些成员国出于自身利益的考量，往往较少执行统一的全球性组织机构的决策。国家作为一个实体，其内部成员因为共同的历史记忆、文化习俗而能够结合成命运共同体，然而，当今的全球社会还不是有机的整体，即使是表现出整体的倾向，也只是机械的团结，是由于客观的形势和情境将人类的命运联结在一起，是由于全球性的生存危机倒逼人类的合作。其次，世界秩序不再是由某个超级大国主导，而是由多个负责任的大国引导、不同国家参与决定的。再次，国际和平与经济发展依赖于超国家政治共同体之间的协调对话机制。为了避免不同国家之间的冲突和战争，保证世界的和平与稳定，需要建立超国家政治共同体之间的对话协调机制，通过和平对话的方式减少冲突，形成共识。最后，发展中国家面临全球化与民族化之间的矛盾。全球化虽然在促进世界各国相互联系与交往方面发挥了重要作用，但是也在一定程度上导致了对国家主权的冲击。尤其是在发展中国家刚刚起步时，由于政治上还处于建设时期，经济力量也相对弱小，因而需要保护自身利益，维持民族团结和社会稳定。这样，发展中国家在经济全球化时代如何处理开放与自主、合作与独立的关系，就是一个较为复杂的课题。

民族主义的发展常常表现出积极和消极的两面性，积极的一面若能够发挥出来，则会促进民族自强和民族之间的和平竞争，若不能够发挥出来，则会导致民族利己主义的泛滥。因而，保持一定程度的民族认同是必要的。英国学者约翰·汤林森说："'民族认同'只是人们体验文化归属感的众多方法之一，而这样的一个方法在政治上及意识形态上具有特殊的意义。"① 美国政治学者本尼迪克特·安德森认为民族国家是想象出来的产物，"它是一种想象的政治共同体——并且，它是被想象为本质上有限的，同时也享有主权的共同体"②。在特定的历史时期，民族主义确实能发挥凝聚自身、发展自身的精神范导作用，因而具有历史的合理性。但是，随着全球一体化的快速推进，各个民族、各个国家之间的交往和联系越来越普遍，在这种背景下，奉行狭隘的民族主义便不再符合世界历史发展的潮流，也越来越不利于一个民族、一个国家的长远发展。我们必须防止极端民族主义。民族国家认同与极端民族主义是不同的。我们应该注意这种区分。极端民族主义过度推崇本民族利益至上，为维护本民族利益而不惜牺牲其他民族的利益。今天的世界是开放的、多民族共同存在的世界，没有哪一个民族能够与其他民族分隔开来孤立地发展。一个民族与其他民族在进行交往时，在保持独立自主的同时，也应该坚持对外开放，立足于人类整体发展的视角，不局限于本民族的狭隘利益，在民族主义与世界主义或者国际主义之间保持适当的平衡，这是世界历史发展的大趋势下，每一个民族长远发展的必由之路。虽然我们不可能完全摆脱民族和国家的立场，实行纯而又纯的"世界主义"，成为彻彻底底的世界公民，这种想法显然也不符合当下

---

① ［英］汤林森：《文化帝国主义》，冯建三译，上海：上海人民出版社1999年版，第134页。

② ［美］本尼迪克特·安德森：《想象的共同体——民族主义的起源与散布》，吴叡人译，上海：上海人民出版社2016年版，第6页。

的现实。但是我们却可以在保持民族独立性的同时，坚持从世界历史视野出发考虑问题，在促进本国本地区发展的同时，兼顾其他国家和地区的合理关切，从而在某种程度上对极端民族主义进行一种纠偏和校正。

长期以来，学术界存在全球化导致国家主权削弱的观点。但实际上，全球化这一过程离不开近代意义上民族国家的参与和推动作用。全球化与民族国家的形成，是同向而行的过程。今天，西方学者有意提出全球化导致民族国家主权削弱这一观点，实质上反映了西方国家希望在全球化进程中占据主导地位的真实意愿。西方发达国家以经济全球化为借口，提出发展中国家要想融入世界经济体系，就必须让渡国家主权，否则便会在经济发展中面临各种关税的限制。这其实折射出当今西方发达国家主导的国际政治经济秩序的不合理性。当然，从民族国家发展的最终趋势来看，民族国家这一社会组织形式是必然要走向消亡的，但是，民族国家消亡的必要条件是民族问题在全世界范围内得到解决。换句话说，只要存在不合理的国际政治经济秩序，只要存在阶级和民族，民族国家自然也不会消亡。①

国家终将走向消亡，但在可预见的时间内不会马上消亡。我们不能超越历史发展阶段，而应该将国家放置于当下的历史实际，既要看到民族国家走向统一的世界历史阶段，又要发挥国家在当前阶段所不可替代的作用，包括提供和平安全的环境、保障生存和生产的空间、作为政治代表参与国际事务管理等职能。然而新自由主义借经济全球化之名，鼓

---

① 叶险明：《马克思的世界历史理论与他的民族观——马克思思想研究中一个被忽略的重要问题》，载《天津社会科学》，2015年第5期，第11页。

吹民族国家已经终结，需要由超级大国主导的经济、政治、文化一体化是世界发展的必然趋势，因而发展中国家为了自身的发展，需要以让渡国家主权为代价。其实这一言论的实质是基于资本扩张的逻辑，是为国际垄断资本在世界范围内的合法统治提供理论支撑。因而，新自由主义背后所体现的资本逻辑，是为特定对象服务的，其所宣扬的"全球一体化"与作为客观发展趋势的经济全球化存在本质区别，其所鼓吹的"民族国家终结论"的虚伪性也就暴露无遗。只有进入共产主义社会，国家才会逐渐走向消亡，因为到那个时候，社会生产力高度发展，物质生活资料极大丰富，人类社会不存在根本利益的分歧，国家也就没有存在的必要。

## （三）新世界秩序观的内涵与实质

新世界秩序观是对新世界秩序的根本看法和理念，包括对世界秩序的本质和发展趋势、发展规律的揭示。基辛格在《世界秩序》这一著作中，系统梳理了世界各地区的战略逻辑和世界秩序观[①]。基辛格还综合了文化习俗、宗教观念以及地缘方面的作用因素，分析了各种秩序观是如何形成的，以及各种秩序观之间是怎样产生冲突并相互影响的。在关于如何建立真正的世界秩序这一问题上，基辛格提出了自己的看法，他认为，各个地区不能只固守自身的价值传统，在肯定地区特殊价值的同

---

① 基辛格总结了世界各地区比较典型的秩序观，比如欧洲奉行均势秩序观，中东地区奉行伊斯兰教观，亚洲多样化文化起源下形成的不同秩序观，以及美国"代表全人类"的世界观。

时，他也承认了确立"全球性、结构性、法理性文化"①的必要性，建立在这一文化基础上的秩序观超越了任何一个地区和国家的特殊立场。日本学者星野昭吉认为，我们现在还不能十分确定21世纪的世界秩序究竟意味着什么，也不清楚它会以什么样的结构出现，但可以肯定的是，随着全球一体化的深入推进，由个人、机构、社会组织、国家等组成的全球规模的社会关系网络正在形成，"全球政治、全球经济、全球社会文化、全球生态环境将形成全球综合性的生活环境，并极大地制约着我们人类的日常生活"②。

"大发展、大变革、大调整"是当今人类社会的重要特征，也是我们思考世界秩序重建的时代背景。面对时代的重大变化，我们不能"身体已进入二十一世纪，而脑袋还停留在过去，停留在殖民扩张的旧时代里，停留在冷战思维、零和博弈老框框内"③。有学者提出："世界秩序的必然趋势是人类命运共同体。"④自15世纪开始，世界历史的主动权便偏向了西方国家，开始形成西方中心的世界秩序。15世纪，哥伦布发现新大陆；16世纪，欧洲发生宗教革命，教皇体系开始解体；17世纪，欧洲形成威斯特伐利亚体系，开始大西洋三角贸易；18世纪，欧洲王朝体系

---

① [美]亨利·基辛格：《世界秩序》，胡利平等译，北京：中信出版社2016年版，第489页。

② [日]星野昭吉：《全球化时代的世界政治：世界政治的行为主体与结构》，刘小林译，北京：社会科学文献出版社2004年版，第1页。

③ 习近平：《论坚持推动构建人类命运共同体》，北京：中央文献出版社2018年版，第6页。

④ 黄仁伟、傅勇：《从西方秩序到人类命运共同体》，载《文汇报》，2016年1月22日，第W02版。

解体，世界殖民体系形成；19世纪，东方朝贡体系崩溃，世界市场体系形成。到了20世纪，世界秩序开始进入西方秩序和反西方秩序两种力量较量的时期，他们分别由西方统治力量和非西方革命力量所代表。进入21世纪，世界秩序朝着更加公平正义的方向发展。

人类命运共同体理念所主张的世界秩序观是一种立足于全球化时代背景，从人类社会整体发展的高度所提出的。构建人类命运共同体与新型世界秩序是一个全新的世界哲学问题，它是在全球化快速发展的今天，由全球化问题倒逼而来的。今天，地区政权的动荡、文明的冲突、恐怖主义肆虐的背后是不公平的世界秩序导致国家和地区之间发展不平衡进而引发的矛盾。人类命运共同体理念所主张的世界秩序不同于西方帝国所主张的以自我为中心的普遍论，而是一种对话型、非中心化的普遍论理念。这是一种共生型的世界哲学图景，它不是从某个国家利益出发，而是由世界各个国家、各个地区的人民共同承担义务与责任。这是一种建立在各个国家平等协商、共同参与基础上的世界体系。这种世界体系要求各国政府和人民及其所组成的国际联合体成为新的主体。当然，实践这种世界秩序理念，并不能脱离每个民族和国家的力量，因而有必要维持世界主义与民族国家认同之间的张力。

人类命运共同体理念所提倡的新型世界秩序建立在平等、包容和团结原则基础上，通过全球治理、民主协商实现，其目标是实现世界的永久和平与普遍安全。人类命运共同体理念的提出是为了推动构建国际治理新秩序，同时人类命运共同体的实现也有赖于国际新秩序的保障。世界秩序的建立本质上是利益调整的过程。人类命运共同体理念的核心是合作共赢，也就是说，一方利益的获得并不意味着他方利益的损害，通过合作双方利益可以实现最大化。人类社会平衡机制重构，公平正义的保障，需要改革旧有的国际秩序，现有的国际规则应该向落后的国家倾斜，保障发展中国家和不发达国家人民的利益，确保不发达国家的人民也能享受到全球经济增长的福利。

人类命运共同体理念所主张的世界秩序，内在要求承认不同国际主体之间的平等性，这种平等主要是国家之间的平等，无论国家大小强弱，在国际事务中都有平等的参与权。同时，不同国际主体之间需要增强包容性，包括不同文明的包容性、不同社会制度的包容性以及不同发展道路的包容性。不同国家需要维护和遵守人类社会共同的规范、宗旨和原则，坚持相互尊重、和平共处、合作共赢，反对任何形式的霸权主义、强权政治和新干涉主义。全球治理规则与机制的确立，需要体现每一个国家的意志，而不是由某个国家所主导。人类社会的历史已经证明，世界秩序如果建立在一两个超级大国主导的基础上，往往会造成秩序的动荡和不稳定。只有越来越多的国家和民族能够发展壮大起来，缩小不同国家和民族之间的实力差距，形成一种较为均衡的世界格局，才能保证世界秩序长久的和平与稳定。在这一点上，马克思所设想的自由人联合体或许能给我们提供现实的启示。马克思认为建立在物质财富充分涌流和个人能力全面发展基础上的社会，是未来的理想社会。而我们所期待的国际社会如果能够建立在各个国家和各个民族充分发展和真正独立的基础上，这不就是一种理想的世界秩序吗？而这种理想的世界秩序不正是以康德为代表的许多思想家所共同期待的人类共同体吗？

## 三、人类命运共同体理念蕴含共同价值

在全球化快速发展的今天，世界已经成为紧密联系、频繁互动的文明共同体。马克思和恩格斯在《共产党宣言》中指出，由于世界一体化的快速发展，"各民族的精神产品成了公共的财产"①。随着全球经济贸易的迅速发展、信息的快速流通、交通技术的不断进步，人类已经进入世界性交往的时代。人类不仅在经济生活领域，而且在政治、文化和社会生活领域存在广泛而密切的联系。当然，我们也看到，随着世界一体化趋势的加强，各文明之间的冲突也出现了加剧趋势。为了保证各个国家、各个地区人们的生存和发展，必须确立大家共同认可的价值准则，这是关系到人类文明能否延续的重大问题。正如有学者指出："全球化被视为各民族和地域的文化在相互交流过程中，超越本土文化的狭隘性而逐步达到文化认同和价值认同的过程。它增强了世界的统一性、整体性，使全人类的共同文化财产和共同价值观念比以往任何一个时代都多。"②

面向全球社会建构的价值理念，并不要求人们对某一具体问题达成共识，而是在关乎人类生存和发展的根本性问题上，凝聚有利于人类

---

① 《马克思恩格斯文集》第2卷，北京：人民出版社2009年版，第35页。
② 孙伟平：《价值差异与社会和谐——全球化与东亚价值观》，长沙：湖南师范大学出版社2008年版，第23页。

和谐共生的价值理念,"它呼唤文化精神中的整体精神"[①],使得人类能够重建一种面向全球社会的伦理规范。建立面向全球社会的伦理规范,即要求树立一种人类整体意识,包括对人权的尊重,对生命的重视。人类有必要树立"人与自然是生命共同体"的环境保护意识,确立核武器技术、克隆技术、转基因技术等技术发展过程中导致的生存危机意识。人类需要协调因工业文明、技术进步的过快发展而导致的人与自然、人与人关系紧张的问题,促进人类形成和平、发展、公平、正义、民主、自由的共同价值。

## (一)共同价值的实质

理解共同价值,首先需要明确"价值"这一概念及其基本特性。"价值"作为哲学范畴,"主要是表达人类生活中一种普遍的关系,就是客体的存在、属性和变化对于主体人的意义"[②]。价值以主体的目的、需要为尺度。换句话说,价值作为"客体对主体的意义",是以"主体的尺度"为根据的,反映了主体的需要、目的、利益,因主体特性不同而呈现出不同的内容。因为价值是与人的目的、需要和利益紧密相关的,所以价值本质上是属人的范畴。如果人不存在,世界就只是依照自身规律运行的自在之物,意义和价值也就没有必要谈论了。在价值世界中,人是最高的价值,像人权、人的自由、人的发展、人的尊严等,都体现

---

① 孙伟平:《价值差异与社会和谐——全球化与东亚价值观》,长沙:湖南师范大学出版社2008年版,第23页。

② 李德顺:《价值论》第2版,北京:中国人民大学出版社2007年版,第8页。

了人的需要和利益。需要，在一定程度上反映了主体的本性，其产生是与主体自身的本性以及主体与外界环境之间的互动密不可分的，多数时候是以主体的目的、态度、情感、愿望等形式表现出来的。

共同价值其实是价值的一种基本形式，是对一定主体共同的价值理想、价值取向和价值观念的概括，是超越多层次主体界限的价值信念和价值追求。共同价值作为对不同层次主体共同需要、共同愿望、共同利益的反映，要求具有超越性和普遍性。凡是有利于人类生存和发展的价值理念，在本质上都是相通的，其根本的精神追求是一致的。"凡是那些涉及物种的生存繁衍和进化发展、涉及人类的尊严和特征的东西，包括基本的适宜于居住的自然环境、维持人类生存发展的社会物质生产、塑造和提升人类自己的精神文化生产（诸如知识、技术、艺术、某些道德准则）、要求把人当人看的基本原则和规范等，对所有人（主体）都是一样基本而有价值的。"① 例如对和平与发展的追求，对公平与正义的向往，对民主与自由的渴望，就反映了不同民族和不同国家共同的需要和价值取向。当然，不同的民族、不同的国家，由于所处的地理环境、生活习惯以及文化传统不同，因而形成了具有自身特征和体现自身独特思维方式的价值观念。不同民族、国家和地区的价值观念虽然不尽相同，但不必然产生对抗性。如果我们对不同民族、不同国家的价值观念进行比较分析，就会发现这些价值观念也有内在相通的地方，比如说西方基督教伦理所提倡的"待人如己"，中国儒家学说主张的"己所不欲，勿施于人"，这两种社会交往和处理社会关系的理念，从精神特

---

① 孙伟平:《价值差异与社会和谐——全球化与东亚价值观》，长沙：湖南师范大学出版社2008年版，第31页。

质来说，具有一致性和相通性。因此，人类共同价值这一命题是具有学理依据的。

人具有类属性。人在本质属性上具有相通性，人作为人类这一种属，共享人类的特性，具有相似的生存方式和实践方式。马克思认为，人是一切社会关系的总和，人不能脱离社会关系而存在，既然人生活在一定的社会关系中，就离不开一定的价值来规范人的活动。人只有遵从社会共同认可的价值，才能成为社会的人。

共同体的成员是在共同的社会生活中形成稳定的共同价值的。在长期的社会生活中，人们基于某种共同性而结合成一个共同体，这种共同性，正如有学者所提出的，"可以是共同的地域、血统，共同的宗教、信仰，共同的民族、种族，共同的语言、文字，共同的历史、文化，共同的意识形态、价值观念，共同的目标、愿景，等等"[①]。然而人类共同体最深厚的共同性，则是某种共同的信念、价值或目标。因外在因素而结合在一起的共同体往往具有不稳定性，而具有一致内在追求的共同体则能较稳定地传承和发展。人类共同体精神生活的发展水平，不仅能体现在个体身上，而且能体现在共同体这一群体身上。在德国哲学家鲁道夫·奥伊肯看来，人类共同体的形成，经历了由外在被动联系向内在伙伴关系转变的过程。在人类社会的原初时期，人类基于现实的生存压力而结成大大小小的共同体，这主要是由客观的生存压力所导致的外在联系。在长期的共同生活中，共同体成员由于具有共同的斗争经历、共同的生活体验、共同的成就与不幸以及共同的记忆，其关于善恶的评价标

---

① 陈曙光：《人类命运与超国家政治共同体》，载《政治学研究》，2016年第6期，第50页。

准开始趋同，共同体成员具有了共同的价值目标和共同的社会意识，抑制了个体的自私自利性，从而有利于形成稳定的共同体关系结构。奥伊肯认为，这是人类走向崇高的表现。

自从地理大发现和新航路开辟以来，人类活动的范围便日益超越民族和国家的界限，人类开始在世界舞台上活动。人类历史开始转变为世界历史。这要求人类以共同主体的身份，参与到对自然世界、社会世界以及人的精神世界的改造进程中。随着近些年来科学技术的不断发展，交通、通信、信息技术的广泛运用，大大缩短了人类交往的时空距离，深刻改变了人类的生产方式、交往方式和生活方式。这些共同的经历、体验和实践，使得从前的"主体性问题"日益具有了"人类性"和"全球性"。人类社会在发展过程中所面对的共同问题，包括资源短缺问题、全球贫富差距问题、恐怖主义问题、核战争威胁问题、全球性疾病蔓延问题等，已经不是一个国家和地区所能单独解决的，它需要人类这一共同主体联合行动。人类生存环境和生活状况的极大改变，使得人类必须突破自身的狭隘眼界，面向全球确立新的文化精神、社会意识和价值观念。人们有必要转换自身的身份观念，以"世界公民""共同主体"的身份，思考问题并展开行动。

瑞士哲学家孔汉思在《全球伦理——世界宗教议会宣言》中提出建立全球伦理，我们可以借此表达我们所主张的共同价值。共同价值，并非指带有特定目的的全球意识形态，也并非指超越各种宗教之上的价值理念，而是维持我们生存和发展所不可或缺的价值标准和人格态度的一种基本共识。如果没有这种相通性的价值观，世界就会处于混乱和无序状态，个人的基本权利也难以保障。在这种共同价值视域中，多元价值也能得到尊重，承认共同价值，"并不是为了消除'多'，或者简单地消解多元之间的差异和异质，相反，基于这一视角的探究路径是以承认并维护人类文化的多样性和差异性的生存与发展权利为事实前提……进一步寻求多元之间可能分享的那些相同或相似的道德观念或伦理规则"①。达成全球范围内的普遍伦理和共同价值，"在进行对外交往时，它要求各文化主体越来越注意国家间关系、民族间关系、宗教间关系以及地区间利益的协调，越来越要求通过对话、协商解决问题，采取协调一致的行动"②。

需要注意的是，承认人类具有共同的价值追求，并不等同于赞成西方发达国家所宣扬的"普世价值"。西方发达国家所宣称的"普世价值"，建立在西方中心论和西方文明优越论基础上，带有严重的排外主义倾向和霸权主义色彩。西方发达国家宣称，"普世价值"是超越一切地域和时代，超越一切阶级和民族，超越一切文明和信仰，并且不会随着社会形态变化而转移的普遍的、永恒的意识形态。"普世价值"的倡导者是以美国为首的发达资本主义国家，他们基于对自身国家政治、经济和文化利益的维护，建构出一套符合自身利益诉求的话语体系，他们试图以西方的特定价值否定世界的多元价值，试图以西方国家对"人权""民主"的解释代替其他国家对"人权""民主"的解释。西方国家向其他国家强势输出所谓的"普世价值"，非但不能推动人类文明的进步和繁荣，反而会导致世界不同文明之间的冲突加剧。真正符合人类共同利益和理想目标的共同价值，应该是在承认世界文明多样性和价值诉

---

① 万俊人:《寻求普世伦理》，北京：北京大学出版社2009年版，第369页。
② 孙伟平:《价值差异与社会和谐——全球化与东亚价值观》，长沙：湖南师范大学出版社2008年版，第24页。

求多元化基础上形成的统一共识和共同愿景，因而必然是体现人类社会共同利益的最大价值公约数。人类命运共同体理念体现了人类的普遍利益，反映了人类社会共同的精神追求，因而能够得到世界上不同国家人民的认同。

### （二）共同价值何以必要

共同价值的存在具有可能性，因为价值本质上是由主体规定的，一种事物有无价值及其价值的大小本质上取决于满足主体需要的程度。共同价值是满足多层次具体主体共同需要的普遍性价值，而这些多层次主体的心理结构、精神追求在根本上具有趋同性。现实社会中，人们虽然属于不同的国家、民族，但本质上都属于共同的种属，即人类。按照马克思的理解，人本质上是具有"类属性"的动物，人在他人身上可以反观到自身，换句话说，人与人具有共同的属性，而这些共同属性是人作为"人类"中的个体，能够共同分有"人类"的属性。既然人是作为"人类"中的一分子而存在，其内心深处的心理结构和思维方式便具有相通性，在进行理论活动和实践活动时能够实现一致性。人是一切社会关系的总和，人本质上具有类属性，人的一切社会活动都是在具体的社会关系中进行的，包括人的价值、标准和态度的形成都需要由其所处的社会关系所赋予。人类社会的价值秩序是个人价值形成不得不考虑的前提。人生活在人类社会之中，便不得不遵从社会的价值标准，服从社会的价值秩序，否则，社会便不能有效、安全与稳定地运转，个人也难以融入社会。全球社会是由不同民族和不同国家的人民所组成的人类大家庭，如果缺乏人类共同认可的价值标准，人类共识就难以形成，人类活动就会无所归依，人类社会也就难以实现进步。

共同价值存在的可能性不仅仅要考虑价值主体具有一致性，同样也需要考虑到人类共同生活的现实存在使得共同价值的实现具有可能性。马克思主义认为，社会存在决定社会意识和社会理念，有什么样的社会存在状态就会有与之相适应的社会意识和社会理念。今天，人类社会的共生关系结构决定了人类必须采取有利于人类整体生存和发展的价值标准。这是超越特定民族、特定国家而不以个别人的意志为转移的普遍伦理问题。世界性大生产的社会存在，已经将人类社会在社会活动方面紧密地联系起来，人类共处一个世界，这是人类决定采取何种社会意识和价值理念的前提条件。从这种社会存在出发，一个民族和国家采取何种价值理念，需要将其他民族和其他国家的生存和发展纳入自己的意识和思考范围之内，因而各个民族和各个国家的价值理念也就在相互交流、相互借鉴中趋于融合，最终形成有利于人类整体利益、长远利益和根本利益的共同价值。

关于共同价值存在的必要性，可以总结为以下三个方面：

其一，共同价值是人类社会发展的客观要求。法国学者托克维尔就指出："一个没有共同信仰的社会，就根本无法存在，因为没有共同的思想，就不会有共同的行动。"[①] 人类既然作为一个社会而存在，就必然存在相互交往与社会协作，为了保证人类社会的正常交往和合作的顺利开展，需要确立大家共同认可的价值。正如有的学者所言，"这里所说的'共同点'就是具体情况下的共同价值，它反映了人类生存和发展最基

---

① ［法］托克维尔：《论美国的民主》，董果良译，北京：商务印书馆2017年版，第579页。

本的、前提性的利益、需要和能力状况，表现了人们对于最终或初始普遍价值的认同。"① 有了共同认可的价值基础，并且共同价值逐渐转化为人们普遍遵循的道德律令，人们从内心真正接受、认可共同价值并指导自身的实践活动，有利于减少人类社会交往过程中产生的摩擦和冲突，有利于社会的整合和社会凝聚力的提升。基于对价值的认识和判断而形成的价值观，对人类的活动发挥着重要的作用。价值观是人们所追求的东西，在某种程度上，价值观支配和控制着人的行为。有什么样的价值观，就会有什么样的行为，在价值观的指导下，人类改变着自己的实践活动以及行为方式。美国未来学家丹尼尔·贝尔认为，价值观和道德伦理上的变革会推动人们去改变他们的社会安排和体制。人类的价值体系和观念体系对人类社会的发展也会起到巨大的影响作用。"在一定程度上，我们可以承认世界是人们关于世界的知识和价值预期创造出来的"，但是，这并不等于说，世界受思想统治，"而是说思想所反映的真实关系决定了历史运动的走向"。②

其二，共同价值有利于引导当今人类社会解决共同面对的问题。马克思说："人们自己创造自己的历史。"③ 但是，人类在历史中的主体地位、能动意识和创造活力只有嵌入人类的共生共在这一背景中才能真正得到体现。当前，尽管人与人之间存在各种各样的分歧、冲突和竞争，国与国之间也时有摩擦、碰撞与战争，但是人类社会却从没有脱离共同

---

① 李德顺：《普遍价值及其客观基础》，载《中国社会科学》，1998年第6期，第9页。

② 李景源：《构建人类命运共同体何以可能？》，载《湖北大学学报（哲学社会科学版）》，2017年第6期，第3页。

③ 《马克思恩格斯全集》第11卷，北京：人民出版社1995年版，第131页。

体这一组织形式，体现出人具有内在的"类"属性。人的类属性使得人具有了超越个体的整体主义倾向，使得不同族群、不同国别之间形成了一种共生共在的网状关系结构，而各种网状关系结构的分离、整合与运动构成了人类历史的丰富性。英国思想家安东尼·吉登斯在对当今时代进行深入观察和思考后，也敏锐地指出，"在今天政治领域的每一个方面，我们都会看到社会瓦解的担忧和恢复社群的要求。"[①]面对今天的全球性问题，我们只有站在人类社会整体的高度，从人类命运共同体的全球视野进行思考，才能做出有效的应对。人类共同生存于一个地球上，长期的历史实践和社会交往使得人类怀有共同的美好生活期待，但是，人类也面临共同的问题，比如生态威胁、核战争威胁、资源危机、环境破坏、恐怖主义威胁等，使得人类不得不达成以合作方式来解决问题的基本共识。人类的现实利益相互交织，人类的价值态度相互影响，最终在历史的整合、协调与平衡作用中，人类社会的共同价值才具有实现的可能性和前提。为了人类社会的长期发展，人们必须维护基本的价值观念、社会共识和道德底线，不能将自身的特殊需要和特定目的，凌驾于人类的普遍价值共识之上。

其三，承认共同价值有利于人类命运共同体朝着更加公正的方向演进。当今世界，各个国家、各个民族、各个地区之间具有"一荣俱荣、一损俱损"的连带效应。承认并遵循人类共同追求的价值，有利于引导人类命运共同体朝着更加公正和合理的方向演进，进而促进人类更好地生存和发展。世界处在大发展大变革大调整时期，我们所处的世界既面

---

① ［英］安东尼·吉登斯:《超越左与右——激进政治的未来》，李惠斌、杨雪冬译，北京：社会科学文献出版社2000年版，第128页。

临着空前的发展机遇，同时也面临着巨大的风险和挑战。然而，正是在这种背景下，西方大国却表现出保守主义、孤立主义、单边主义等倾向，无意促进世界治理体系变革与增进人类社会整体福祉。站在发展道路的十字路口，全球社会需要一种新的发展理念、价值观念来指导推动世界秩序变革。中国提出人类命运共同体理念，是对人类社会未来发展的一种价值引领，有利于推动世界秩序向着更加公正和合理的方向演进。

## （三）人类命运共同体理念蕴含的基本价值

联合国《世界人权宣言》第一条强调："人人生而自由，在尊严和权利上一律平等。他们赋有理性和良心，并应以兄弟关系的精神相对待。"[①] 坚决反对各种毁灭行为和暴力行为，并要求社会组织能够真正重视并竭力维护人类整体的存在，这是非常重要的原则性问题。《世界人权宣言》的最重要贡献就是确立人的权利、人的尊严不可侵犯的共同价值准则，这一价值准则日益成为超越国家制度、党派利益、宗教信仰以及各种传统偏见的最高的社会准则。虽然当前各个国家和地区的人们对这一价值准则还存在不同程度的理解，但是作为人类历史上第一次提出的对国际社会做出规范的宣言，其开创性意义是巨大的。同样，《联合国宪章》也确立了世界大家庭的共同准则，它是人类试图摆脱相互隔离、相互敌对状态的尝试，致力于将世界团结为一个大家庭，并确立共同的生活准则，即不分种族、性别、语言和宗教，尊重全体人类的人权

---

① 张宏良、金瑞德主编：《改变人类命运的八大宣言》，北京：中国社会出版社1996年版，第75页。

和基本自由，维护全体人类的人格、尊严、平等权利。①

2015年9月28日，习近平在出席第70届联合国大会一般性辩论时的讲话中指出："和平、发展、公平、正义、民主、自由，是全人类的共同价值，也是联合国的崇高目标。"②这是习近平第一次在正式的国际场合提出"全人类的共同价值"这一概念，我们也可以称之为"人类共同价值"。人类命运共同体理念既深刻反映着人类社会命运与共的生存现实，又内在蕴含着对美好生活的价值追求。人类命运共同体理念是基于人类社会实践而提炼出来的，这一理念的提出，将对人类社会的实践活动和实践方式起到指导作用。确立面向人类生活世界的一种价值标准不仅仅是马克思主义哲学的内在要求，更是马克思主义基本精神在今天得以激发的重要条件。③

对于人类命运共同体的认识，我们应该区分作为现实存在与事实层面的人类命运共同体和作为主观合理想象与观念层面的人类命运共同体。作为观念层面的人类命运共同体，内在表达了人类对生存发展和社会运转的目标愿景。人类命运共同体理念所蕴含的基本价值，就是人类社会的共生共荣，是希望自己活得好也希望别人活得好的一种美好期待，是"各美其美，美人之美，美美与共，天下大同"的美好信念。古

---

① 张宏良、金瑞德主编：《改变人类命运的八大宣言》，北京：中国社会出版社1996年版，第239—240页。

② 习近平：《坚持推动构建人类命运共同体》，北京：中央文献出版社2018年版，第253—254页。

③ 吴俊：《论人类命运共同体意识及其落地生根的社会培育》，载《思想教育研究》，2017年第10期，第88—92页。

希腊哲学家亚里士多德认为，所有的共同体都是为着善而建立的。① 构建人类命运共同体，促使人类达到"善"的自觉、生命的自觉、共同体的自觉，这是基本要求。所谓"善"的自觉，就是人类自身能够体认到"善"对于维持自身生存、谋求自身完善的重大意义，因而对"善"的理念的秉承、对"善"的行为的遵循并非由外在的环境所强制，而是基于内心的体悟而实现自觉自发地坚持。所谓生命的自觉，就是人类能够认识到生命的同源同体，认识到宇宙万物大生命系统与人类社会小生命系统的息息相关，认识到自然生命系统与人类生命系统的内在相联，从而树立一种尊重生命、善待生命的生命观。所谓共同体的自觉，其实是认识到人的生存、发展、完善离不开共同体的保障，没有共同体，个人的利益也难以实现。共同体的维持与个人的存在具有紧密的关系。

  人类命运共同体理念蕴含的基本价值，是超越民族和国家界限并能得到全人类普遍认可和接受的价值理念。我们承认，不同民族、不同国家的人们由于自身特殊的地理环境和历史传统差异，形成了具有自身特色的价值理念。这种价值理念应该得到尊重。但是，不同民族、不同国家的人们不可避免地进行交往与合作，因而不能没有普遍认可的价值理念。尤其是全球化快速发展的今天，人类社会需要共同的价值进行规范和引导，从而凝聚人们的共识，为解决人类社会面对的共同问题，为促进各个民族和地区的共同发展提供精神动力。由于人类的根本利益具有共同性，生存在共同的环境中，因而人类可以进行对话，从而产

---

① ［古希腊］亚里士多德：《政治学》，颜一、秦典华译，北京：中国人民大学出版社2003年版，第1页。原文表述为："由于所有的共同体旨在追求某种善，因而，所有共同体中最崇高、最有权威，并且包含了一切其他共同体的共同体，所追求的一定是至善。"

生某些价值共识。今天，人类社会所达成的价值共识包括和平、发展、公平、正义、民主、自由，这些是超越民族、超越国家界限的人类共同价值。

其一，人类命运共同体理念蕴含和平价值。构建和平、安全的环境，是人类社会存在的前提。动荡、冲突和战争，是对人类社会秩序的破坏与冲击，历史上发生的无数次战争不仅摧毁了宝贵的生命，更毁灭了人类社会长久积累的物质财富和文明成果。对和平安全生存环境的要求，是人类社会为了保障自身的生存和延续，而自觉生发出来的，这是任何时代、任何地区的人们生活理想的有机组成部分，因而是最具有共性的价值观念。人类命运共同体理念，本身就是要求人类能够在共同的自然灾难面前，团结合作，共御风险。人类在长期的战争与冲突中，也逐渐认识到，战争是对人类生存最具有毁灭性的事件，两次世界大战的经历更加使人类认识到和平的重要性。为了维护世界和平，不同国家和民族能够协商，制定一系列的机制来约束战争发生。规避战争，实现和平，唯有依靠人类自身的合作。人类社会的和平与安全，需要人类共同的努力。

其二，人类命运共同体理念蕴含发展价值。发展是解决人类社会问题的关键，是构建人类命运共同体的基础。人类社会依靠发展，从野蛮走向了文明，从传统走向了现代，人类社会还要依靠发展，走向更加美好的未来。全球化使得人类的发展具有了世界性。全球化使得人类的生存空间和发展空间发生了巨大的改变，人类社会形成了一种普遍交往的关系结构，从而使得人类思考发展的问题时不得不具有世界眼光。全球化改变了人类生存和发展的政治、经济、文化和生态环境。人类命运共同体理念，坚持了开放包容、合作共赢的发展原则，摒弃了西方发达国家在发展进程中所采取的零和博弈思维与殖民主义模式。人类命运共同体理念作为一种新的发展框架和理念导向,对于促进共享发展和互利共赢有着积极的现实意义,对于推动各个国家的发展和全球社会的进步发挥着重要的引领作用。人类生活在同一个地球上,是命运与共的整体,只有团结合作、共同发展,减少人类社会冲突,最大程度增进人类整体的利益和福祉,才能推动人类社会持续走向繁荣。

其三,人类命运共同体理念蕴含公平正义价值。曾经由西方发达国家所主导的全球化,虽然创造了很多的物质财富,但是只使小部分人富裕了起来,使大多数人陷入了贫困而没有希望的生活之中。这种贫富差距不仅体现在发达国家社会内部,也体现在不同国家之间。今天,全球社会对公平正义价值的渴求,对推动全球政治经济秩序变革的期待,凸显了人类命运共同体理念提出的及时性和适当性。这一理念所蕴含的公平正义价值,内在要求人类社会共享性发展道路、共享性发展目标的确立。人类社会的长远稳定发展,不可能建立在一部分人富裕,而另一部分人贫穷的基础上,人类只有消除资源分配的不均,消除社会贫富差距,共享发展成果,真正体现人类生产的社会性本质,实现人类社会的公平正义,才能持续推动人类社会走向进步和繁荣。

其四,人类命运共同体理念蕴含民主价值。政治民主是国际社会追求的较高层次的价值。除了对安全环境的要求,人类还需要在政治上参与国际事务,国际事务是具有全球属性的事务,因而不可能由某个国家主导操作,而是"大家的事情大家商量着办"。这一做法的背后蕴含着"民主协商"的基本精神,也是面对国际问题时,国际社会应该采取的最佳策略。借用德国哲学家哈贝马斯的"对话"这一概念来表达,就是说,国际社会在处理国际性事务时,应该采取一种理性对话的程序。人类命运共同体理念主张国际社会是一个大家庭，在这样一个大家庭中，霸权主义和强权主义不得人心，只有承认民主价值，秉承协商精神，才能解决大家的事情。

其五，人类命运共同体理念蕴含自由价值。自由是人类社会追求的崇高价值。在人类社会的原始阶段，人类还不知道"自由"为何物，由于受当时的生产力水平限制，人类改造自然的能力非常有限，人类屈从于大自然的力量。随着社会生产力水平的进步，人类改造自然的能力不断提升，人类的活动范围也不断扩大，自由的实现程度不断提高。然而，人类社会中依然存在着各种压迫。从开始的自然压迫到后来的阶级压迫、宗教压迫、种族压迫和民族压迫等，种种压迫形式阻碍着人类自由的实现。但是，人类追求自由的脚步从未停止，人类未曾放弃对自由的追求。马克思在《共产党宣言》中提出的"每个人的自由发展是一切人的自由发展的条件"[①]这一论断，是对自由这一价值最科学的概括和表述。自由是人类命运共同体理念蕴含的深层价值，虽然当前阶段距离实现"人的自由而全面发展"这一理想过于遥远，但是，人类命运共同体这一理念是立足于当前时代环境的最合适表达。这一理念要求个人、群体或者国家在实现自身自由的同时，也要兼顾他人、他国的自由。

---

[①]《马克思恩格斯文集》第2卷，北京：人民出版社2009年版，第53页。

# 第三章

## 人类命运共同体理念的时代意义

人类命运共同体理念着眼于人类世界的普遍性交往，其基本宗旨在于实现人与人、民族与民族、国家与国家之间关系的良性互动和共生共荣。人类命运共同体理念具有丰富的理论意蕴，既有对人类社会现实的规范性要求，又有对人类社会未来的图景式引导；既有对人类社会价值共识的根本遵循，又有对人类文明多元多样的实质尊重；既有对不同交往主体平等包容的内在坚持，又有对人类社会相互交流合作、共商共建共享的基本主张。人类命运共同体理念实现了对人类社会发展理念的重大性变革，随着时间的展开，这一理念必将对人类社会存在方式的重建发挥重大而深远的作用。

在党的十九大报告中，习近平总书记将"坚持推动构建人类命运共同体"作为新时代中国特色社会主义的十四个基本方略之一进行阐述，充分体现了人类命运共同体这一理念的重要意义。人类命运共同体理念是顺应人类历史发展潮流而提出的重大思想理论，是中华民族针对人类社会面临的共同问题而贡献的中国智慧和中国方案。这一思想致力于解决人类社会面临的时代问题和理论困惑，它不局限于中国视野而是着眼于人类未来的共同走向，体现了高瞻远瞩的历史眼光和伟大的世界胸怀。这一思想理论超越了种族、文化、国家与意识形态的界限，为思考人类未来和建设更加美好的世界提供了新视角、新选择、新方案。

"大道之行也，天下为公。"面对世界治理困境，中国向世界积极贡献治理智慧和治理方案。人类命运共同体理念就是中国向世界贡献的思想性公共产品。人类命运共同体理念内在蕴含和合精神、天下情怀。这一理念体现了世界上不同国家和地区的人们的共同精神追求，也是引领人类社会未来发展的价值目标。人类命运共同体理念之所以能被国际社会广泛认同，就在于这一理念汇聚了世界人民对和平、发展、繁荣向往的最大公约数。人类命运共同体理念切中了当下时代的脉搏，在关乎人类社会发展和前途命运的重大抉择面前，这一理念提供了具有国际凝聚性的思想引领和价值共识，"为人类社会实现共同发展、持续繁荣、长治久安指明了前进方向，绘制了清晰蓝图，从而使社会主义中国站到了真理和人类社会道义的制高点"[①]。

# 一、人类命运共同体理念对中国的意义

一个国家要摆脱落后，实现迅速发展，不可能在封闭的环境中进行；一个国家要走向世界，不可能缺少与自身地位相匹配的国际话语权；一个国家要想赢得其他国家的尊重与认可，不可能缺少自身文明的吸引力。人类命运共同体理念对中国特殊而重大的意义，主要体现为促进中国与世界的共同发展、占据中国外交价值的制高点、促进中国自身的文化软实力建设。作为中华民族伟大复兴的战略构成，人类命运共同体理念的提出以及实践，是中国向世界积极贡献自身智慧和方案的重要体现。

---

① 严书翰：《构建人类命运共同体是占据真理和道义制高点的原创理论》，载《世界社会主义研究》，2019年第4期，第25页。

## （一）促进中国与世界的共同发展

自新中国成立以来，中国始终将为人类做出更大贡献看作自身的历史使命。新中国成立之初，中国的综合国力虽然较弱，但却成为维护世界和平的重要力量，在国际上积极倡导和平共处五项原则，坚决反对霸权主义、殖民主义。改革开放时期，中国致力于维护世界和平，促进各国共同发展，反对任何形式的干涉主义和强权政治。进入 21 世纪，中国坚定不移地走和平发展之路，同世界各国人民共同建设和谐世界。随着中国特色社会主义进入新时代，中国的综合国力显著增强，在世界舞台上发挥着日益重要的作用，越来越有能力为维护世界和平与促进共同发展贡献更多的中国智慧和中国力量。习近平提出："我们应该促进不同国家、不同文化和历史背景的人们深入交流，增进彼此理解，携手构建人类命运共同体。"①

当今的世界，是一个开放的世界。中国的发展离不开世界，世界的进步也离不开中国。中国的发展和世界的发展是同频共振的。世界的和平、稳定与繁荣可以为中国的发展提供良好的环境，同时，中国的发展也可以为世界创造更多的机遇。中国自身的历史已经证明，闭关锁国、封闭自守，只会脱离世界历史发展的潮流。中国要想发展，就只能融入世界，坚持开放发展。在经济全球化、世界一体化日益增强的今天，开放发展俨然成为时代精神的要求。中国要融入全球化进程，积极参与世界经济竞争，利用全球性资源和力量发展壮大自身，建立本民族的新的

---

① 习近平：《论坚持推动构建人类命运共同体》，北京：中央文献出版社 2018 年版，第 371 页。

产业体系。中国在融入世界交往的过程中虽然会付出一定的代价，但这是自身的发展过程所绕不开的，要在游泳中学会游泳。一个国家和地区不可能在孤立、封闭的环境中取得经济社会发展的巨大成功。

当今世界，机遇与挑战并存，人类社会需要把握住创新的机遇，推动世界治理体系的变革。然而，西方大国无意更无力承担起这样变革的重任。资本主义世界体系的内在矛盾不断突显，一方面，资本全球化、金融全球化催生了一些可以跨越国家、疆域、族群的全球金融权贵利益集团；另一方面，资本主义利益集团无力塑造一个更合理的全球经济秩序，无意承担应有的国际责任和义务。这导致了权利和责任的严重失衡，引发了本民族国家利益优先的贸易保护主义与逆全球化浪潮。世界需要一种新的发展理念、价值观念和治理机制。中国提出人类命运共同体理念，是对人类未来发展的一种价值引领，这一理念也向世界宣示中国坚定不移地走和平发展道路的决心。中国不会遵循"国强必霸"的逻辑，中国的发展不仅不会损害其他国家的发展权利和利益，而且还会促进世界的共同发展，增进全人类的共同利益，中国希望与世界各国人民共享发展成果，中国有意愿为维护世界和平与促进共同发展做出更大贡献。

人类历史进入21世纪，世界多极化、经济全球化、信息社会化所带来的商品流、信息流、技术流、人才流、文化流，如长江之水不可阻挡。21世纪的主要特征是合作与共赢。顺应世界发展潮流，中国提出构建人类命运共同体，不仅有利于世界各国在实现各自发展权益的同时寻找相同的利益契合点，而且也能够增进人类对美好未来的期待，相信人类的未来是光明与和谐的未来。从亚洲共同体到"第三世界"国家共同体，从"一带一路"沿线国家共同体到人类命运共同体，一系列举措都体现了中国对重塑公平、正义、合理的国际秩序的热切期望，以及对建设人类命运共同体的合理预想。中国已经成为推动构建人类命运共同体的一支重要力量。

德国哲学家黑格尔认为，改变人类总体进步的特定历史时刻是由某个特定的国家决定的。这意味着，某个特定国家追求进步，对整个人类的进步关系重大。今天，中国以其快速发展和巨大的经济成就，不仅造福于本国人民，而且惠及世界上不同国家和地区的人民。中国给世界提供的发展方案并不是针对特定国家制定的，而是着眼于整个区域乃至全球范围，构建起多边合作框架、经济整合机制以及跨国融资平台，中国不仅给发展中国家提供技术支援、贷款优惠以及经济支持，还帮助这些国家解决在发展中遇到的社会经济结构性困境，促进发展中国家实现长远发展。

中国坚持在对外开放中谋求自身经济发展。中国以"一带一路"倡议，促进国际合作，努力实现政策沟通、设施联通、贸易畅通、资金融通、民心相通，为促进世界不同国家、不同地区的共同发展贡献中国智慧、中国方案、中国力量。中国自身的改革和发展，脱离不了经济全球化这一历史大趋势，更离不开同世界的交往和联系。中国40多年的改革开放历程，中国自身快速发展的实践，证明了只有开放和交流才能繁荣与进步，只有合作与借鉴才能共赢与超越。40多年来，中国自身的经济、政治、文化实力稳步提高，同时，发展起来以后的中国也在以自身实际行动带动和鼓励发展中国家共同发展、共同繁荣、共同进步。中国一方面保持自身的高质量发展，另一方面助力其他发展中国家摆脱落后，实现转型发展。中国致力于推动世界经济的互联互通，促进全球经济发展的平衡，努力构建持久和平、合作共赢、共同繁荣的美好世界，因而是对西方所主导的全球化的一种超越。中国特色社会主义就是构建人类命运共同体的主体支撑，"它能够代表人类社会的发展方向，凝聚人类的共识和意志，并为构建人类命运共同体提供最坚实可靠的历史性示范"①。

人类命运共同体理念是顺应人类历史发展潮流而提出的重大思想理论，是当代中国共产党人针对人类社会面临的共同问题而贡献的中国智慧和中国方案。这一理念致力于解决人类世界面临的时代问题和理论困惑，它不局限于中国视野而是着眼于人类未来的共同走向，体现了当代中国共产党人长远的历史眼光和崇高的世界情怀。人类命运共同体理念继承并创新了中国传统文化中的"和合"思维和天下观，是中华文明探索人类共生共荣之道的独特贡献。总之，人类命运共同体理念既内在地面向传统，助力中国社会的整体和谐与发展；又外在地面向世界，在国际格局变迁中寻找中国与世界整体之间融通的可能。

## （二）占据国家外交价值的制高点

外交价值观，反映着主权国家作为国际关系的行为体，对国家间关系的看法和基本主张，蕴含着国家处理国际事务的宗旨和原则，影响着国家的对外行为。中国所秉承的外交价值观，提倡正确处理"义"和"利"二者的关系，坚持平等包容与合作共赢，推动构建人类命运共同体。中国在处理和其他国家的关系时，尊重他国的独立和主权，不以任何形式干涉他国内政。中国同其他国家交往时奉行友好、尊重和包容的

---

① 刘同舫:《构建人类命运共同体对历史唯物主义的原创性贡献》，载《中国社会科学》，2018年第7期，第20页。

原则。

人类命运共同体理念是中国外交价值的制高点。回顾新中国成立以来的外交历程，可以发现中国外交活动秉持一些基本的价值。从新中国的第一代领导人毛泽东开始，中国外交活动就确立了独立平等、相互尊重、和平共处、照顾弱国的理念传统。新中国成立后，中国政府明确主张废除一切不平等的条约，主张国家间关系必须建立在主权平等、相互尊重原则的基础上。20世纪50年代，中国提出"和平共处五项原则"，得到国际社会的高度认可，成为越来越多的国家处理国际事务的重要原则和指导理念。改革开放时期，邓小平提出"和平与发展"是世界的主题，中国应该顺应世界发展潮流，积极融入世界。冷战结束后，中国积极推动构建更加公平正义的新型国际秩序，坚决反对霸权主义和强权干涉主义。进入21世纪后，中国提出构建和谐世界，体现了中国外交崇高的价值追求。中国从提出"和平共处五项原则"，到提出建立更加公正合理的国际政治经济新秩序，到提倡构建"和谐世界"，再到提出构建人类命运共同体，这些理念在根本上是一脉相承的，彰显出中国崇高的外交价值，体现了中国对和平、发展、公平、正义、和谐等价值的追求。人类命运共同体理念的提出，延续了中国一贯坚持的外交价值理念，彰显了中国外交的大国风范。这一理念主张中国与世界各国的利益融通、发展共促、文明互鉴，倡导世界各国和平共处、共生共荣，致力于推动全球治理体系朝着公平正义的方向变革。

人类命运共同体理念作为一种新的外交价值，它有利于引导国际社会改变旧的干涉主义思维、零和博弈思维、均势平衡思维，逐渐转向以命运共同体意识处理国与国之间的关系。一个国家，无论其自身实力多么强大，在对外交往时都不应该侵犯他国主权和合法利益。20世纪90

年代,"人权高于主权"这一外交价值观念在美国理论界开始盛行。这一外交价值观念背后的逻辑就是,"人权"是人类社会普遍的道德准则,因而是所有国家都要遵循的,普遍的道德准则高于特定的国家主权。因此,当某一个国家在国内侵犯人权,国际社会就有权进行干涉。这样的逻辑推理,就产生了"人权"——"人权高于主权"——"国际人道主义干涉"的西方国家外交价值。在这样的外交价值指导下,西方国家可以堂而皇之地对别国内政进行干涉。这样的外交价值实质上是西方"新干涉主义"的表现。在国际社会中,国家主权对于一个国家来说是最为根本的利益。如果一个国家主权不完整,领土处于四分五裂状态,社会处于持续动乱和冲突之中,人权是不可能有保障的。

人类命运共同体理念所确立的外交价值,是建立在人类和平共处、共生共荣基础之上的,它坚决反对霸权主义、强权干涉主义,承认各个国家的主权,主张建立平等、包容、合作、共赢的国家间关系。国家之间只有相互尊重,善于利用外交手段和国际规则处理冲突和矛盾,避免诉诸战争与武力的手段,才能推动国际社会的和平稳定。美国在"人权优先""民主""自由"的虚伪口号下所开展的外交、经济和军事活动,不仅给对象国带来了灾难,而且也造成了世界的不稳定。不同于美国"人权高于主权"的外交价值理念,人类命运共同体理念所秉持的和平共处、命运与共的交往理念,可以为国际社会的交往提供一种新的价值导向和理念引领。

## (三)提升国家文化软实力建设

恩格斯曾经说:"一个民族要想站在科学的最高峰,就一刻也不能没有理论思维。"①思想理论的创新是国家软实力的重要体现。对于如何加强理论创新,习近平在哲学社会科学工作座谈会上强调:"问题是创新的起点,也是创新的动力源。只有聆听时代的声音,回应时代的呼唤,认真研究解决重大而紧迫的问题,才能真正把握住历史脉络、找到发展规律,推动理论创新。"②党的十八大以来,为了推动解决全球社会存在的治理困境、合作困境、发展困境以及文明冲突困境,习近平提出"构建人类命运共同体"、构建新型国际关系、"一带一路"倡议、文明互鉴观等重要思想理念,在国际社会产生了重要影响。中国通过举办国际性会议,比如"南南人权论坛"、世界互联网大会、博鳌亚洲论坛、G20 峰会、"一带一路"国际合作高峰论坛、中国共产党和世界政党高层对话会、亚洲文明对话大会等,向世界表达了中国的全球治理主张,展示了中国负责任大国的形象。英国著名社会学家马丁·阿尔布劳对此评价道,当西方对全球化日益失去信心的时候,中国提倡的全球治理理念发挥了弥补西方理论真空的巨大作用,这种巨大作用并不体现在经济层面,而是体现在文化层面。③

每一个民族要屹立于世界民族之林,首先在文化影响力方面要占有优势地位。一个民族、一个国家如果只有经济上的强大,而没有文化上的强大,就是徒有庞大的躯体而缺乏深刻的灵魂。文化是一个民族和国家长远发展的精神命脉。

---

① 《马克思恩格斯文集》第 9 卷,北京:人民出版社 2009 年版,第 437 页。

② 习近平:《在哲学社会科学工作座谈会上的讲话》,北京:人民出版社 2016 年版,第 14 页。

③ M. Albrow. *China's Role in a Shared Human Future: Towards Theory for Global Leadership*. Beijing: New World Press, London: Global China Press, 2018, p.24.

在近代历史上，由于西方列强的入侵，中国逐渐沦为半殖民地半封建社会，成为任人宰割、任人欺侮的对象。今天的中国再次走向世界，并且日益走近世界舞台的中央，这是我们今天重思中国的时代背景。在这种时代背景中来理解人类命运共同体理念，就不难发现这一理念所具有的时代意义。中国的改革开放进程带动了自身经济的繁荣与增长，伴随着中国经济力量的壮大，中国再次成为世界关注的焦点。面对当今世界发展存在的困局，面对不同文明之间可能存在的冲突，面对不同国家合作难以推进的治理难题，中国能够提供一种什么样的智慧和理念，这是我们期待看到的。

美国学者约瑟夫·奈认为，一个国家的实力包括"硬实力"和"软实力"，"硬实力"是以经济和军事力量为基础的主导支配权，而"软实力"则是一个国家在文化和意识形态方面的吸引力，这种吸引力会促使其他国家愿意追随其领导。约瑟夫·奈认为，硬实力和软实力对一个国家的实力建设来说，同样重要。布热津斯基曾经提出一种观点，认为文化软实力优势在美国等西方国家一边，中国不可能有文化软实力的优势，文化统治是美国彰显全球性力量的一个重要方面。正是因为中国缺少文化影响力，所以不可能成为"真正的全球性国家"。然而，布热津斯基看待世界的眼光是从美国的立场出发的，他所提出的理论观点，是为美国在全世界行使霸权提供合法性支撑。

今天的中国伴随着经济实力的日益强大，也必然要求相匹配的国际文化地位，中国的文化软实力建设，应该自觉地体现大国担当和国际视野，使国家文化软实力的增强更多地来自国家和政府在国际社会中的责任担当和价值引领。面对关乎人类生存和发展的重要事务，中国应该提供一种建设性的价值理念，明确自己的主张，敢于批判国际社会中存在的不平等不公正现象。人类命运共同体理念，能够融合不同利益代表、融通不同文化传统、超越不同社会制度且能被各个民族、各个国家普遍接受，因而这一理念体现了中国的文化软实力，也进一步提升了中国文化、中国价值、中国理念在世界上的影响力。

构建人类命运共同体，是中国作为最大的社会主义国家，对全球治理难题和人类社会所处困境的积极应对。社会主义文化是反映人类社会发展趋势和人类先进价值追求的文化形态，是人类文化形态的高级阶段。社会主义以发展、公平、正义、和平、民主等作为价值目标和价值追求，在这一价值追求中所产生的文化，能够以反映最广大人民的精神利益为导向，满足最广大人民的文化和精神需要。人类命运共同体理念所体现的文化战略意义，体现在有利于改变美国主导的价值输出模式。长期以来，美国打着"人权优先"、民主至上的旗帜，粗暴干涉别国的内政，这种霸权模式给其他国家的人民带来了心理上的不舒适感。然而，人类命运共同体理念的对外传播方式则与之不同，这一理念将中国的和合价值、"己所不欲，勿施于人"的交往理念、天人合一所蕴含的自然与社会伦理展示在世人面前，向世界分享中国价值。这一努力本身既与中国的大国地位相匹配，又奉行平等开放包容的原则，因而是中国的独特智慧。这一独特智慧彰显了社会主义文化和中华文化的持久生命力，是支撑中华民族伟大复兴的文化路径。

马克思主义揭示了经济基础决定上层建筑的基本原理，经济上的重量要求政治和文化上具有相匹配的重量。伴随着改革开放，中国加速融入世界治理进程，中国的经济总量位居世界第二，这就要求中国能够在国际上具有相匹配的话语体系，中国需要在国际上拥有与自身实力相匹配的话语权。中国经过几十年的快速发展，经济实力确实有了大幅度的提升，成为经济生产大国。然而，中国还不是知识生产大国，在产生引领世界发展的思想理念和话语层面还有很长的路要走。中国在40多年的改革开放进程中，既积极融入世界，又充分认识到自身大而不强的国际地位，寻求与自身地位相匹配的参与权、话语权。中国已经走向了世界舞台，如果不能正确发声，表达中国自己的声音，讲述中国自己的故事，传达中国自己的价值理念，就不可能赢得其他国家真心的尊重和认同。中国需要向世界更清楚地阐释中国的价值理念和行动意图，以避免不必要的国际政治冲突，提升国家的文化软实力，塑造文明可亲的国际形象。这成为中国面临的时代任务。

中国的文化软实力建设以及国际话语权的提升，有利于为中国的长远发展营造和平有利的国际舆论环境。国际上有些国家认为中国提出"一带一路"倡议是妄图以此为契机建立世界霸权，这种观点其实是对中国战略意图的误解。中国的发展，并不建立在抢夺他国人民资源的基础上，更不剥夺他国人民发展的权利。中国的强大，给世界带来一种历史的契机。面对国际上一直存在的对中国的误解和质疑的声音，面对西方发达国家长期以来善于营造舆论氛围的行为，我们需要以"负责任大国"的形象出现在世界舞台，我们需要积极搭建中国故事和中国价值向外传播的合作交流平台。增强国际话语权，关键就是要善于把握国际上出现的热点问题，善于将绝大多数人内心的声音表达出来，善于引领世界舆论走向。中国现在所处的国际地位和面临的世界局势，使得中国不得不有所说，有所作为，有所创造，有所贡献，这并非主观上愿意不愿意的问题，而是客观上需要承担的责任。

中国想要在国际话语权方面占据主动优势，就要有思想和理念上的创造，需要以一种建设性的思想来启示世人。为此需要做到：一是构建具有中国元素的国际话语体系。只有民族的,才是世界的,这一论述揭示了一种理念、价值和意识,必然要扎根于本民族的历史传统。这是源与流的关系。中国元素就其实质来说,是带有本民族文化符号和特征的事物,带有特殊性。中华民族所独有的文化价值体系和精神追求,比如天人合一、以和为贵、天下为公、追求大同等文化价值理念,是中华民族在漫长的文明演进过程中积累和沉淀的丰厚精神资源,体现了中国人的独特思维方式和心理结构,是中国人处理人与人关系、人与自然关系的智慧卓识。今天,人类命运共同体理念正是在吸收这些优秀传统文化理念精髓的基础上,面向新的时代问题,顺应世界历史潮流,反映人民的真实愿望,成为一种集大成的新理念、新话语、新表达。二是构建融通中外共同价值的话语体系。融通中外共同价值,是为了增进话语体系的普适性,使其更易于被世界上不同国家、不同地区和不同民族的人民所接受。只有情感、心理上首先认同,才有利于这一理念在世界范围内的广泛接受和传播。中国在构建国际话语权这一过程中,既要保持民族特色,又要融通中外共同价值,避免陷入狭隘的民族主义话语。从"他山之石"这一语词表达中,可以看到中国思维的特色,中国的思维模式是不执拗于民族主义的立场,不将其他文明视为必须要消灭的异质文明。"海纳百川,有容乃大",其实也反映了中国思想的包容性。融通中外,既积极融入世界,又不失中国特色。在中国举办的"南南人权论坛"、世界互联网大会、博鳌亚洲论坛、中国共产党和世界政党高层对话会、亚洲文明对话大会等国际性会议,都是从不同维度与外部进行交流、互动的平台,是积极向外传播中国声音和中国理念的渠道。这也反映出中国在构建国际话语权方面从"被动回应"到"主动发声"的转变。

## 二、人类命运共同体理念对世界的意义

当今世界正处于大发展大变革大调整时期，这是当代中国共产党人对时代形势的科学把握和总体判断。人类社会虽然整体上处于和平与发展的有利时期，但是也同时面临着重大的风险和考验，比如恐怖主义的威胁、气候变化的挑战、资源和能源的匮乏、经济风险的考验等。这些重大问题已经不是单独一个国家或一个地区所能解决的，而是需要人类凝聚共识，团结合作。如果人类能在普遍接受的价值理念限度内，同舟共济，共谋发展，无疑能够为解决人类社会所面临的困难提供强大的合力，促进人类社会的进步与繁荣。构建人类命运共同体不再是仅从某个政党、某个国家的立场来看待和变革世界秩序的尝试，而是站在了人类历史的高度俯瞰时代的进程，是以全球视野审视现实世界的境遇。它包含了内外一体、协同共进、共建共享的全球治理理念，凸显着对人类命运的终极关怀，孕育着一种全新的发展观、治理观和文明观。

人类命运共同体这一理念，具有深厚的历史基础，体现了强烈的现实需求，着眼于共同的未来期盼，为引领人类社会未来文明、实现共同发展，指明了方向，带来了希望。首先，它突出了对发展中国家，尤其是对被边缘化国家的利益关切，强调世界各个国家、各个民族的均衡发展，而非强者愈强、弱者愈弱式的不平衡发展，旨在消除两极对立、缩小贫富差距、促进共同发展。其次，它为建立国际政治经济新秩序、促进世界治理体系变革指明了方向。最后，人类命运共同体理念内在包含

一种新的文明观，提倡不同文明之间的交流互鉴，为人类社会的未来发展提供了精神导向和价值引领。

## （一）人类社会发展路径的创新

当前，人类社会发展面临着各种复杂的问题。世界经济长期低迷、贸易保护主义抬头、南北发展鸿沟日益突出、恐怖主义威胁、难民潮、自然灾害频发等全球性挑战层出不穷。人类社会该向何处去？面对这一时代之问，中国提出构建人类命运共同体这一新的思想理念，准确回应了国际社会的现实诉求和心理期望。习近平指出："各国和各国人民应该共同享受发展成果。每个国家在谋求自身发展的同时，要积极促进其他各国共同发展。世界长期发展不可能建立在一批国家越来越富裕而另一批国家却长期贫穷落后的基础之上。"[①] 今天，人类社会处于全球化这一新的时代背景下，人类社会已经结成了利益相关、命运相连的共同体。人类社会是共生共荣的，人类社会日渐形成利益相关、命运相连、责任共担的网状关系，决定了人类社会所取得的发展成就应该由全人类共同分享。世界经济的长期稳定增长需要以各个国家分享利益和发展成果为前提，"一家独大""赢者通吃"不符合世界发展的潮流。

曾经由西方发达国家所主导的全球化，在向外推广西方现代化发展模式和先进生产方式的同时，也使落后的殖民地国家付出了沉重的代价。西方发达国家用廉价的商品和强大的武力，征服了落后国家，并使其长期屈服于自身的统治。西方发达国家从此确立了自身发展道路的强

---

① 习近平：《论坚持推动构建人类命运共同体》，北京：中央文献出版社2018年版，第7页。

大合法性。曾经落后的、被西方殖民统治的国家，开始被动或主动地向西方学习。这种发展模式造成了落后国家依附于西方发达国家的国际政治经济秩序，西方发达国家凭借自身的经济、技术和军事优势，直接或者间接地控制着落后的殖民地国家，导致了被控制国家长期的发展受限、发展空间压缩、发展方式不合理、发展不平衡等问题。

当今世界，全球经济增长动能不足，生态环境破坏严重，各个国家、各个地区之间的发展严重失衡。资本所推动的世界历史进程虽然使人类享受到了全球现代性的巨大福利，但同时也使人类遭遇了人与自然关系的危机、人与人关系的危机。现实的危机倒逼人类转变发展理念，人类需要在反思资本逻辑主导的世界历史进程中重塑新的社会发展模式。

第一，坚持创新发展。从18世纪中叶到20世纪中叶，资本主义发动的三次工业革命，不断带来技术的创新和生产方式的革命，使得资本主义国家的社会生产力迅速进步，经济、社会建设取得巨大的成就。当今世界，发展中国家很多依然处在工业化的起步阶段，面临发展经济、提高社会生产力的任务。因此，发展中国家应该积极参与世界经济技术革新的浪潮，在生产技术革新、生产工具改进、先进技艺采用等方面，向发达国家和其他国家学习，充分利用现有的资源和技术成果进行经济建设，推动社会生产力的快速发展。

第二，坚持绿色发展。资产阶级在创造巨大的生产力的同时，也带来了对自然资源的掠夺和生态环境的极大破坏。人与自然的紧张关系，究其根源，是人与人关系的异化导致的。马克思主义经典作家所主张实现的"两大和解"，即"人类与自然的和解以及人类本身的和解"[①]，深刻

---

① 《马克思恩格斯文集》第1卷，北京：人民出版社2009年版，第63页。

揭示了人类社会发展的客观规律，并指明了人类社会未来发展的正确方向。人类社会由于生存和发展的需要，必然要从自然界中获取资源。这是人类正常的自然需求。然而资本主义国家进入近代工业文明社会以后，资产阶级将满足自身的需求置于优先地位，征服自然的欲望不断膨胀，改造自然的技术手段日益先进。资产阶级在追求利润最大化的资本逻辑驱动下，加大对自然界的资源掠夺，导致环境污染、生态破坏、资源短缺、气候变化，由此带来了一系列环境问题和生态危机。资本主义工业文明导致人与自然关系的紧张，本质上是资本主义社会人与人关系的异化。资本的逻辑主导着资本主义社会，资本要求不断增殖和扩大再生产，因此不断制造虚假的需求，在生产、消费、再生产、再消费的循环中，导致了自然资源的浪费和生态环境的破坏，打破了自然界的平衡与和谐，不利于人类社会的可持续发展。人与自然本来就是和谐统一的生命共同体，人类在满足自身生存和发展需要的同时，也必须注重对生态环境的保护和自然资源的合理利用，不能走竭泽而渔、杀鸡取卵的发展之路。

第三，坚持开放发展。资产阶级所推动的全球化，彻底打破了过去那种地方的、民族的自给自足和闭关自守状态，资产阶级使得世界性生产和消费具有了真正的现实基础。在经济全球化、世界一体化日益增强的今天，开放发展俨然成为时代精神的要求。一个地区、一个民族、一个国家要融入全球化进程，积极参与世界经济竞争，利用全球性资源和力量发展壮大自身，建立本民族的新的工业。发展中国家在融入世界交往的过程中虽然会付出一定的代价，但这是其自身的发展过程中绕不开的，要在游泳中学会游泳。孤立地、封闭地发展是不可能成功的。

第四，坚持共享发展。全球经济的持续发展，不可能建立在一些国家越发富裕、另一些国家却长期贫穷的基础之上。实现全球经济发展的平衡，需要正视发达国家与发展中国家发展的鸿沟，为发展中国家创造更多发展机遇，释放新兴市场国家的成长空间，促进全球生产要素的合理流动，推动全球经济的持续稳定增长。全球化的可持续，关键在于参与到全球化进程中的国家能够共享繁荣，共享经济发展的成果，而不是被排除在经济全球化之外。只有坚持各个国家的共享发展，努力缩小南北国家发展的差距，才能促进人类社会的共同繁荣。

塞缪尔·亨廷顿曾经提出的"文明冲突论"观点盛极一时。这一理论认为，人们在宗教信仰、意识形态和文化观念方面的差异，是导致后冷战时代世界冲突的首要原因。然而，按照马克思主义的观点，物质基础在社会发展过程中占有决定性的作用。当今世界出现的各种冲突，虽然有文明差异的因素在起作用，但是，从本质上看，世界政治经济发展严重不均衡是导致世界冲突的根本原因。人类从未像今天这样，享有着物质丰富的生活，今天人类社会物质充裕的程度远远超过以往任何历史时代。一些国家确实实现了经济社会的快速发展，取得了巨大的现代化成就，然而，并不是所有的国家都能实现经济社会的普遍繁荣发展。在过去的几十年间，世界财富分配日益不均。发展中国家人口约占全球人口总数的五分之四，但是其拥有的财富总量却仅占全球财富的五分之一。发展中国家和发达国家在财富分配上的严重不均衡，导致世界出现许多严重的经济、社会和政治问题。

人类命运共同体理念蕴含着共享普惠的发展理念。这一理念有利于解决全球社会所面对的发展不平衡、发展不充分的问题。人类命运共同体理念提倡不同国家之间的利益分享，这完全不同于西方发达国家近代以来所采取的发展模式和发展理念。西方发达国家近代以来的发展，强调西方国家利益至上，往往排挤并打压非西方国家的发展空间，这种发展模式带来了严重的问题，出现世界各个国家之间发展失衡以及贫富差距拉大等现实问题。针对这些发展中出现的问题，人类社会迫切需要一种新的发展理念，需要一种新的实践智慧。中国的和平发展则为世界政治经济秩序的改善带来了希望。中国致力于促进完善上海合作组织、"金砖五国"合作组织、中非合作论坛，提出"一带一路"倡议，并且发起建立亚洲基础设施投资银行，从而为发展中国家提供了发展机会和发展条件。中国通过这些实际行动，致力于改善发展中国家落后的现实处境，通过自身的发展带动其他国家的发展，因而有利于构建更加公平正义的世界政治经济格局。据世界银行的数据，当今世界约60%的经济产出来自距离海岸线不超过100公里的沿海地区，一些国家尤其是内陆国家在经济全球化过程中被边缘化，甚至成为"被遗忘的角落"，从而成为全球化继续推进的障碍。"一带一路"作为人类命运共同体理念的重大实践方案，在推动一些内陆国家和地区经济社会发展方面发挥着日益重要的作用，为解决世界经济发展不平衡问题提供了富有成效的探索。以亚洲基础设施投资银行、丝路基金为代表的国际金融合作机制，在促进一些国家的投资、建设等方面发挥了重要的作用。中国提出的"一带一路"倡议，更是惠及世界上多个国家。自该倡议提出以来，世界上已有150多个国家和30多个国际组织参与其中，极大地推动了沿线国家的发展进程。

发展是解决人类社会问题的关键。人类社会依靠发展，从野蛮走向了文明，从传统走向了现代，人类社会还要依靠发展，走向更加美好的未来。人类社会的发展模式不应该定于一尊，各个国家有权利依据自身的实际国情确立符合自身的发展模式。人类命运共同体理念，坚持了开放包容、合作共赢的发展原则，摒弃了西方发达国家在发展进程中所采取的零和博弈思维与殖民主义模式。构建人类命运共同体通过一系列现实的政治经济举措，包括发展多边贸易、跨国投资、金融合作等，为这一理念的实现提供了载体和平台。人类命运共同体理念作为一种新的发展框架和理念导向，对于促进共享发展和互利共赢有着积极的现实意义，对于推动各个国家的发展和全球社会的进步发挥着重要的引领作用。

## （二）促进世界治理理念的变革

全球化的快速推进，带动了人类社会的快速进步，在推动人类社会经济变革和社会变革的同时，也推动着世界治理模式的变革。尤其是信息化、网络化等新的技术革命，使得传统的风险控制模式不再适用，人类面临的不确定性因素日益增加。

1986年，德国著名社会学家乌尔里希·贝克在《风险社会》一书中，首次提出"风险社会"的概念。贝克认为，风险是在人类社会现代化进程中产生的，它是后工业文明的产物。风险的特征，一是具有人为的不确定性。二是有可能造成社会运转制度的失灵。三是在全球范围内传播。2020年在全球范围内暴发的新冠疫情，在很大程度上验证了贝克的风险社会理论。

由于现代风险社会的生成，世界正日益成为命运与共、祸福相依的共同体社会，人类在享受前所未有的现代性福利的同时，也需要承担全球性威胁和灾难风险，因为在全球性风险社会中，风险已经不分国界，任何一个地区的局部事件都有可能带来世界性后果。21世纪以来，全球化进程不断加快，世界各地之间人们的流动日益便捷与频繁，客观上加快了传染病的传播速度。有专家指出，我们今天所生活的世界是一个密切联系的世界，一种新兴传染病可以在36小时之内传遍全球。正是风险的快速蔓延，使得我们必须重视对风险的应对，我们需要对各类风险有充分的认识，做到未雨绸缪，提前搭建好必要的应对设施和机制，这样才能避免导致系统性的灾难。今天的世界，无论是资金、技术，还是人员、信息的往来，都是非常密切的，从而加速了世界的一体化，但是也给诸如传染病之类的风险的全球性传播创造了条件，从而给世界的安全秩序、社会秩序以及经济秩序带来极大的冲击和破坏。面对全球性风险，我们人类有两种选择，一种是各自为战，各人自扫门前雪，莫管他人瓦上霜；另一种是团结一致，协调行动，众志成城，共克时艰。显然，第二种选择是符合人类共同利益的。

全球化时代人类的命运休戚相关、患难与共。尤其是在重大公共卫生危机面前，没有人是一座孤岛，防疫没有国界，战胜疫情的唯一途径是所有国家树立命运共同体意识，团结合作，众志成城。正如习近平总书记所说："这个世界，各国相互联系、相互依存的程度空前加深，人类生活在同一个地球村里，生活在历史和现实交汇的同一个时空里，越来越成为你中有我、我中有你的命运共同体。"[①] 面对新兴传染病和疫情这样的全球性挑战，各个民族和各个国家只有努力减少冲突、不断增进共识、共同抵御风险，人类才有持续繁荣发展的可能。

由于人类具有共同的生存环境，具有对幸福生活的共同愿景，因而人类能够就某些问题进行沟通和对话，从而达成价值的共识。人类社会

---

① 《习近平谈治国理政》，北京：外文出版社2014年版，第272页。

在根本利益方面具有一致性，这主要表现在人类生活在一个地球上，人类的活动息息相关，人类的命运紧密相连。这种共在共生性，决定了人类不能做无谓的斗争，要最大程度地避免内部消耗，将尽可能多的资源用于促进人类社会的发展，最大程度增进人类的福利。虽然当前的人类社会依然存在局部的利益冲突，但是，从人类社会的整体发展进程来看，人类能够日益具有理性，日益认识到人类的整体利益，从而采取合作的方式解决人类面对的共同问题。面对全球性的不确定性和新挑战，人类社会必须变革旧有的治理机制。传统的世界治理理念已经不能适应当今社会的需要，单边主义已经不能解决国际社会的问题，应该建立共商共建共享的治理理念。

构建人类命运共同体需要承认人类生活的共同性。只有承认人类生活的共同性，才意味着全球性矛盾有得到化解的可能。如果没有共同性作为前提，人类命运共同体就失去了存在的重要根基。人类命运共同体理念内在要求民众的普遍参与和共同治理。正在逐渐形成的全球性社会，是由众多的行为主体构成的，在众多的行为主体之中，国家是最重要的、最基本的构成单位，国家是全球治理的最主要的主体。当然，除了国家，非国家主体也在全球治理中发挥越来越重要的作用。全球性公民社会的崛起，民众参与世界治理的方式和途径不断增加，这些已经说明单靠国家主体不可能解决全球治理的所有问题，而广大民众和非政府组织的参与正在有效弥补国家主体治理的不足。

人类命运共同体理念对世界治理的重要意义，主要体现为：

其一，人类命运共同体理念有利于启发人们在面对全球共同问题时转变观念。赵汀阳在《天下体系：世界制度哲学导论》这一著作中提出，"一个有效的政治制度必须具有充满整个可能的政治空间的普遍有效性和通达每个可能的政治层次的完全传递性。"① 在世界制度的建构中，应该遵循两大基本原则：一是横向的普遍有效性原则，二是纵向的完全传递性原则。赵汀阳认为，应该以"天下"作为关于政治/经济利益的优先分析单位，从天下去理解世界。这是对西方以民族/国家为分析单位的思维方式的超越。人类命运共同体理念不同于传统的"天下观"，但是它所蕴含的对人类命运和世界历史的关怀，是对传统"天下观"的当代创新，为世界治理理念的变革提供了中国智慧和中国方案。在以民族/国家为分析单位的西方思想体系中，作为全球性、整体性存在的人类社会并未真正进入人们的视野。人类命运共同体理念对全球治理提出新的要求，就是强调整体化治理思维。这一理念要求改变霸权主义式的全球治理结构，建立共商共建共享的新型全球治理结构。这一理念内在要求终结"西方中心主义""丛林法则"等旧的治理逻辑，建立一种共生共荣、共同参与的新型治理逻辑。

其二，人类命运共同体理念彰显了全球治理的中国智慧。"大道之行也，天下为公。"对于一个有着5000多年文明历史的中国，能够延续至今的关键是拥有着自身独特的治理经验和治理智慧。人类命运共同体理念是中国呈现给世界的独特治理智慧。这一理念包含了鲜明的中国元素，以一种新的思维方式面对世界治理的难题，致力于对世界秩序的理性建构，"它向全球提供了一种崭新的思维方式和治理理念，为推动全球治理体系和治理能力的现代化开辟了新的愿景。倡导人类命运共同体意识是中国对国际关系理论的重要贡献，是中国对国际秩序观和全球治

---

① 赵汀阳：《天下体系：世界制度哲学导论》，北京：中国人民大学出版社2011年版，导论第13页。

理观的创新与发展,是中国为筹划人类命运和世界发展蓝图而推动的顶层设计,也是中国对完善全球治理体系而给出的'中国方案'"[①]。人类命运共同体理念为人类社会的未来发展预设了一种规范和标准。由于人类处于共同的生存空间,拥有共同的生活体验,分享共同的价值追求,具有共同的利益范围,因而,构建人类命运共同体是人类所有成员都要承担的责任与义务。这一理念不仅提供了原则上的规范标准,还提供了全球治理的宏观结构框架,更有关于社会组织与个体行动的机制设计。这一理念内在要求各个国家在世界历史与民族国家、在整体与部分的双向互动关系中,参与世界治理进程,推动世界治理方式的创新,从而推动人类社会向更高级的全球社会转型。人类命运共同体理念从原则到现实,从整体到个体,从宏观到微观,实现了系统性的顶层设计,必将推动全球社会从失序状态向更高级的有序状态转变。

中国外交政策的宗旨是维护世界和平、促进共同发展。中国既通过维护世界和平为自身发展创造有利外部环境,又通过自身发展来壮大维护世界和平的中国力量。面对西方一些人士提出所谓的"修昔底德陷阱""金德尔伯格陷阱",妄称中国"国强必霸",从而带来国际公共产品供给短缺和治理危机,习近平主席对此多次强调:"中国始终是世界和平的建设者、全球发展的贡献者、国际秩序的维护者。"[②] 中国积极推动全球治理体系变革,并不是推倒重来,也不是另起炉灶,而是创新完善,使全球治理体系更好地反映国际格局的变化,更加平衡地反映大多

---

[①] 陈曙光:《人类命运与超国家政治共同体》,载《政治学研究》,2016年第6期,第59页。

[②] 习近平:《在庆祝中国共产党成立95周年大会上的讲话》,北京:人民出版社2016年版,第20页。

数国家特别是新兴市场国家和发展中国家的意愿和利益。中国给世界贡献的发展方案，包括搭建多边合作平台、经济治理框架以及跨国融资平台，给发展中国家提供力所能及的技术援助、经济支持和政策帮扶，推动发展中国家实现转型和可持续发展。从"一带一路"倡议到亚洲基础设施投资银行，从援助非洲国家抗击埃博拉病毒到支持联合国维护世界和平任务，从积极参与全球气候变化治理到推动全球经济治理体系改革，这一系列举措都体现了中国对重塑公平正义全球治理体系的迫切期待，以及建设更加美好世界的真诚愿望。正是这一系列举措，彰显了中国在全球治理中的担当。中国不仅做出承诺，更重要的是以实际行动践行承诺。

其三，人类命运共同体理念有利于促进全球性社会治理结构的优化。全球治理必须是真正全球的，因而，不是"美国治理世界"或者"西方治理世界"，而是世界各国根据《联合国宪章》和其他公认的全球社会准则应对全球性挑战的民主决策和集体行动。曾经由西方发达国家主导的世界治理结构，是以零和博弈思维为主导的，因而在现实中往往会导致"双输"的悲剧性结果。西方发达国家所主导的全球化造成了不合理的国际秩序，西方国家与非西方国家之间的交往通常是不平等的。西方发达国家处于主导地位，而非西方国家则处于被统治、被压制状态。实现全球治理体系的革新，就必须以尊重各个国家的主权和正当利益为前提，尊重各个国家的独立，体现各个国家的平等。面对国际规则由西方发达国家主导、国际秩序体系由西方发达资本主义国家控制的不合理国际格局，广大发展中国家必须联合起来，共同应对，以命运共同体的整体视野参与到全球化进程中来，并针对国际规则的重新制定、国际合作体制的重新变革、国际秩序的重新建立行使应有的权利，从而构建更加公平、正义、包容、有序的国际政治经济新格局。

## （三）推动交流互鉴文明观的生成

塞缪尔·亨廷顿在《文明的冲突与世界秩序的重建》一书中提出，文明间的冲突将是冷战后全球状态的根本特征。亨廷顿认为，世界秩序从现在开始，已经进入文明冲突作用的阶段。不同文明间的冲突将左右全球政治。[①] 亨廷顿这种观点实质上是西方中心主义思维的表现。其实，世界上虽然存在不同的文明实体，但并不必然导致冲突。如果将不同于自身的文明实体看作"他者"和异质文明，自然不可能承认和尊重其他文明，反过来，其他文明也不可能认同这种文明，这样的二元对立思维当然不可能带来文明实体之间的和谐相处。

世界上的文明不只有一种形态，承认不同文明之间的差异性是人类文明交流互鉴的基本前提。西方所主张的"文明优越论""西方中心主义"背后体现的是西方哲学二元对立的思维方式传统，这样的思维方式容易导致不同文明的冲突。不同的是，中国则发展出一种整体性的世界观和文明理念。中国的思想传统中并没有刻意制造"他者"，中国人自古就有的"天下大同"与"和合"理念，正是中国人典型的思维方式。建立在这种思维方式基础上衍生发展的文明，是最具有包容性的文明。历史事实也证明了这一点，中华文明之所以绵延不绝，正是因为最大程度地吸收了世界上不同的先进文明，并且进行了融合，比如中国的佛教文明就是印度佛教传入中国后又加以本土化的产物。

中华文明是世界上唯一没有中断的文明，在厚重的文化资源中，可

---

① ［美］塞缪尔·亨廷顿：《文明的冲突与世界秩序的重建》，周琪等译，北京：新华出版社2010年版，第6页。

以发掘出对当今人类有所裨益和有所贡献的文化资源和思想智慧。今天，中国积极推动构建人类命运共同体，就是向世界贡献的中国智慧和中国方案。西方哲学家罗素曾经预言："全世界都将受到中国事务进展的重大影响，无论好坏，在今后两个世纪内，中国事务的进展将是一个决定性的因素。"① 英国著名历史学家汤因比也指出："世界统一是避免人类集体自杀之路。在这点上，现在各民族中最具有充分准备的，是两千年来培育了独特思维方法的中华民族。"② 还有学者认为："'人类命运共同体'理念以东方非对立思维、和合思维等传统为基础，相容西方科学理性等合理成分，强调多元共生、多样共同发展、共同繁荣，强调在共同体的营建中同时兼顾自然、社会、文化、心理等因素，强调在理念与行为层面同时性的推进、尊重多样文明的共同发展，并且特别强调从各文明包括西方与非西方内部来理解世界文明的多样性，理解世界文明进步的历史、动力与未来。这对世界文明及其研究来说，具有重要的构成性意义。"③

世界上不同的文明实体，虽然存在形式上的差异，但不必然产生冲突。不同文明实体之间可以实现和平共处，对待不同文明之间的差异需要秉持"和而不同"的态度。中华文明自身所具有的"和而不同""以和为贵""协和万邦"的优良传统，能够真正为当今世界不同文明实体

---

① ［英］罗素：《我为什么研究中国》，见何兆武、柳卸林主编：《中国印象：外国名人论中国文化》，北京：中国人民大学出版社 2011 年版，第 353 页。

② ［英］汤因比、［日］池田大作：《展望二十一世纪——汤因比与池田大作对话录》，荀春生等译，北京：国际文化出版公司 1986 年版，第 284 页。

③ 陈忠：《世界文明选择中的命运共同体营建——基于文明批评史的视角》，载《南国学术》，2019 年第 2 期，第 189 页。

之间的和谐共生提供独特的智慧和方案。不同的文明实体，虽然在文化传统、宗教信仰以及风俗习惯方面存在着不同之处，但是却可以在人类基本的生存和发展目标方面达成共识，并进而采取合作的形式。不同文明之间有差异，同时也有共识；有互动，同时也能兼容。文明并不是一个封闭的系统，只有处于开放的体系中，才能保持自身的活力和生命力。

人类命运共同体理念所具有的文明意义主要体现在：

其一，人类命运共同体理念是对征服型文明的超越，其核心是主张建构和合共生的新文明。斯宾格勒在《西方的没落》这一书提出20世纪是西方人的世纪，德意志民族的历史使命就是主宰全球，建立起一个世界大帝国。建立在这种信念之上的文明必然是带有霸权主义性质的文明。人类命运共同体理念则内在包含新型文明观，这种文明观是建立在承认文化多元化基础上的，这种文明观实质上是一种追求人类共生共荣的类文明观。真正符合人类历史进步方向的文明，必然反对任何文化的主宰和专制，它必须承认文明的多元性存在，强调尊重不同文明之间的差异，主张不同文明实体的相互包容。人类命运共同体理念内在继承了中华文明中的"和合"观念。"和合"观念的实质是承认万事万物具有和谐共存的可能，万事万物虽然具有不同属性，但是却可以组成和谐的共同体。人类命运共同体理念继承了"和合"观念的精神实质和文化精髓，强调不同的文明实体虽然在文化传统、宗教信仰和风俗习惯方面存在着差异，但并不妨碍各自不同的文明实体可以构成和谐的文明共同体。

其二，人类命运共同体理念为不同文明实体提供了生存和发展的空间。随着苏联解体，美苏两极对抗的格局解体，西方社会一度出现乐观气氛，弗朗西斯·福山宣称，西方自由民主体制是人类意识形态进步的终点。福山认为,国际政治中所谓"为承认而斗争"的努力将不复存在,因为所有的国家都将接受西方国家的自由民主普世价值理念,人类社会将在西方自由民主价值理念的引领下走向"历史的终结"。但是,现实却证明,西方学者福山提出的"历史终结论"只是一厢情愿的幻想。中东地区宗教极端主义的兴起,东亚国家对西方人权的抗争,波黑内战的国际化都表明世界未必心甘情愿踏上西方文明之轮。与福山乐观主义的想法不同,亨廷顿则严肃地指出,当西方自以为登上权力的巅峰时,国际政治却已经走出了西方主导的阶段,国家秩序已经进入西方文明与非西方文明彼此相互作用的阶段。也就是说,世界历史已经进入西方文明和非西方文明共同创造历史的新阶段。人类命运共同体理念,是致力于超越资本主义文明的理论建构,而这种新的理论话语"不再只是以阶级革命的方式实现人类解放的理论,也是一种唤醒人类超越资本主义文明形成以维系人类存在的救亡理论,阶级革命内涵的人类取向以一种人类的立场直接地凸显出来"①。

其三,人类命运共同体理念提供了世界文明实体相互交往的范式和准则。不同文明实体之间应该如何相处?文明本身没有高低优劣之分,不同文明产生于特定的历史社会环境,具有特殊性。恩格斯说:"文明是实践的事情,是社会的素质。"②西方一些国家基于自身经济实力的强大,提出"文明优越论",并将落后国家的文明看作需要征服和消灭的异质文明,并且不惜以武力和战争为手段输出自身的价值理念,从而给世界

---

① 罗骞:《中国特色社会主义建设实践的理论自觉——论历史唯物主义功能及其内涵的当代转化》,载《江苏大学学报》,2012年第3期,第7页。

② 《马克思恩格斯文集》第1卷,北京:人民出版社2009年版,第97页。

上经济实力相对落后的国家带来了文明上的灾难。然而，中华文明没有寻求与他者对抗的基因，中华民族自古以来就有的和合观念、天下大同理念，能够为当今世界不同文明实体的和谐相处提供价值引导。一个和谐的世界应该是多种文明模式的共存、交流与互鉴。人类命运共同体理念内在要求不同文明实体之间能够消除心理偏见和隔阂，加强思想文化交流；破除文明等级观念，批判文明优越论。"全球化与去中心化的全面推进和古老大陆文明的全面崛起，预示着人类命运共同体正迎来新的发展机遇。"① 中国所提倡的人类命运共同体理念，不仅致力于实现自身文明的复兴，而且提倡一种负责任的理念与和合包容的精神，为世界的和平发展贡献自身的智慧，从而推动人类文明的和谐共生。

概而言之，人类命运共同体理念内蕴着一种深刻的文明观，本质上是一种"超越种族中心主义叙事的全球观"。人类命运共同体言简义丰，在当今世界文化多元多样背景下，它"一方面推进各文化形态的健康交流与平等对话，一方面保证各民族文化的个性和资源不致丢失、不被同化、继续传承。正是在这两个方面的张力中，文明交流互鉴的原则得以生成"②。

---

① 明浩：《"一带一路"与"人类命运共同体"》，载《中央民族大学学报（哲学社会科学版）》，2015年第6期，第28页。

② 邹广文、刘文嘉：《文化哲学视域下的人类命运共同体研究》，载《人民论坛·学术前沿》，2017年第12期，第23页。

# 第四章

## 构建人类命运共同体的现实困境与推进路径

## 第四章　构建人类命运共同体的现实困境与推进路径

　　马克思主义哲学具有鲜明的实践性，必然要在实践中体现现实的塑造力和行动的引领力。马克思主义哲学要发挥对实践的指导作用，就必须坚持与时俱进，在新的时代背景中进行理论的创新。当前，人类社会正处于全球化与现代化交织进行的发展进程中，这一时代背景需要我们以更加宏观的世界视野和深邃的历史眼光，审视马克思主义社会发展理论的多重维度，深入开掘马克思主义哲学的丰富内涵。世界并不会自动满足人的愿望和需要，人必然以自己的实践行动来改变世界。而改变世界，则需要科学理论的指导。人类命运共同体理念，着眼于人类社会的整体利益与世界的和平稳定发展，为实现人类的共生共荣提供了理论智慧。

　　然而，人类命运共同体还不是既成的现实，在由理念转化为现实的过程中，还面临着一些困难，诸如利益共享的困境、制度共建的困境以及价值认同的困境。只有深刻分析导致这些困境的原因，才有可能找到解决困境的"钥匙"。"构建人类命运共同体是一个历史过程，不可能一蹴而就，也不可能一帆风顺，需要付出长期艰苦的努力。"[①] 构建人类命运共同体并不是一朝一夕之功，我们需要掌握马克思主义的科学方法论，并探究人类命运共同体理念实现的可能因素，包括主观因素和客观因素，推动人类命运共同体理念由愿景转化为现实。

---

　　① 习近平：《论坚持推动构建人类命运共同体》，北京：中央文献出版社2018年版，第513页。

# 一、人类命运共同体理念的实践困境及成因

现实中,具有不同社会背景、文化历史、政治传统的人们,在结成一个共同体时,总会遇到各种各样的困境。德国哲学家卡尔·雅斯贝尔斯对现时代人的精神状况保持着密切的关注,他认为:"如果整体被认为是一种世界范围的现实,那么,关于全体人类有一个普遍状况的思想,或者,关于人类的特定的群众具有普遍利益的思想,就是正确的。"① 可是,"每一个人、每一个集团、每一个国家都在某个特定的地方存在着,而不是同时存在于每一个地方。一切所发生的事物,都只有它自己的特定的可能性,而不是一般人类的可能性"②。雅斯贝尔斯确实指出了人类结合成大的共同体所面对问题的复杂性,即国家、集团或个人远比人类主体更加真实有效。美国社会学家 E. 希尔斯基于对传统的深刻分析,得出了人类不会形成一个单一的共同体的结论,他写道:"人们声言地球正在成为一个单一的共同体。作为一种近似的——非常粗略的共同体,这种说法也许是可以接受的;这一命题的正确性仅限于现有运输和通信技术的潜力。除此之外,地球上的人类并没有形成一个单一的共同体,并

---

① [德]卡尔·雅斯贝尔斯:《时代的精神状况》,王德峰译,上海:上海译文出版社1997年版,第100页。

② [德]卡尔·雅斯贝尔斯:《时代的精神状况》,王德峰译,上海:上海译文出版社1997年版,第100页。

且永远不会形成。"①希尔斯认为，地球上各个社会之间在传统方面存在着巨大差异，因而，"在可以预见的未来，一种统一而清一色的人类前景的可能性并不大"②。构建人类命运共同体确实困境重重，但是，我们不能因为路途遥远而放弃理想。马克思说："如果斗争只是在机会绝对有利的条件下才着手进行，那么创造世界历史未免就太容易了。"③正所谓善行者究其难，分析研究构建人类命运共同体遇到的困境，并积极探索有效的实践路径，这是每一个身怀责任感的人类成员应当承担的时代任务。

## （一）利益共享困境及成因

"利益"是历史唯物主义的基本范畴，是观察、分析和把握人类社会的重要线索。利益，在《辞海》中的意思是"好处"。本章节对利益的理解是，有利于满足人的生存并且应当被占有和享用的事和物就可以称之为利益。利益是满足人类生存和发展的基础。关于利益难以共享的原因，不同的思想家曾经给出过不同的解释。霍布斯认为人性是自私的，人与人是狼与狼的关系；洛克认为人类具有贪婪的本性；亚当·斯密则假定人是"经济人"，即理性计算的人；达尔文主义者则相信在物竞天择的生物进化规律中，人类必然关心自身的生存和发展。马克思主

---

① ［美］E. 希尔斯：《论传统》，傅铿、吕乐译，上海：上海人民出版社1991年版，第343—344页。

② ［美］E. 希尔斯：《论传统》，傅铿、吕乐译，上海：上海人民出版社1991年版，第345页。

③ 《马克思恩格斯文集》第10卷，北京：人民出版社2009年版，第354页。

义则认为，人类社会自有文字记载以来就是阶级斗争的历史。不同阶级之间的利益会发生冲突，不同阶级从不同的立场出发，必然维护自身阶级的利益。在原始社会阶段，由于人类改造自然的能力较低，社会生产力水平也较低，人类为了生存下来，不得不和他人共同分享生产资料、生活资料，原始人类就结成利益共同体的形式来进行生产活动和分配活动。后来随着社会生产力的发展，社会剩余产品不断增多，人类开始进入阶级社会，尤其是私有制出现后，人类社会便出现因为财产占有而发生冲突和矛盾的现象。因此，利益冲突是阶级社会所必然存在的现象。马克思指出，市民社会的主要特征是"把他们连接起来的唯一纽带是自然的必然性，是需要和私人利益"[1]。

国际社会存在不同势力和不同利益群体。国家行为主体在争取利益时有时采取零和博弈的方式，国家行动选择上也有可能陷入"囚徒困境"。我们必须从当前的全球社会的属性入手展开分析和讨论，以期对世界上不同国家和地区之间利益难以共享的困境有一个较为深入的了解。当前的全球社会，存在着不同的主体单元，有国家、跨国组织、族群、个体，这些不同的主体在现实的世界交往中，存在不同的利益需求。而正是不同主体从自身利益出发，才导致了不同主体利益归属的分化。现实的国际政治、经济行动中，人类社会之间的利益共享往往很难实现。霍布斯的丛林法则至今仍然是西方社会深信不疑的行为准则。在西方社会中，追求私利是个人活动的至上逻辑。一旦受这种逻辑支配，人类社会就不可能成为一个整体的存在。人类行为在这种逻辑驱动下导致的必然是人与人相互为敌的零和博弈状态。

---

[1] 《马克思恩格斯文集》第1卷，北京：人民出版社2009年版，第42页。

从人类命运共同体的整体视野和战略高度出发，思考人类社会利益冲突的问题，就要考虑不同层次利益主体之间利益分化的结构性原因。利益差别是导致利益冲突的关键性因素。人类社会小范围的团体会因为共同利益而形成相对稳定的利益共同体，但是，这些小范围的利益共同体一旦形成，又会和别的利益团体形成竞争关系，个人往往通过参加利益集团的形式来参与社会利益的冲突和斗争。人的利益差别是由于人的自然需要和社会需要不同而产生的。从人的自然需要来看，由于不同性别、不同年龄段的人在自然需要方面存在着差异，因而导致了他们利益分享过程中关注的重点并不一致。从人的社会需要来说，人们由于处于不同的社会条件和社会环境中，因而不同阶级、阶层和不同利益团体具有差别，不同民族、不同国家的社会需要也具有差别。这些客观存在的差别正是导致人类社会利益冲突和利益分化的基本原因。在当今的世界政治中，国家是自利的行为体。国际政治中各种利益分歧仍然存在。一个社会共同体的成员之间存在着共同的利益，但是却时常和别的社会共同体成员的利益发生冲突。国际社会中遇到的最大现实问题，是如何寻求利益主体之间相互的平衡与协调。对于国际社会而言，核心利益主要包括经济上的利益、政治上的利益和精神上的利益。人类同住在一个地球，地球上的生存空间和可以利用的资源是有限的，因而各个国家都想多获取一些资源以实现自身更好更快的发展。对于人类整体而言，环境、资源、能源、空间等是不同国家的共同需求，然而，每个国家基于自身利益最大化的考虑，就会排斥其他国家享有地球上的资源，这样势必会导致不同国家之间的利益矛盾和利益冲突。赫德利·布尔认为："对资源稀缺问题的认知而产生的利益冲突，是国家间紧张关系的一个新原因。"①

关于利益共享存在的困境及成因，可以借助加勒特·哈丁教授提出的"公地悲剧"理论模型来分析。这一理论模型是哈丁教授于1968年提出的，他认为，每个人都是理性人，每个牧羊人只是考虑自身利益的最大化。对于一块公共草地，每增加一只羊会出现两种结果：一是获得增加一只羊的收入；二是增加羊的数量会导致超出草地的承载量。但是，牧羊人从短期利益出发，为了获得更多收入而增加羊的数量。其他牧羊人也会仿效。越来越多的羊开始进入，最终超出这块草地的承载量，从而引发公地悲剧。"公地悲剧"，其实也是指"公有资源的灾难"，这一理论旨在提醒我们，每一个行为主体在利用公共资源时都怀有利己主义的打算。哈丁的"公地悲剧"理论模型揭示了，当人们作为"牧羊人"出现时，每个"牧羊人"基于自身利益最大化的考量，会使得公共牧场遭到毁灭性的灾难。现实社会中，这样的公地悲剧经常发生，比如过度捕捞的渔业资源，污染严重的海洋、河流与空气，滥捕滥杀的野生动物，等等。人们知道资源的过度使用和生态环境的随意破坏，会导致资源的枯竭和环境的恶化，但是，每一个行为主体缺乏责任意识，无意制止这些破坏行为。每一个行为主体作为"牧羊人"，都抱着"及时捞一把"的心理，从而加剧了事态的恶化。这就是公共物品在人们共享时遇到的最大困境，即如何界定清晰明确的责任，同时，维护这些公共物品的成本又太高，以至于没有哪一个行为主体愿意主动承担维护的责任。

---

① [英]赫德利·布尔：《无政府社会：世界政治中的秩序研究》，张小明译，上海：上海人民出版社2015年版，第219页。

全球资源的稀缺性，导致不同国家对利益的享有具有独占性和排他性。人类的生存和发展所赖以维系的资源之所以紧张，一方面与不断增加的人口有关，另一方面与社会经济制度有关。有学者曾经指出，当前国际社会利益难以共享的原因在于，"市场机制很不完善而且还受各种垄断集团操纵"[①]。在这种垄断利益集团操纵和主导下，垄断利益集团存在利益最大化倾向。当前国际社会中主要存在的垄断利益集团主要是资本利益集团，资本利益集团在国际经济活动中总是希望自身获取的利益最大化。资本利益集团追求的现实利益主要表现为金钱和货币等物质财富。马克思曾经指出，资产阶级将一切事物都变成了交换价值。恩格斯也指出："鄙俗的贪欲是文明时代从它存在的第一日起直至今日的起推动作用的灵魂；财富，财富，第三还是财富——不是社会的财富，而是这个微不足道的单个的个人的财富，这就是文明时代唯一的、具有决定意义的目的。"[②]

## （二）制度共建困境及成因

国家作为一个实体，其内部成员因为共同的历史记忆、文化习俗而能够结合成命运共同体。然而，现在的全球社会还不是有机的整体，即使是表现出整体的倾向，也是一种机械的团结，是由于客观的形势和情境将人类的命运联结在一起，是由于全球性的生存危机倒逼人类的合作。

---

① [法]弗朗索瓦·佩鲁：《新发展观》，张宁、丰子义译，北京：华夏出版社1987年版，第30页。

② 《马克思恩格斯文集》第4卷，北京：人民出版社2009年版，第196页。

国家与国家之间必须有一套规则进行约束和引导。如果没有政治意义上的世界制度、世界治理和世界秩序，世界就会陷入混乱和失序状态，作为地理或者物理意义上的世界就会成为人们竞相夺取的资源和相互争夺的空间，而不能成为人们从内心所认同的终极归属或者安身立命之所。人的需要的多重性，社会关系的冲突与协调，都需要制度来加以规范，这凸显了制度的不可或缺性。全球化不仅是政治经济的一体化，也是政治经济背后制度规则的一体化。古希腊时期，苏格拉底就提出："对城邦来说，同心协力是最大的幸福！"[①] 苏格拉底所谓的"同心协力"，也就是要求公民遵守共同之法。对于苏格拉底来说，守法即正义。然而，现实国际社会中的法律和制度却很难得到执行。当今国际社会制度共建的主要困境在于缺乏一个权威性的世界中央政府进行协调，因而导致世界处于"无政府状态"。既然世界处于"无政府状态"，每个国家出于保存和发展自身的考虑，就会花费巨大的精力和资源来发展自卫手段以维护自身安全，因此，自助原则成为国际无政府状态社会中的行为准则。当前，还不存在一个完善而又富有权威性的世界政府来指导当前国际资源的分配。虽然联合国作为超国家层面的世界组织，在协调各个国家关系、推动全球社会治理等方面发挥了重要的作用，但是与人类理想的世界政府状态相比，差距依然较大。

基辛格认为，不同国家和地区在新的世界秩序未确立之前都会做出自己的试探，从而有可能引发相互的冲突和争斗。"旧秩序陷于动荡之中，它会被什么样的秩序取代又是一个未知数。因此，一切都取决于对

---

① [古希腊]色诺芬：《回忆苏格拉底》，吴永泉译，北京：商务印书馆1984年版，第165页。

未来的评估。然而，各国内部结构不同，对现有趋势意义的评估也会不同，更重要的是，处理这些差异的标准也会相互冲突。这就是我们这个时代的困境。"① 20 世纪 50 年代初期，以美国为代表的资本主义阵营与以苏联为代表的社会主义阵营形成了全面对抗的两极格局，这样的格局主要以政治制度和意识形态划分阵营，并主导世界秩序和规则的建立。在这样的世界格局和秩序中，美国和苏联是两个超级大国，在各自的阵营中扮演着"霸主"角色，两大阵营内部基本是一元结构、一个中心，这样的秩序结构必然存在着不平等。20 世纪 90 年代初期苏联解体，两极格局随之结束，世界政治格局逐渐形成"一超多强"的局面。美国成为世界上唯一的超级大国，试图主宰世界，加紧对外推行霸权主义和单边主义，然而，这样的对外政策不得人心。特别是 21 世纪以来，随着新兴经济体的快速崛起，加快推动世界格局的演化，要求以对话合作、平等互利的原则精神，促进世界的共同发展繁荣。人类命运共同体理念正是适应这种新的时代背景而提出的。

如果说人类命运共同体理念是可行的，那么这种理念在转化为实践方案的操作中，能否真正消除一种有等级的制度？换句话说，我们强调责任共担，但是每个国家的实力有所不同，在强弱贫富上都有差距，在这种情况下，我们能让一些实力较弱的国家承担份额相同的责任吗？在现实的政治实践中，这显然是无法做到的。于是，制度的构建就会出现难题，怎么平衡不同国家责任与权利的关系？任何制度的设计，都不可能是完美的。我们在构建制度时，要尽可能地考虑到，制度是否会造成

---

① [美]亨利·基辛格:《世界秩序》，胡利平等译，北京：中信出版社 2016 年版，第 487 页。

等级化，以及是否存在某些国家主体的霸权倾向。

制度建构过程中，人们会对公平分配的问题存在理解上的分歧。我们可以借助罗伯特·诺奇克对公平问题的分析框架，他对"历史原则"和"即时原则"做出了区分。在诺奇克看来，历史原则是这样的一种原则：我们不能仅仅根据当前的情况，决定一种既定的产品分配是正当的还是不正当的，还要了解它的历史，也就是要考察这种情况是如何发生的。根据最初的正当获取原则和合法转让原则，各方有权利拥有他们现在的持有物吗？如果回答是肯定的，当下的分配就是公平的；如果答案是否定的，就需要进行校正或补偿以保障公平的分配。与之不同，即时原则是这样一种原则，它根本不考虑先前活动的结果，只是从当前的情况出发来考虑分配问题，并且追问这种分配能否满足当前的公平原则。

当下的全球性污染问题，世界各国在讨论制度建设和责任承担问题时，就不能不考虑到发达国家曾经在历史上造成的环境污染和生态破坏问题。某些国家仅仅从当前的国家利益出发，而忽视自身在历史上造成的环境污染和生态破坏，拒绝承担相应的义务，反而试图转嫁责任，这样的做法怎么可能推动世界环境保护？怎么可能推动世界制度的完善？

在西方发达国家，由于现实政治的压力，国家内部选民的政治倾向和意见表达，使得这些国家也不得不做出最符合选民利益的行动。"各工业国内工资收入者和社会下层集团对更可靠的保障的要求，同世界各地濒临饥饿死亡边缘的人们对勉强维持生命所必需的生活资料的要求之间的冲突。在各工业国内，无论富翁还是小康人家都不愿为远在天涯、罕为人知的那些国家的利益去降低他们自己的生活标准。"① 佩鲁在《新发展观》一书中，针对当今时代的发展失衡和利益不均享问题提出了自己的看法，他认为："结构的辩证法是在各地区、各经济活动集团和各类社会之间不平等的条件下发挥作用的。其所以如此，是由于具有不同技能和资源的行为者和决策者之间的不平等，同样也是由于各种推进效应及其发生的环境。"② "经济空间和社会空间不是均质的，而且也不存在它们正趋于均质的迹象。因此，我们在历史中找不出均匀分布的增长或发展的实例。"③

在国际事务中，绝对的平等是很难实现的，至少在今天是很难实现的。在这种情形中，如果幻想不同国家能够承担起相同的责任份额，而丝毫不顾及某些国家自身的实力、发展水平等因素，这同样是对这些国家的不公平。例如《联合国气候变化框架公约》，发达国家和发展中国家不可能担负同等份额的责任，发达国家的碳排放量大，理应担负较多的减排义务，而且应该对发展中国家施以援助。我们在设计制度时，一方面要尽可能地兼顾公平原则，另一方面要坚持现实主义方法，因为任何制度在执行过程中，都要涉及主体问题。以联合国为例，联合国承认成员国都有相等的权利和义务，但是又不可避免地承认五大常任理事国的主导作用。这种局面是由不同国家之间实力的差距和客观形势导致

---

① [法]弗朗索瓦·佩鲁:《新发展观》，张宁、丰子义译，北京：华夏出版社1987年版，第31页。
② [法]弗朗索瓦·佩鲁:《新发展观》，张宁、丰子义译，北京：华夏出版社1987年版，第19页。
③ [法]弗朗索瓦·佩鲁:《新发展观》，张宁、丰子义译，北京：华夏出版社1987年版，第19页。

的，我们承认国际社会所奉行的公平原则，但是也需要从实际情况出发，考虑到不同国家决策和行动的能力。

国际政治是非常复杂的，政治规则的制定也不会轻易朝着人们所期许的公正的方向演进。今天的国际政治规则往往是世界上既得利益国家与强大势力集团意志的体现，尤其是体现西方发达国家的特殊意志。西方发达国家所主导的世界秩序是以民族国家为单位的，在这种世界秩序中，各个民族国家之间是相互竞争的状态，国家之间的交往奉行丛林法则，国家的生存也是以实力为依托。国与国之间奉行丛林法则，每一个国家为了安全而不得不采取现实的进攻行为，从而导致了国家之间的战争和冲突。西方关于世界政治的看法是，一个大国的崛起必然伴随着军事实力的扩张，因为这是获得国家安全的最佳途径。世界就是一个丛林的世界，国家之间只有竞争和斗争，想要生存就要使自身变得强大。在这种逻辑主导下，世界治理陷入无政府状态。

西方人在世界政治问题上，对霍布斯的"丛林法则"相当推崇，人与人相互为敌的状态不仅仅适用于一个政治实体内部，还适用于不同的政治实体之间。按照这种政治逻辑，世界不是一个完整意义的存在，而成为所有人追逐私利的战场，世界被分割了。现代制度的设计理念都是从民族国家视角出发，而这种制度建构的弊端已经随着全球化的推进而日益凸显。从民族国家视角出发建构起来的制度，针对本民族国家内部成员有效，却很难约束本民族国家之外的社会成员。如果以民族国家为本位，以排斥和损害别的民族国家正当利益为前提，那就是一种自私和狭隘的民族主义。康德曾经说："人性表现得最不值得受尊敬的地方，莫过于在整个民族彼此之间的关系这方面了。任何时刻都没有一个国家在自己的独立或自己的财产方面,是有安全保障的。"① 国与国之间的交往如果奉行狭隘的和自私的民族主义,其他民族也实行同样的行为,这样国与国之间不可能和平相处。西方的世界治理理念是以民族国家为思考单位的理论,如果从民族国家利益出发,世界就不会成为一个合法的被承认的存在,民主制度从国内社会推广到全球社会就几乎不可能,国际正义也不可能真正实现。

当前,经济全球化的趋势要求不同国家间采取更多的合作,但是国际政治中权力的分散性却使这种合作遇到了较大的阻碍。权力的分散性导致国际关系建设中出现两大困境:一是增加了政治的异质性,政治系统因而处于不稳定状态;二是增加了国际关系中决策行为者的数量,行为者数量的增大会使集体决策难度增大。奥尔森在《集体行动的逻辑》这一著作中指出,集团利益的共同性意味着:集团的任何成员为公共福利做出牺牲而获得的利益,应该由集团成员共同享有。当成员数量增加时,每个人所最终分享的利益就会减小,因此,成员出于利益的权衡,便不会选择为集团的共同利益做出牺牲和有所行动。有些成员甚至希望别人承担成本而自己获得收益,这便是"搭便车"行为。世界的公共安全与和平是符合世界各国共同利益的,因而需要各个国家采取一致行动,但是,国家的数量较多和有些国家"搭便车"的行为,使得这种合作难以持续进行。如果不能建构起这样一种有效的世界制度,世界就是一个失序的世界,人类还不能成为真正意义的人类。今天,世界政治的任务就是解决世界的失序问题。重新建构起一个合法的、有序的世界,

---

① [德]康德:《历史理性批判文集》,何兆武译,北京:商务印书馆1990年版,第208页。

是人类社会走向美好未来的前提保障。人类社会如果没有秩序和制度的保障，就是一个人与人相互为敌的丛林世界，在这样的世界中，人类难免走向自相残杀的结局。人类为了个体的私利，不惜牺牲集体的公利。对个人私利的攫取虽然在短期上满足了个人的生存和发展需要，但是从长远来看，并不能真正保证个人的利益，因为集体是个体存在的前提，如果每个人都只是为了个体的私利，不顾及集体的利益，集体必然走向灭亡，个体也很难得以保存。

### （三）价值认同困境及成因

人是具有自然属性和社会属性双重属性的动物。人类学虽然证实了人类具有共同的祖先，但是，人类不仅具有生物学意义的共同性，仅仅具有基因的相似性并不足以保证人类能够具有深层的共同性，比如文化和价值。人类是社会历史性的存在，每一个地区的人们在自身特殊的社会结构和文化环境中建构起了自身独特的文化和价值。不同个体、不同群体、不同民族之间的价值分殊，使得人类很难融合为价值共同体。古罗马哲学家普鲁塔克曾经说过，人与人的差别远远大于人跟动物的差别。生物学意义上的人类或许存在，但是，社会文化意义的人类还未形成。"物质利益的分歧可以谈判，并常常可以通过妥协来解决，而这种方式却无法解决文化问题。"[1]

人类社会之所以较难形成价值共识，主要原因有：其一，宗教信仰的不同；其二，意识形态的不同；其三，历史传统的不同。

---

[1] ［美］塞缪尔·亨廷顿：《文明的冲突与世界秩序的重建》，周琪等译，北京：新华出版社2010年版，第109页。

其一，宗教信仰的差异导致人类社会比较难以达成价值共识。不同的群体基于不同的宗教信仰，而产生了特定的价值观。具有不同宗教信仰的人群之间所产生的冲突是难以调和的。由于宗教信仰在主导人们的思维方式、态度和活动时，具有根深蒂固的影响作用，具有持久性和稳定性，因而基于宗教信仰的不同而发生的冲突是不容易调和的。比如在犹太教和伊斯兰教之间，因为耶路撒冷这座城市的归属问题，而发生持续不断的冲突，这不仅是关于领土的问题，在深层次上，耶路撒冷这座城市对于这两种宗教来讲，都具有深刻的历史、文化与感情的意义。这两种宗教信仰的人群很难在思想、价值、观念层面达成共识。

其二，意识形态的不同导致人类社会难以形成价值共识。处于不同经济制度、社会制度中的人们，对某一问题的看法和评价会存在不同。马克思主义认为，基于现实的经济基础之上而产生的意识形态，归根结底是由经济基础决定的。社会主义制度中的人们与资本主义制度中的人们，在意识形态和价值观方面是存在很大不同的。以冷战时期为例，以美国为首的资本主义阵营和以苏联为首的社会主义阵营，这两大阵营之所以形成较为持久的对抗，一个重要的原因就是意识形态属性的不同。以美国为首的资本主义阵营，其成员多奉行自由主义，而以苏联为首的社会主义阵营，其成员则信仰共产主义。在这两大阵营对峙期间，意识形态的冲突和较量经常发生。

其三，受历史传统的影响，人类社会比较难以形成价值共识。不同种族、不同地区的人们，都有着各自不同的价值标准和道德信仰，人们根据自身的价值标准和道德信仰来评价其他人群的价值观。不同民族、不同国家总是具有自身特殊的历史和文化背景，而这些特殊的历史和文化背景赋予每个行为主体特殊的价值原则和判断标准。正如恩格斯所说:"其中每一个意志,又是由于许多特殊的生活条件,才成为它所成为的那样。"① 不同民族、不同国家的人们在特定的历史生活环境中,产生了不同的价值观念、精神文化和心理结构。这些特殊的价值形成之后,会作用于人的头脑,影响人的行为与活动。美国学者塞缪尔·亨廷顿曾经对亚洲文明和美国文明进行过比较,分析了这两种文化所强调的价值观方面的差异,他认为,亚洲文明以儒家精神为核心,而儒家精神强调权威,重视等级,主张集体利益优先于个人利益,具有重视长远利益的内在倾向;而美国文化强调的价值观却与之不同,美国文化主张反对权威,强调自由、平等、民主,更加重视个人主义,重视眼前利益的获取。② 正是不同的历史传统,使得不同民族、不同地区的人们较难形成价值共识。

承认价值共识较难形成,不等于承认价值共识无法形成。要充分了解达成价值共识这一过程可能遇到的困难,不能过于乐观,要谨慎地对待不同民族之间的文化、价值冲突问题,对可能出现的困难做好充分的准备,善于引导不同民族朝着形成价值共识的方向努力。

## 二、构建人类命运共同体的方法论

"方法"一词,在中国古代是规矩、规则之意。"没有规矩,不成方圆",强调的正是方法的重要性。在西方,"方法"一词来源于希腊文,

---

① 《马克思恩格斯文集》第10卷,北京:人民出版社2009年版,第592页。
② [美]塞缪尔·亨廷顿:《文明的冲突与世界秩序的重建》,周琪等译,北京:新华出版社2010年版,第201页。

意思是沿着正确的道路前进。我们今天所说的方法，指的是主体以对客体的发展规律的正确认识为依据，有意识制定的活动方式和行为规范。没有科学的方法，主体对客体的改造就是事倍功半，甚至徒劳无功。今天，我们构建人类命运共同体，离不开科学方法论的指导作用。马克思主义方法论作为人们进行理论认识和社会实践的工具，是在对各门具体科学积极成果概括总结的基础上，根据自然、社会与思维发展的一般性规律引出的最具普遍意义的方法论，是人类改造自然和社会的科学方法论。这一方法论要求人们在认识活动和实践活动中，一切从实际出发，实事求是，自觉地运用客观世界发展的辩证规律，严格地按客观规律办事。构建人类命运共同体是在马克思主义方法论指导下的认识世界、改造世界的活动。构建人类命运共同体，需要坚持当前与长远的统一，部分与整体的统一，求同与存异的统一。

## （一）当前与长远的统一

"世界不是既成事物的集合体，而是过程的集合体。"[①] "过程"这一概念，一方面强调了事物存在和发展的阶段性，另一方面强调了事物运动具有时间上的持续性。以马克思主义的观点来看，人类社会的发展是一个连续的过程，是一种"跨时间"的历史整合过程。它不是由瞬时间的存在构成，而是历时地存在着。人类历史的延续性决定了我们思考问题、采取行动，必须自觉树立长远的历史眼光，而非仅仅从眼前的利益出发。正所谓"人无远虑，必有近忧"，人类在进行实践活动时，不能采取就事论事的方法和权宜之计，从而犯思想方法上的"短视病"。人

---

① 《马克思恩格斯文集》第 4 卷，北京：人民出版社 2009 年版，第 298 页。

类的任何活动，都要具有长远的历史眼光，也就是将"时间"这一维度纳入进来，给人类当下的活动树立一个时间的评价尺度。这种时间的维度赋予人类活动一种历史感。

今天，人类在开展对自然资源的开采活动时，不能采取"竭泽而渔"的做法，不能只注重眼前的利益，忽视了长远的利益。西方爆发工业革命以来，由于人类技术的进步，人类对自然资源的利用和开发也呈现加速扩张的趋势。这种只追求眼前利益，不顾长远利益的行为，最终导致了自然环境的破坏和生态环境的恶化，造成人与自然关系极度紧张的状态。人类历史发展的实践证明，不采取对自然环境保护的措施，不采取可持续发展的战略，人类社会就会遭到自然界的惩罚。今天，人类社会普遍面临的气候危机，已经威胁到了人类自身的生存，如果人类还不能树立忧患意识、风险意识，还不能认识到自身的活动对大自然造成的伤害，人类就很难走向可持续发展的未来，人与自然的生命共同体也不可能实现。

人类在进行社会活动时，也需要兼顾眼前利益和长远利益的统一。任何个体、组织或者国家，在进行特定的社会活动时，都要考虑这一活动的后果是否产生不良的影响。如果一个个体、组织或者国家只从当下的利益出发，追求眼前利益的最大化，而忽视了自身应负的责任与义务，这样的活动必将造成长久的破坏性影响。比如，美国在当前的国际社会活动中，就奉行"美国优先""美国例外主义"的现实主义政策，制定政策的出发点是维护美国当下的国家利益。这一系列政策的实施，将国际社会长久努力建立起来的治理体系、国际规则都摧毁了。人类社会的每一项机制、规范的达成，都是长期努力的结果，建设起一个大家共同认可的目标和运行机制，本身并不容易，而破坏摧毁这项机制，则可以轻易实现。美国的政策实质，其实反映了资本主义国家在国际社会活动的一般特性，就是追求眼前利益，忽视长远利益。强调本国利益至上的西方发达资本主义国家，人为设置全球经济发展的制度和政策的障碍，奉行贸易保护主义，从短期效果来看，可能在某些方面保障了自身的国家利益，但是，从长远来看，其行为无益于平等、正义、合理的国际经济规则的建立，最终损害的也是自身的利益。"不谋万世者，不足谋一时"，这其实是揭示了眼前和长远的辩证统一关系。任何一个个体、组织或者国家，想要实现长久稳定的发展，就必须立足长远考虑当下的事情。任何短视的行为，任何只顾眼前利益而不重视长远利益的行为，最终也是自食苦果。

## （二）部分与整体的统一

这里所说的"整体"，是指人类社会这一整体。这里所说的"部分"，则是组成人类社会的成员，包括个体和群体，而国家也是群体的政治代表。主张部分与整体的统一，最根本的是正确认识部分与整体的辩证关系。人类社会是一个相互依存、相互联系的整体，而不同个体和群体则是人类社会的组成部分。部分依存于整体，整体也离不开部分。正确把握部分与整体的辩证关系，是人们正确认识世界和改造世界的前提。不同的个体和群体，是构成人类社会的基本单元，没有了部分，人类整体也就无从谈起。因此，从这一认识出发，部分的利益诉求当然需要得到满足，个体和群体的生存权和发展权理应得到保障。国家作为群体的特定代表，在维护国内社会成员的利益方面发挥着关键的作用，不同的国家代表着各自局部性的利益，在当前的社会发展阶段下，这一现象具有合理性。但是，在承认部分的重要性的同时，我们也应该认识到整体的优先性。人类整体是个体和群体生存和发展的前提。马克思认为："只有在共同体中，个人才能获得全面发展其才能的手段，也就是说，只有在共同体中才可能有个人自由。"[①] 这就是说，人类只有在整体中，才可能具有生存和发展的条件。人类整体的利益得到维护，个体和群体才具有生存和发展的空间。如果人类共同生存的家园——地球遭到毁灭，个体和群体就不可能生存和发展。个体和群体都有维护自身正当权利和利益的自由，但是个体和群体将自身利益的实现置于人类整体利益之上的做法却是不可取的。

人类社会正处在一个利益分化、制度分化、价值分化的阶段，同时又面临着利益整合、制度整合、价值整合的任务。人类社会之所以产生各种各样的分化，主要是因为不同个体和群体有着不同的利益诉求，具有不同的制度、价值传统，也就是说，不同层次、不同地域的部分之间，存在着现实的矛盾。但是，人类社会是一个相互依存、紧密联系的整体，以系统论的观点来看，系统的最优化原则要求不同要素采取最合理的结构形式，使不同要素能够发挥出最大限度的功能，避免内部斗争和冲突所导致的消耗。那么，如何避免不同部分之间的搭配不合理，使得不同部分能够向着整体最优化的方向前进？

不同部分（例如个人与群体）要想实现人类整体的和谐共生，就必须进行认识论上的转换。新的认识论要求人们在思考问题和采取行动时，能够自觉地从人类社会整体利益出发，促进人类社会整体结构的不断完善，而非强调个人利益至上、群体利益至上。现代化的经典理论之

---

① 《马克思恩格斯文集》第 1 卷，北京：人民出版社 2009 年版，第 571 页。

一达尔文理论认为，竞争，即"生存斗争"是生命的基本法则。而社会达尔文主义者借用这一理论来解释人类社会的发展现象，其核心观点是宣称现代化过程是像自然界那样充满竞争的过程，只有适应这一竞争规律的"适者"才得以生存。其实，隐藏在现代生活竞争性背后的信条是：我们可以通过侵占他人的利益实现自己的利益。美国后现代主义者大卫·雷·格里芬反对这一现代化观念，他认为，我们今天的任务应该是"创造一种认为我们彼此相互依存的意识，这种意识深刻地认识到，个人的利益和他（或她）作为其中一个部分的整体的利益是分不开的"①。大卫·雷·格里芬认为，我们必须放弃现代的个人主义观念，认识到为他人的利益、为整体的（社会的、国家的、世界的）利益工作，就是在为自己的利益工作。

在中国古代思想家看来，人是一种生活于"家—国—天下"多层级共同体所构成的世界秩序中的存在，尽管家、国、天下诸共同体在组织结构及其运作机理、构成人员的数量与规模方面存在种种的不同，然而，所有这些共同体都是由一个一个的人所构成的，而人与人的关系乃是所有问题的根源。如何处理好人与人之间的关系，梁漱溟先生提出"两方互以对方为重"这一均衡性的"伦理本位"观念②，为我们当代人的生存提供了有益的思想启示。

人类生活在同一个世界中，我们必须将他人视为同等的存在。世界上有大大小小的群体，我们应该超越对立的思维，超越非此即彼的感

---

① ［美］大卫·雷·格里芬编：《后现代精神》，王成兵译，北京：中央编译出版社2011年版，第215页。

② 梁漱溟：《中国文化要义》，见《梁漱溟全集》第3卷，济南：山东人民出版社1990年版，第94—95页。

知。而不至于像中国古代思想家墨子所描述的那样："内者父子兄弟作怨恶，离散不能相和合。天下之百姓，皆以水火毒药相亏害，至有余力不能以相劳，腐朽余财不以相分，隐匿良道不以相教，天下之乱，若禽兽然。"（《墨子·尚同上》）不同的群体应该超越自身狭隘的利益来思考问题，从人类这一整体出发，追求共生共荣的理想状态。抛弃对抗性，追求一体性，对他人心怀善意，这是我们人类生命意识向更高层次的一种跃升。在传统的人类道德意识结构中，人置身于其中的整个世界结构是人类首要认识的对象，因为"只有首先正确地认识了自身存在于其间的整体世界和各种关系，才有可能正确地认识自身"[①]。基于对人类置身于其中的整体世界结构的正确认知，人类确立了世界观和社会历史观。人类体悟到人类的生命存在不过是整个世界的一部分，在这种认知观念和思维模式中，人类所确立的价值结构和道德追求便必然是以整体的自然观和宇宙论为前提的，因而，人能够确立一种"大我"的道德境界和精神追求。借用中国哲学话语来表达，就是"民胞物与""万物一体"的博大胸襟。因为确认"大我"的存在，才赋予"小我"的独特意义。古希腊哲学也有类似的理念，都曾经确认过自然观或宇宙论对道德人生观、价值观的前提性质。

人在本质上具有相通性，都是作为人类的单体而存在。正是无数个不同的单体才构成了现代的人类整体。如果没有每一个单体的存在，也就不可能有整体的存在。个体和整体是相互依存、密不可分的。人在根本上具有社会属性，不可能脱离他人而单独生存，人的一切活动都在直接和间接意义上与其他人相关联。无论是小规模的共同体，还是大规

---

① 万俊人：《寻求普世伦理》，北京：商务印书馆2001年版，第21页。

模的人类共同体，人们之间的相互联系和相互依存在全球范围上呈现出来。当今社会，人类共同面对的生态问题、资源问题、经济发展问题、核战争问题、安全问题等，都使得人类具有不可分割的共同利益，人类社会利益的整体性以前所未有的规模表现出来。因此，人类确立相互分享的价值准则，确立一种共同利益并致力于维护和促进共同利益，是保证人类整体存在和发展的需要，同时，整体的存在和发展又反过来促进个体的生存和发展。

只有认识到部分利益与整体利益在根本上是一致的，二者并不矛盾，而且只有维护整体利益，部分的利益才能最终实现。在他人之中看到自身，在维护他人利益的同时也能更好地体现自身利益。从表面上来说，利益具有独占性、排他性。一个人获得利益，意味着其他人就不能再获得这种利益。然而，从深层意义看，利益具有共同性、关联性。一个人帮助他人获得利益，最终也会有利于自身利益的实现。利益在根本上具有相联性、相关性。这是彼此相互依存的社会关系和利益网络所决定的。人们追求自己的利益是合理的，但是仅仅以自己的利益为尺度去思考问题却是不负责任的。人们在思考问题和进行社会活动时，应该将他人的利益作为应予以考虑的问题，而不是将他人的利益排除在外。个体利益与他人利益的合理兼容是我们应该努力的方向。每一个人都是人类社会整体中的一分子，都对人类社会的发展起到或多或少的影响作用。如果个体与人类整体的发展同向而行，不仅个体会受益，而且人类也会进步得更快；如果个体与人类整体的发展反向而行，个体不仅实现不了自身既定的目标，而且对人类整体的发展也无益。

将人类社会作为一个整体来看待，就是要将人类社会置于共同的全球性问题背景中，考虑如何解决全球的人口问题、生态环境问题、科学技术合作问题、减小全球贫富差距问题、重建合理的国际政治经济新秩序问题等。个人、集团与国家作为人类社会大系统中的子系统，无论是思考问题还是做出决策，都需要将人类社会这一大系统作为优先考虑的对象。人类同住在一个地球，地球上的生存空间和资源是有限的，因而不同国家都想多获取一些资源以实现自身更好更快的发展。每个国家基于自身利益最大化的考虑，就会排斥其他国家享有地球上的资源，这样势必会导致不同国家之间的利益矛盾和利益冲突。诸如美国这样的发达国家，总是竭力维护自身的利益，叫嚣"国家利益至上"，并借助不公正的国际政治经济旧秩序，到处打压其他国家，甚至为了一国私利，而不惜牺牲人类的整体利益。美国退出巴黎协定就是最好的证明。每一个国家都具有自身的特殊利益诉求，然而，人类社会是一个整体性的存在，任何一个国家在制定本国的发展战略和发展目标时，都不能脱离人类社会的整体视野。

## （三）求同与存异的统一

马克思主义哲学认为，事物不仅具有一致性，也具有多样性，这是事物所具有的客观属性。世界上没有完全相同的事物，因为矛盾的特殊性决定了每一种事物都有各自的特点。然而，事物不仅仅具有差异性，也同样具有一致性。我们需要在社会实践领域中考察"一致性"与"多样性"的关系。"一致性"其实就是共性，可以表现为宗教信仰的一致性，价值追求的一致性与利益范围的一致性。人类在长期的社会生活中，由于具有共同的经历、共同的体验、共同的记忆、共同的成就与不幸，因而能够形成较为一致的意识和行动，这种共性其实是促进人类团结与合作的黏合剂。"多样性"其实是差异性，可以体现为精神信仰、价值观念、利益划分等方面的差异和不同。恩格斯认为历史是由无数个体的不同意志相互作用而产生的。① 由此，有人会做出这样的理解：既然社会历史是由人类作用的合力推动的，即无数个力的平行四边形融合作用，那么，各个力的平行四边形作用方向越一致，行动越统一，由此形成的合力就越大，社会历史发展的速度就越快。因此，只有实现社会的同质化，消灭异质和差异，人类社会才会朝着美好世界不断迈进。但是，人类社会果真如此吗？现实并非如此。人类历史发展的实践证明，使社会同质化的努力非但不能推动社会进步，反而会导致社会活力的丧失，甚至会导致社会秩序的紊乱。

唯物辩证法认为发展是对立面的统一，"真实的具体的同一性自身包含着差异、变化"②。任何事物都不可能是绝对的统一。推动社会发展的真正动力是无数个力的融合，这些融合在一起的力不可能是绝对的、无差别的统一。社会历史发展是以事物存在的多样性为前提的，承认差异性和多样性，不仅不会削弱社会历史的合力作用，反而会有利于社会合力的增长。任何一个社会实体，只要失去了多样性，就会丧失发展的活力，整个社会就会日益走向僵化封闭，从而使得发展的空间越来越小。世界上不同事物的存在，给人类社会提供了多样性，而多样性的相互作用、融合，共同推动促进了人类社会的前进。事物之间的相互融合、相互生成、互为中介、相互制约，使得人类社会凝结为一个有机的不可分割的整体。

---

① 《马克思恩格斯文集》第 10 卷，北京：人民出版社 2009 年版，第 592 页。
② 《马克思恩格斯文集》第 9 卷，北京：人民出版社 2009 年版，第 477 页。

人类社会是由多元的、不同层次的主体构成的，每一个主体具有特殊性，存在各种各样的利益分歧、价值差异。恩格斯认为，矛盾和冲突是推动历史前进的动力，"历史是这样创造的：最终的结果总是从许多单个的意志的相互冲突中产生出来的"①。当今的世界依然是政治的世界，只要是政治的世界，就会存在利益分歧。一个民族共同体的成员可以具有相同的利益，但是这一民族的利益却经常与其他民族的利益相冲突。当然，人类社会也具有某些共同的利益，但这些利益尚不足以决定当今的政治行动，因为只要存在着各个主权国家，就不可能真正实现人类的普遍利益。在今天的人类社会，最大的政治艺术就是妥协与平衡，在不同利益群体，包括不同团体、不同民族和不同国家之间利益的平衡。

人类是一种复杂的社会动物，在长期的演进过程中，既有合作的倾向，也有竞争的倾向。18世纪，康德就已经提出，人类本身存在"非社会的社会性"，或者也可以称为违反社会结群的社会性。因为人类对荣誉、物质、利益或权力的渴望，个人在同类群体当中寻求地位，他既离不开这些同类群体的支持，同时又不能容忍这些群体对他构成竞争的威胁。这就是人类自身的矛盾性。如果人类没有这种"非社会的社会性"，人类社会就可能过着团结友爱、和谐相处的生活。"人群关系是种既恨又爱的矛盾心理，它结合了冲突与合作、斗争与协作。"② "人与人之间的关系是复杂的、带有矛盾心理的；冲突与合作往往密切地交织在一起，因而可以用'冲突—合作'这一术语来说明他们同时存

---

① 《马克思恩格斯文集》第10卷，北京：人民出版社2009年版，第592页。
② [法] 弗朗索瓦·佩鲁：《新发展观》，张宁、丰子义译，北京：华夏出版社1987年版，第103页。

在于一种'相互联结'之中。"①

人类迫切需要树立命运共同体意识,将人类理解为统一整体,理解为四海同胞,实现人类社会的和谐共生。人类不能只强调个性和特殊性,还要寻求普遍性、统一性。各个民族之间的伦理价值观是存在一些普遍原则的,比如,相互性原则是各种文明体系所共有的标准。相互性概念或许可以成为不同民族之间交往的"黄金规则"的基础,即"待人如己"(也可以叫"己所不欲,勿施于人")。无论是在西方文化,还是东方文化中,我们都可以发现类似的原则表达。相互性原则作为人类社会的普遍伦理准则,必然是在承认人类基本的尊严和人权的基础上发展而来的,是人类社会文明前进的交往规范。

我们要想实现人类向自身的回归,就不能只满足在小国或地区范围内实现,而应该在广大的人类社会范围内进行。人类要摆脱自然问题、社会问题的困扰,单凭个人力量是无法实现的,必须依靠人类团结一致的力量,才能实现人类自由与幸福的美好生活状态。我们应当明白的事实是人类正处于"地球村"时代,人类以地球为单位形成一个大家庭的时机已经到来。当然,这并不意味着我们就要否定宗教信仰差异、文化差异、发展道路差异以及社会制度差异。在承认这些差异的前提下,我们应当确立一种新的观念,即在维护文明多元性的前提下,推动人类社会的相互融合,使得人类社会能够接受统一标准的约束,从而避免人类的自我毁灭。构建人类命运共同体,我们需要从当下的时代环境出发,从当代人类的生存和发展需要出发,通过政治对话、经济发展、文化交

---

① [法]弗朗索瓦·佩鲁:《新发展观》,张宁、丰子义译,北京:华夏出版社1987年版,第105页。

流、社会互动等实践活动，让人类对美好世界的憧憬一步一步地成为现实。要想使人类成为一个真正的类主体，在真正的人类社会或者社会化的人类意义上开展实践活动，就应该以人类命运共同体思维重新思考世界历史的发展走向。

人类社会正在进入多元文明和平共存的时代，这些不同的文明相互作用、相互影响、相互竞争。我们不能要求紫罗兰散发出玫瑰的芳香，同样，每一种文明都有自身的特殊性，都应该被承认和尊重。人类命运共同体理念提倡不同文明之间的相互包容，尊重不同国家所选择的发展道路，这一理念通过促进不同文明间的对话和交流，实现求同存异、兼容并蓄、和平共处、共生共荣。换言之，在现实中，世界各国需要以承认多元国家体制为前提，形成国际社会的合作体系。无论是哪一个国家，都不能将其他国家作为"他者"看待，而应该代之以人类平等意识，以命运共同体思维处理政治分歧、经济贸易冲突以及自然环境问题等，提升各个国家人民的生活质量，改善和提高人类生存的社会环境，真正促进人类社会的和谐共生。正如有学者提出的，"在世界历史加速发展的时代，与局部相联系的整体的观点，与要素相联系的系统的观点，与实体相联系的过程的观点，与过去相联系的未来的观点——一句话，世界历史的观点，主体过程论的观点，必须成为人们观察世界、处理问题的新的思维方式。"[①] 也就是说，人们在从地域性存在向世界历史性存在转变，即由全球化、"地球村"带来的生存方式和交往形态发生变革的历史背景中，人们不应该再囿于狭隘的眼界，而应该打开封闭的

---

① 张曙光：《人的世界与世界的人：马克思的思想历程追踪》，北京：北京师范大学出版社2017年版，第335—336页。

思想，用世界历史的眼光和胸怀来看待并选择包括自己的民族和国家在内的世界各个民族、各个国家的走向和未来。

## 三、推动人类命运共同体实现的主客观因素

人类命运共同体理念的实现，需要主客观因素的紧密结合。主观因素，是强调人类主体意识的不断生成，如果没有人类主体意识，如果反映兄弟般关系的心理活动不能作用于人类的社会生活领域，人类就会成为分散的、孤立的、个体的存在，而不能实现类存在，进入真正的类文明时代。法国存在主义哲学家萨特认为："如果不是所有的人都是自由的，那么任何人都不可能是自由的。"[①] 也就是说，从单纯的个人主体性出发，他人相对于主体就是客体，是达到主体自身目的的手段，在现实生活中人们也是这样做的。但是，如果我们把他人看作同自己一样的主体，也就是从主体间性的角度看，他人也是目的，也同样具有主体性。如果每个人都坚持将自身看作绝对的主体，以自身目的为首要选择，只将别人看作实现自身目的的手段，导致的最终结果就是，我们力求以一切人为手段的同时，又不可避免地沦为一切人的手段。在"一切人反对一切人"的社会状态中，无论是谁，都不可能成为真正的主体。

客观因素，是强调人类命运共同体实现所需要的环境和条件。人类

---

① ［法］萨特：《词语》，潘培庆译，北京：生活·读书·新知三联书店1989年版，第297页。

主体意识的生成需要以一定的现实物质基础为前提。如果没有全人类社会生产力的普遍提高，社会生产方式的进步，以及人类社会交往的普遍展开，人类命运共同体便只是美好的愿望与设想，而不能成为真正的现实存在。只有物质财富充分涌流，世界交往普遍发展，人类精神素质极大提高以后，人类自由美好的生活才能实现。

## （一）主观因素：人类主体意识的生成

人性具有自私自利的一面，如何促成人类社会不同群体之间的团结合作，如何约束人性恶的一面，古今中外思想家都做出过思考。孔子的主张是长期的教化，韩非子则信任制度而不信任教化。与此类似，康德试图诉诸启蒙和内心的道德律令（即理性的教化），而霍布斯则强调建立强有力的制度来避免人与人相互为敌的状态。通过研究，我们可以发现，避免人性恶的途径无非两种，一靠教化，二靠制度。今天，我们对"理性"这一概念的开掘还不够充分，我们过多强调个人理性，但是对集体理性的重视程度并不够。而人类社会走向更加有希望的未来，离不开对集体理性的开发和重视。正是出于对人类缺乏理性的担忧，西方哲学家柏拉图就曾经提出，人类社会要想免于灾难，获得安宁的生活，就只有让哲学家成为统治世界的君主，或者使统治世界的君主具有哲学的理性精神，从而使政治的伟大和哲学的智慧合而为一。只是追求二者中的一种而舍弃另一种的人是平庸的人，人类有权利对他们进行驱逐。

### 1. 人的类属性

人类社会交往，包括人类的物质生活、政治生活和精神生活等领域的交往，都需要人类将自身看作一种类存在从而开展类活动。① 人需要发扬真正的类精神，而不是从孤立化的个体、群体出发。只有在类意识的主导之下，人类才能真正自觉地开展社会交往活动，包括物质产品的交换、政治规则的协商、文化产品的分享等。而这时候的社会交往关系不再是外在于人的异己的存在物，而是重新归于人类自身的控制，成为人的本质力量对象化的产物。人所生活的世界是真正属人的世界，这样的世界是人类命运共同体的真实呈现。人所追求的不是异化的、外在于人的共同体，而是真正体现人的本质、符合人的需要、满足人的发展的共同体。所谓真正的共同体，就是"人的世界和人的关系回归于人自身"②。马克思认为："一个种的整体特性、种的类特性就在于生命活动的性质，而自由的有意识的活动恰恰就是人的类特性。生活本身仅仅表现为生活的手段。"③ "通过实践创造对象世界，改造无机界，人证明自己是有意识的类存在物，就是说是这样一种存在物，它把类看作自己的本质，或者说把自身看作类存在物。"④ 人在自身本质力量对象化的过程中，确证人是类存在物。而人的本质力量对象化的活动主要是生产活动，亦即人的类生活，这种类的生产活动包括物质生活资料的生产和人自身的生产。"这种生产是人的能动的类生活。通过这种生产，自然界才表现

---

① 《马克思恩格斯文集》第 1 卷，北京：人民出版社 2009 年版，第 571 页。马克思认为，人类"只有在共同体中，个人才能获得全面发展其才能的手段，也就是说，只有在共同体中才可能有个人自由"。

② 《马克思恩格斯全集》第 3 卷，北京：人民出版社 2002 年版，第 189 页。

③ 《马克思恩格斯全集》第 3 卷，北京：人民出版社 2002 年版，第 273 页。

④ 《马克思恩格斯全集》第 3 卷，北京：人民出版社 2002 年版，第 273 页。

为他的作品和他的现实。"①

从马克思主义的观点来看,主体有不同层次的划分,而人类主体是最高的主体,是主体表现为类的存在形态。有学者对"人类主体"这一概念做出了具体的规定,所谓的人类主体,"是指地球上不同国家、地区和民族作为认识和改造自然的主体的内在的统一性"②。人类就是一系列朝着无穷(无限)前进的世世代代的总和。"人类在整体上有必要、并且能够成为一个有相对独立意义的、权利与责任统一的现实主体,使整个人类能够像一个人一样地进行判断和选择。"③人类历史已经存在某些群体主体,比如社团、政党、民族和国家等,这些群体主体作为一定层次、一定规模意义上的特殊个体,只是在一定范围内才具有整体的统一性。人类主体则是相对于这些群体主体而言,具有更高级意义的主体,客观上需要具有更广泛的基础,主观上则需要更加漫长的主体觉悟之历程。美国学者迈克尔·托马斯洛认为:"理解关系范畴是一种主要技能,它把灵长类动物的认知与其他哺乳类的认知区别开了。"④人类社会如果能够作为一个整体存在,并且成为一种现实,我们可以说人类拥有普遍的利益与思想观念,或者人类的某一部分群体拥有普遍的利益与思想观念,这是不用怀疑的。然而,人类社会的现实却是,每一个个体、

---

① 《马克思恩格斯全集》第3卷,北京:人民出版社2002年版,第274页。

② 高清海主编:《马克思主义哲学基础》下册,北京:人民出版社1987年版,第168—169页。

③ 李德顺:《普遍价值及其客观基础》,载《中国社会科学》,1998年第6期,第10页。

④ [美]迈克尔·托马斯洛:《人类认知的文化起源》,张敦敏译,北京:中国社会科学出版社2011年版,第17页。

集团或者国家大多时候只是作为一个部分存在，总体而言，人类社会还不能成为一个整体，每一个部分大都在特定的时间、特定的地点发生各自的事件，彼此较少联系。这就是当今人类社会的复杂性，即个人、集团、国家作为主体远比人类主体更加真实有效。

**2. 人类作为主体何以可能**

人类是否能够成为统一的主体？这一问题困扰着无数思想家。在法国思想家卢梭看来，真正意义的人类主体似乎并不存在。他在《日内瓦手稿》中写道："人类这个字样只不过向精神提供了一个纯集体的观念，而并不假定构成人类的个体之间有任何真正的结合。"[①]卢梭的观点在一定程度上反映了他所生活的时代中的人类社会状态，即资本主义社会刚刚兴起时人与人之间相互竞争为敌的状态。然而，我们不能依据人类社会分裂的事实而否认历史进步的可能，即使我们认为当下的人类还没有实现人与人之间真正的结合。或许是因为想到这一点，卢梭后来又将手稿中以上述那句话为开头的两段论述删掉了。

人类能够形成统一主体的关键在于满足以下三个方面的条件：一是共同体内部成员对集体身份的真正认同；二是成员间必须承担相应的责任和义务；三是共同体成员以承认差异性存在为前提。社群主义者桑德尔的理论贡献则是将"共同体感"引入共同体，认为是共同体感将不同的个人联系起来，并能认识到不同成员之间的统一性。桑德尔还提出构成意义上的共同体概念，共同体是共同认同基础上的制度安排。

不同文化体系的国家如何能够达成共识，建立一个共同体？威斯

---

① [法]卢梭：《社会契约论》，何兆武译，北京：商务印书馆2003年版，第188页。

特伐利亚体系是由200名代表协商建立的，他们能够克服重重障碍的原因是什么？因为他们在现实中饱受"三十年战争"之苦，为了不再让战争出现，他们必须联合起来，规避战争，实现和平。今天，为了应对时代的挑战，全体人类必须联合起来，实现一种新的命运共同体的世界秩序，将国家的共同意志转化为合理的构建方案。对于今天的人类来说，要想实现更好的生存与发展，就必须树立全球观，加强整体意识。全球化是不可逆转的发展趋势，但是近几年，逆全球化、贸易保护主义、英国脱欧等现象迭出。国家主义和全球主义成为两种碰撞的思维。国家主义和全球主义应该保持一种平衡，我们承认在当前的历史阶段，国家依然是促进全球治理、保障社会生活的主要力量，同时，我们又要避免极端民族主义，应该使不同国家的人民认识到，人类只有维护好整体的利益，才能保障群体和个体的利益。从这一认识出发，人类需要自觉培育以人类整体未来发展为本位的世界情怀。

### 3. 人类主体意识

人的类意识是对于类存在的自我意识。所谓的"类意识"，其实也是"交互关系意识"，用黑格尔的话来说，就是每个对象只有通过它的对方才是它自己。"自我"与"他者"互为前提，互相依赖，互为手段，互为目的。在马克思那里，类意识则是人对自身社会存在的思维复现。[①]正因为人具有了类意识，人才开始走向自觉的类存在。要想使人类成为一个真正的类主体，在真正的人类社会或者社会化的人类意义上开展实

---

① 《马克思恩格斯全集》第3卷，北京：人民出版社2002年版，第302页。原文表述为："作为类意识，人确证自己的现实的社会生活，并且只是在思维中复现自己的现实存在。"

践活动，就应该以人类命运共同体思维重新思考世界历史的发展走向。人类在这一新的理念引领下，在他人之中看到自身，在维护他人利益的同时也能更好地体现自身利益。这就是"各美其美，美人之美，美美与共，天下大同"的社会理想。

人类共生共荣的类意识如何获得？古希腊哲学家柏拉图认为，要经过教育这一途径。在柏拉图看来，人类唯有通过知识、理性和教育才能获得善的品德，获得公共生活应当遵循的道德准则。今天，对于处在全球性社会背景下的人们来说，应当自觉接受世界公民教育，培育在全球公共生活中所应遵守的道德准则。

联合国教科文组织制定了全球公民教育的三个标准：认知，社会情感和行为。它旨在向学习者灌输负责任的全球公民的价值观、态度和行为，即创造力，创新，以及对和平、人权和可持续发展的承诺。[1]学习者需要获得关于全球问题以及各国和不同人群的相互联系/相互依赖性的知识，学习理解和批判性思考；有共同的人性，分享价值观和责任感，拥有权利；能够表现出同情、团结、尊重差异和多样性；能够在地方、国家和全球范围内有效和负责任地采取行动，以建立一个更加和平和可持续的世界。加拿大学者D.保罗·谢弗在《文化引导未来》这一著作中提出，人类今天面临的各种各样的社会问题，比如恐怖主义、核战争威胁、生态危机、人道主义危机，迫切需要文化这座"未来的灯塔"来指引人类的前进。[2]文化是引导社会前进的"灯塔"，文化给人以

---

[1] 《全球公民教育》，https://zh.unesco.org/themes/gced（访问时间：2022年12月9日）。

[2] [加]D.保罗·谢弗：《文化引导未来》，许春山译，北京：社会科学文献出版社2008年版，中文版前言第1—2页。

警示和信息，同时也给人以生机和激励。通过文化之间的比较，可以加深对不同文化形态的了解。虽然人们难以最终完全掌握一种截然不同的文化，但是人们可以通过不断的学习和努力，增加承受、接受和欣赏文化差异的潜力。

人类今天所生活的全球化世界，虽然充满了冲突，但是，我们也同样需要看到，当今人类世界生存与生活的公共性在明显增强。人类社会不仅仅在科学技术方面寻求交流合作，在人文、社会文化、伦理精神等方面也在不断寻求最大价值公约数。[①] 古希腊城邦的本质，就在于培养和化育全体公民的公共精神、公共信仰、公民风范。当下正在生成中的中国特色公共性，秉承中国传统文化之会通精神，具有鲜明的世界性品格和"天下"情怀。"一带一路"倡议、人类命运共同体的实践，以及"人类共同价值"的提出与践行，都是公共性努力的体现。哈贝马斯和亚里士多德一样，认为积极参与政治生活是一种至关重要的教育体验，公民通过这种体验学习基本的政治价值观，以及对"他者"的相应尊重，即使对于那些以前的"陌生人"，通过积极互动和理性协商，不同国家、民族的人们也可以形成一个共同体。正如有学者指出，"人类主体的形态不是自然赋予的，而是在主客体的实际关系中逐渐形成、发展和完善的历史过程。"[②] 亚里士多德曾经称人类为政治动物，就是说人与动物不同，人们要进行社会生活，人在各种社会关系中，依靠自身的理性，构建自身的存在，人终究要创造人类自身的历史。人类的命运是由

---

[①] 袁祖社:《公共性与公共诠释的中国逻辑研究论纲》，载《天津社会科学》，2018年第1期，第6页。

[②] 郭湛:《主体性哲学——人的存在及其意义》，北京：中国人民大学出版社2011年版，第98页。

人类自己主宰的。人类有以自我为中心的倾向。在现实社会中，我们很难摆脱个人主义、种族主义和民族主义这些狭隘立场的局限，但是如果我们不能通过教育使人们树立理性的普遍性观念，推动人类从自我中心主义迈向人类整体主义，就难以想象人类会有更美好的未来。

**4. 走向自觉的人类主体**

近代以来，世界各个国家、各个民族在经济、政治、文化等各方面的联系和交往日益密切。人类正在形成一种命运与共的生存状态。与此同时，人类所面对的全球性问题也变得日益严峻，人类社会的风险性和不确定性日益增加。解决全球问题需要新的思维和意识，曾经单体作战的思维已经不能适应今天的全球性社会。有学者指出，虽然在目前阶段，人类主体还不可能在真正意义上出现，但是，作为一种未来的发展趋势，它对人类未来的命运有着重要的影响，因为"今天人类遇到的许多困难和问题，要在人类主体性的框架下才能得到根本性的解决"[①]。

加速发展的全球化趋势已经使人类作为"类主体"具有现实的条件和基础。比如世界各个国家、各个地区之间日益频繁扩大的商业贸易，遍及全球的市场和交换活动，使得不同主体之间形成的经济共同体具有全球伦理的意味；比如面向全球性的文化、艺术活动，也使得各个民族的文化产品成为人类共享的精神财富；比如随着科技、信息通信技术的发展，全球社会开始在更大规模、更大范围内便捷及时地联系，从而使得人类的存在和活动空间更加具有全球性，个人成为"世界公民"较之以往任何一个时代都具有现实可能性。总而言之，人类社会所发生的

---

[①] 郭湛：《主体性哲学——人的存在及其意义》，北京：中国人民大学出版社2011年版，第93页。

种种事件都表明，全球化正在从不同的方向和层面推动人类主体意识的生成。

资本主义全球化的浪潮使得人类社会作为一个相互依存的主体成为可能，资本主义使得世界各民族的生产方式和交往方式之间的联系变得日益密切。资本主义全球化过程推动了历史向世界历史的转变，使得世界上不同民族、不同地区、不同国家的人们形成了全面依存的关系，人类在进行生存和发展的活动中不得不考虑人类整体，也就是说，必须将其他民族、其他地区和其他国家人们的利益纳入自身的视野和考虑范围中。然而，资本主义全球化所带来的人类主体意识并不是真正的人类主体意识，在这一阶段中形成的人类主体，还只是一种初步的、不成熟的人类主体，这一人类主体至多是基于物质利益而形成的人类主体，而在心理结构、精神交往方面还未形成真正的人类主体意识。在资本主义全球化的过程中，最具有推动性的因素当然属于资本的力量，资本逻辑所主导的全球化，只是在形式上将人类社会联系在一起，而在实质内容上并未将人类社会凝结为真正的共同体。资本逻辑是追求利润最大化的逻辑，在这种逻辑主导下，个体为了自身利益最大化而开展生存和发展的交往活动，人们从自身的私利出发，将他人看作实现自身利益的工具和手段，因此，在形式上，人类貌似是一个密不可分的整体，但是，在内在的内容和精神上却不具有人类主体的属性。

现代社会的一个重要特征是技术和物质支配了人类的生活，我们迫切需要建立人类的主体性。技术所推动的现代文明应当是为人类服务，应当是彰显人的尊严，满足人全面发展的需要。人类社会所追求的理想状态，应当是以和平安宁为保障、实现人类自身的幸福、实现全人类的福利、满足人类精神需要的一种状态。由于人类是有意识、有目的的活动的动物，因此，人类在采取某种行动之前，都会确立一个目标。现在，为了避免人类走向相互伤害的道路，应该确立人类共同认可的目标，以达成"正"与"反"的新的协调。达成此目标的唯一道路是回归"人类"自身，也就是说，人类确立的精神目标及其追求，应当从尊重人类尊严和价值的新人文主义中去寻求。人类迫切需要一场精神的革命，就是确立以人类整体主义和类文明为最高的价值追求。人类必须以世界史的眼光，将人类看成一个整体单位，从人类社会整体出发，重新确立人类自身的精神归属和价值认同。人类天生是平等的，要将他人看作同属人类的一分子，不再采取非我即彼的对立思维对待他人，从而真正确立人类自身的类活动精神，为解决人类社会共同面对的难题提供精神基础和价值支撑。

## （二）客观因素：社会生产力高度发展与社会交往普遍展开

构建人类命运共同体，不仅仅需要发掘人类的主体意识，还需要从社会生产力与社会交往的角度推进人类命运共同体的实现。人类在走向真正的共同体之前，必然要经过以"物的依赖"为基础的发展阶段，人与人的劳动产品交换是人类全部社会关系的基础。自从资本主义工业革命爆发以来，世界大分工体系的形成以及世界市场的普遍交换，使得任何一个族群、民族或者国家都不可能再退回到封闭孤立、自给自足的自然经济时代。今天，货币、商品、资本等要素对人们的命运发挥着至关重要的作用，个人的生存和发展还要依靠这些物质条件的保障。人类社会要想走向真正的共同体，必须以生产力的高度增长和巨大发展为前提，然而现阶段人类社会生产力的高度增长离不开市场关系、商业贸易、资本流通等的作用。

马克思和恩格斯指出:"各民族的原始封闭状态由于日益完善的生产方式、交往以及因交往而自然形成的不同民族之间的分工消灭得越是彻底,历史也就越是成为世界历史。"① 人类命运共同体的实现,需要建立在高度发达的社会生产力基础之上,没有物质基础的保障,人类的生存和发展不可想象,美好生活的愿景就只能是乌托邦式的想象。同时,人类需要在相互平等、相互尊重的基础上建立和谐的社会关系,开展普遍的世界交往,实现人类社会的共生共荣。

### 1. 社会生产力的高度发展

马克思主义主要从物质生产层面分析社会问题。马克思和恩格斯曾经针对共同体的物质前提做出过论述,认为共同体是基于一定的物质前提而建立的,单靠意志是不能实现的。"历史过程中的决定性因素归根到底是现实生活的生产和再生产。"② 实现人类共同体的发展和繁荣,需要建立在现实的物质生产活动基础之上,人类生活在现实世界中,因此只能用现实的手段实现人类生存境遇和命运的改变。正如马克思和恩格斯所说:"'解放'是一种历史活动,不是思想活动,'解放'是由历史的关系,是由工业状况、商业状况、农业状况、交往状况促成的。"③ 如果人类社会存在着普遍的贫困,如果人类还不能在吃、喝、住、穿等方面实现量和质的充分保证,人类就只能重新开展争取生活必需品的斗争。人类命运共同体的实现并不能仅凭主观愿望,还需要建立在社会生产力

---

① 《马克思恩格斯文集》第1卷,北京:人民出版社2009年版,第540—541页。
② 《马克思恩格斯文集》第10卷,北京:人民出版社2009年版,第591页。
③ 《马克思恩格斯文集》第1卷,北京:人民出版社2009年版,第527页。

的高度发展基础之上，没有社会物质基础的保障，人类就无法实现生存，发展更是无从谈起。

人类共同体的形成与发展，都建立在一定的社会生产力水平之上。生产作为一种关系存在，它既是指人与自然之间的关系，也同样指人与人之间的关系。作为生产活动主体的人并非孤立存在的个体，而是在一定社会关系中通过相互协作而结成共同体的人。马克思和恩格斯指出，生产一开始"就立即表现为双重关系：一方面是自然关系，另一方面是社会关系"①，而关于社会关系的具体含义，他们又进一步指出，"是指许多个人的共同活动"②。物质生产实践活动决定了社会交往结构，并进而形成人的社会关系，随着物质生产实践活动的日益发展，人与人相互结合的社会关系也日趋复杂化。在人类社会早期，人类基于谋生的需要，必须以协作的方式共同劳动。这种协作劳动的方式保证了人类可以获得必要的生活资料，从而保障自身的基本生存条件。这一协作劳动本身，就是人类建立社会交往关系的过程。劳动促进了人类社会交往关系的形成与完善。对此，恩格斯曾经做过具体论述③。劳动促进了人类社会的不断进步，使得人类建立起或大或小的共同体（恩格斯称为"协作场"），在这样的劳动共同体（协作场）中，每一个成员都可以获得好处和利益，并且希望持续获得好处和利益，正是在这种期待的激励下，共同体

---

① 《马克思恩格斯文集》第1卷，北京：人民出版社2009年版，第532页。
② 《马克思恩格斯文集》第1卷，北京：人民出版社2009年版，第532页。
③ 《马克思恩格斯文集》第9卷，北京：人民出版社2009年版，第553页。恩格斯的具体论述为："劳动的发展必然促使社会成员更紧密地互相结合起来，因为劳动的发展使互相支持和共同协作的场合增多了，并且使每个人都清楚地意识到这种共同协作的好处。"

（协作场）可以不断完善。

人类社会经过近代资本主义社会生产关系的推动，开始形成全球一体化的社会关系，人类社会交往在全球规模上呈现出来。关于资本主义大工业的历史进步作用，马克思和恩格斯曾经在《德意志意识形态》中有过深刻的论述。资本主义大工业创造了现代的交通工具，开拓了现代的世界市场，"它使每个文明国家以及这些国家中的每一个人的需要的满足都依赖于整个世界，因为它消灭了各国以往自然形成的闭关自守的状态"①，资本主义大工业由此开创了世界历史。自此，民族与民族之间的交往与联系日益紧密，全球性的商品生产、交换、消费过程日趋一体化，全球性相互依赖的利益结构以及全球性的经济、政治和文化普遍交往的社会状态加快形成。如果没有资本主义社会带来的社会生产方式的变革和物质生产水平的进步，全球一体化不会如此迅速地推进，资本主义生产方式打破了人类社会区域性存在的状态，开启了人类走向世界历史的全新阶段。

自从人类进入以商品、货币和市场交换为主要特征的现代工业社会，人类社会的生产力确实有了巨大的进步和飞跃，但是这种现代化的生产成就，也带来了不可忽视的负面作用。"活动和产品的普遍交换已成为每一单个人的生存条件，这种普遍交换，他们的相互联系，表现为对他们本身来说是异己的、独立的东西，表现为一种物。在交换价值上，人的社会关系转化为物的社会关系；人的能力转化为物的能力。"②资本主义所创造的现代社会，人不再是社会关系的主人，"物"的重要

---

① 《马克思恩格斯文集》第1卷，北京：人民出版社2009年版，第566页。
② 《马克思恩格斯文集》第8卷，北京：人民出版社2009年版，第51页。

性反而不断显现,对"物"的占有和享用成为人的活动的主导逻辑。人所创造的对象物,非但不再受制于人,人反而成了"物"的奴仆。这样的社会关系,必然导致对人的压迫和奴役,社会关系也不再具有属人性,个体与个体、个体与集体、个体与社会都不再是一种自由自主交往的关系,而是在人人追求"物"的社会结构中形成一种不合理的、排他性的关系,竞争、冲突乃至战争便是社会矛盾的几种表现形式。这种社会关系突出体现在资本主义生产关系中,资本主义生产的盲目性往往会导致生产过剩,在国内引发经济危机的同时,往往会将这种危机传播到全球,给国际社会带来灾难。资本主义国家凭借自身经济、技术上的优势,往往又会在全球性竞争中设置贸易"堡垒",制定不公平的贸易规则,保护本国资本主义企业的利益。这种不合理的社会生产关系,阻碍了社会生产力的继续发展,资本主义生产方式虽然在历史上起过积极的进步作用,但是随着人类社会的发展,它日益不适应人类社会的进步方向,越来越不适应社会化大生产的历史趋势,站在了历史的反面。

不得不承认,人类现在还无法超越以"物的依赖"为基础的社会共同体阶段。这是人类今天所处的历史方位。我们需要立足于现有去把握应有,也就是说,要从现实的实际情况出发,根据不同国别、不同地区的生产力水平状况,采取相应的生产方式,而不能盲目追求不切实际的生产关系。但同时,也应该向着更高级的社会形态努力,不断变革旧有的生产方式,采用新的科学技术和生产手段,积极利用新技术革命的成果,创造更加丰富的物质财富,为人的自由而全面发展创造物质前提。

**2. 全球社会交往的普遍展开**

"交往"是马克思主义哲学中的重要概念,是马克思主义分析社会历史的突破口。在《詹姆斯·穆勒〈政治经济学原理〉一书摘要》中，马克思就对"交往"这一概念进行了深刻的阐释，他说："不论是生产本身中人的活动的交换，还是人的产品的交换，其意义都相当于类活动和类精神——它们的真实的、有意识的、真正的存在是社会的活动和社会的享受。"① 在马克思这里，人与人的交往构成了社会的真实状态，这种状态是人的类活动和类精神的体现。人是社会的存在物，人的目的、人的价值、人的享受、人的交往，都要借助一定的社会关系实现。1846年，马克思在致安年科夫的信中指出："社会——不管其形式如何——是什么呢？是人们交互活动的产物。"② 在马克思那里，"交往"构成了人类的现实社会生活。没有人与人的交往，包括人的活动的交换和活动产品的交换，人类社会就无法持续运行。

人类社会在全球意义上的交往，需要以高度发达的生产力为前提，全球化是社会生产力达到一定高度后的产物，与这种发达的社会生产水平相适应的全球社会，就是人类社会关系的丰富和展开。马克思和恩格斯曾经指出："各民族之间的相互关系取决于每一个民族的生产力、分工和内部交往的发展程度。"③ "只有随着生产力的这种普遍发展，人们的普遍交往才能建立起来，……地域性的个人为世界历史性的、经验上的普遍的个人所代替。"④ 换句话说，先进的生产力推动了人类社会在全球意义上的交往，使得人类摆脱地域性的存在状态，进入以类活动和类交往为主要标志的人类命运共同体状态。处于命运共同体状态中的人们，能

---

① 《马克思恩格斯全集》第42卷，北京：人民出版社1979年版，第24页。
② 《马克思恩格斯文集》第10卷，北京：人民出版社2009年版，第42页。
③ 《马克思恩格斯文集》第1卷，北京：人民出版社2009年版，第520页。
④ 《马克思恩格斯文集》第1卷，北京：人民出版社2009年版，第538页。

够使自身的物质生产和精神生产同世界范围内的物质生产和精神生产联系起来，从而获得充分利用全球资源发展自身的能力，这种人类利益相互交融、命运与共的生存状态，推动人类形成新的认知方式，建立起面向全球社会的一种类意识和类思维。

但是，"交往"在资本主义社会中的落实，却折射了理念与现实的严重背离化倾向。资本主义国家宣称的平等、自由理念，并没有在现实的国际社会中体现出来。资本主义发达国家曾经凭借自身强大的经济和军事实力，建立起不平等的、具有严重等级色彩的国际政治经济秩序。在资本主义全球治理体系架构中，国家实力往往决定着国家在国际社会中的地位，一些弱国、小国、穷国在全球治理体系中时刻面临着被边缘化的危险，其自身的合法权利甚至都得不到应有的保障。这就形成了资本主义国家表面宣称平等"交往"理念，而现实却导致国际社会交往不平等这样的巨大反差。

资本主义全球化进程，虽然打破了人类社会的相互隔绝状态，使得人类的全球交往具有了现实的可能，但是，资本主义建立起来的全球共同体，是一种虚幻的共同体，并不能维护和体现人类的整体利益。资本主义全球化进程虽然推动了不同国家和不同地区之间的交往，但是，这种交往并没有带来世界性的"普遍福利"。资本主义所构建的不平等的国际政治经济秩序，又通过不合理的国际分工而得到进一步强化，形成一种少数人拥有大部分生产资料，而多数人失去生产资料的两极分化局面，掌握生产资料的少数人日益富裕，失去生产资料的多数人日益贫穷。这样的贫富分化局面，不仅出现在资本主义社会内部，也出现在发达国家与发展中国家之间。因而，资本主义全球治理体系所推动形成的共同体，不可能是广大劳动人民的幸福的共同体，而只是少数资产阶级的舒适共同体。资本主义国家所致力于建构起来的全球共同体，是以世界银行、世界贸易组织、世界货币组织等为代表的世界体系，这种体系本质上维护发达资本主义国家利益，很多落后国家为了迎合资本主义国家而不得不做出一定的牺牲。发达资本主义国家在全球化过程中攫取了大量的现实利益，而广大发展中国家却在这一过程中丧失了许多机会和应享有的权利。

面对资本主义全球化所建立起来的不合理的世界秩序，人类命运共同体理念的提出，必然包含对世界秩序变革的要求。当然，在实行这样的变革之前，需要对旧的世界秩序的构成内容进行历史性分析，继承其合理的内容，抛弃其不合理的内容。资本主义长期推动的全球化，建立了丰富的物质生产基础和精神文明基础，这是今天在构建人类命运共同体时所需要加以继承的。但是，资本主义全球化并没有带来普遍的福利，反而造成了全球社会的贫富差距问题，导致全球社会现实的不平等，这是我们需要加以变革的。构建人类命运共同体这一主张，本质上是建立在人类社会的普遍交往之上，这一理念还要求人类在社会生产力进步的基础上，重新建构适应人类普遍交往的社会关系结构。为了重新建构这种新的社会关系结构，需要人类命运共同体理念的指导，这一理念包含着对人类社会发展愿景、目标的伟大设想。

列宁曾经说：“经济的统一体不是国家或民族，而是整个世界。这种社会主义生产方式超越这样一种生产方式，即通过相互关系和国际协议的英明政策把各民族生产单位联合成一个整体，……社会主义生产方式把世界生产组织成一个统一的整体，这是全人类共同的事业。”[1] 推动

---

[1] 《列宁全集》第 59 卷，北京：人民出版社 2017 年版，第 372 页。

人类社会融合和一体化进程的因素不仅仅包括物质财富的积累，还要依靠人类精神文明、社会交往文明的极大发展。人类命运共同体理念的意图在于寻求一种"共同性"，但是这种"共同性"不以抹杀差异性为代价，是在人类和而不同、共生共荣基础上实现的更高级别的"共同性"。人类社会文明具有多样性，一种文明并不比另一种文明更优越，每一种文明都有不可替代性和自身的特殊价值。只要坚持不同文明之间的交流互鉴，缩小差异性，放大共同性，人类社会就可以形成和谐共生的文明共同体。构建人类命运共同体，必须坚持开放包容、合作共赢的交往理念，这是人类社会交往的前提。没有对这一理念的确认，人类社会的交往是不可能持续的。人类社会之间的交往，必须基于主体之间的平等，不承认平等这一原则，就无法形成可持续的社会交往关系。在国际社会中，各个国家之间的交往必须以承认对方的主权为前提，秉持相互尊重的原则，这是国家之间开展正常交往的保证。

今天，国与国之间的交往，根本上是由其实力决定的。国与国关系的建立，究其实质是建立在利益基础之上，国与国之间的竞争，本质上是利益和实力的竞争。这是国际社会的残酷现实。但是，承认现实的残酷性并不等同于认可弱肉强食的丛林法则。马克思和恩格斯在《神圣家族》这一著作中指出："既然正确理解的利益是全部道德的原则，那就必须使人们的私人利益符合于人类的利益。"[①] 人类文明的进步，是与和平、发展、公平、正义、民主、自由等价值被越来越多的人和国家所接受相伴而行的。换句话说，人类文明的发展离不开道德的约束。构建人类命运共同体是人类通往自由人联合体的世界历史性阶段，我们要基于人类

---

① 《马克思恩格斯文集》第1卷，北京：人民出版社2009年版，第335页。

社会这一根本的哲学立场，积极探索世界市场体系和世界治理体系的合理变革方向与路径，解放和发展全球社会的生产力，促进人类社会生产关系的历史性变革，逐渐将人们从资本主义不合理的全球性生产关系中解放出来，在扩大社会生产和开展社会普遍交往的前提下，不断扩大人类社会的共同利益，从而推动构建人类命运共同体，推动人类共生共荣的愿景最终实现。

# 第五章

## 作为世界新图景的
## 人类命运共同体

在漫长的人类历史长河中，如何让人生存得更好，如何凸显人的主体性和主体力量，实现人的自由而全面发展，使人不再与自然相对立、不再受制于他人的奴役，乃是人类社会孜孜以求、不懈奋斗的目标和动力。人要创造出符合自己本质的对象化世界，世界要确证人的本质力量。避免遭受战争、瘟疫和饥饿的痛苦，实现人与自然、人与人以及人与自身的和谐相处，这不仅是人类过去所持续追求的目标，而且也是未来不能放弃的议题。

纵观人类文明的发展史，人类社会总是在不断否定中实现着自身的肯定。正是对人类存在方式的自我批判，不断反思人类的活动方式和存在方式，并思考人类未来的存在状态，人类社会才实现一次又一次的超越与进步，才会完成人类文明形态的更迭与变迁。人类社会发展的历史，就是一部不断探索人的存在方式又不断否定人的存在方式的历史，换言之，人在否定之否定的过程中建构着人与世界的相互关系。为了实现人与自然关系的和谐、人与人关系的和谐、人与自我关系的和谐，实现和谐共生的世界秩序图景，人类从来没有放弃过希望和努力。

习近平总书记指出："人类社会每一次重大跃进，人类文明每一次重大发展，都离不开哲学社会科学的知识变革和思想先导。"[1] 当前，世界

---

[1] 习近平:《在哲学社会科学工作座谈会上的讲话》，北京：人民出版社2016年版，第3页。

百年未有之大变局加速演变,人类社会除了面对战争这样的传统安全威胁,还面临诸如恐怖主义、信息安全、网络犯罪、新型传染病、气候变化等非传统安全威胁。在这样的时代大变局中,中国提出构建人类命运共同体,为全球社会治理提供了顶层设计,为构建更加公正合理的国际新秩序提供了中国方案。这一方案彰显了新的全球治理思维范式,擘画了世界秩序构建、不同文明和谐共处以及人类社会永续发展的美好世界图景。

# 一、以新文明观重新认识西方主导的全球化进程

从近代工业革命开始,西方真正主导了全球化进程。美国历史学家斯塔夫里阿诺斯认为,人类成千上万年以来的历史都是地区隔绝状态的历史,大约在1500年前后,西方开始海外扩张,这种传统的地区自治开始让位于全球的统一。① 资本主义的全球扩张对于推动全球化起了重要的作用。正是由于资本追逐利润的扩张本性推动和开启了全球化进程。② 马克思、恩格斯认为,资本主义的全球扩张真正开启了世界历史

---

① [美]斯塔夫里阿诺斯:《全球通史:从史前史到21世纪》下册,吴象婴等译,北京:北京大学出版社2012年版,第473页。

② 丰子义、杨学功、仰海峰:《全球化的理论与实践:一种马克思主义的视角》,南京:江苏人民出版社2017年版,第265页。

进程，使得每一个文明国家以及这些国家中的每一个人需要的满足都依赖于世界生产体系和世界市场。资产阶级在追逐利润的扩张本性驱动下，需要在世界各地获取廉价的原材料，并通过加工生产然后到世界市场上去销售。正如马克思、恩格斯在《共产党宣言》中所指出的："资产阶级，由于一切生产工具的迅速改进，由于交通的极其便利，把一切民族甚至最野蛮的民族都卷到文明中来了。它的商品的低廉价格，是它用来摧毁一切万里长城、征服野蛮人最顽强的仇外心理的重炮。它迫使一切民族——如果它们不想灭亡的话——采用资产阶级的生产方式；它迫使它们在自己那里推行所谓的文明，即变成资产者。一句话，它按照自己的面貌为自己创造出一个世界。"[①] 可以说，资本主义的全球扩张，客观上推动了世界历史的形成和全球化进程，密切了不同国家和地区之间的联系和交往，打破了传统意义上不同国家和地区相互隔绝的状态。同时，由资本逻辑主导的这一历史进程蕴含着内在的矛盾，西方资本主义国家在这一历史进程中，通过运用廉价商品的竞争手段、军事武力的野蛮扩张以及对落后国家和殖民地人民的残酷剥削，赢得了优势地位，建立的是不公正、不平等的世界秩序。西方国家主导的全球化其实是片面和单向的全球化，这样的全球化亟须反思和纠偏。

## （一）近代以来由西方国家主导的全球化进程

16世纪特别是自18世纪60年代英国工业革命以来，人类社会急剧变革，社会生产方式出现新趋势，由此引发的全球性贸易、商业和交往开始迅速扩展。以往人类社会多是民族性、地域性、孤立性的存在，各

---

① 《马克思恩格斯文集》第2卷，北京：人民出版社2009年版，第35—36页。

民族、各国家实行传统的自然经济方式，较少进行对外联系和交往。即使有联系和交往，大多也并非受到生产方式的驱动，而是由政治目的、宗教和文化的需要所支配。随着社会生产力的提高、资本主义社会生产方式的确立，各民族、各国家原有的传统自然经济遭到破坏和瓦解，商品生产得以扩大，国际贸易得以形成，世界市场得以加快建立。

马克思曾经指出，世界历史的形成离不开资本主义的全球扩张。资产阶级对利润的追逐，使得其在建立稳定繁荣的国内市场的同时，必然不断开拓国际市场。《共产党宣言》指出："不断扩大产品销路的需要，驱使资产阶级奔走于全球各地。"① 资产阶级除非不断扩大商品生产的销售范围，不断开拓新的原料供应和商品销售市场，否则就很难生存和发展下去。生产的社会化、商品化驱使资产阶级在全球各地奔走，到处开发、到处落户、到处建立联系，力图寻求以最廉价的成本获取最高利润的方式。工业革命带来的科学技术变革，生产工具的迅速改进，以及新的通信技术、交通工具的发明和应用，极大地加强了世界性的交往和联系。同时，资本主义的殖民扩张，包括建立东印度和中国的市场，美洲的殖民化，殖民地的贸易等，打破了各民族、各地区之间封闭隔绝的状态，推动了世界历史的形成，正如《共产党宣言》所指出的，资产阶级"把一切民族甚至最野蛮的民族都卷到文明中来了"②。

资本主义在全球扩张的结果，是工业脚下的民族基础被瓦解，"地方的和民族的自给自足和闭关自守状态"逐渐解体，"随着资产阶级的发展，随着自由贸易的实现和世界市场的建立，随着工业生产以及与之

---

① 《马克思恩格斯文集》第2卷，北京：人民出版社2009年版，第35页。
② 《马克思恩格斯文集》第2卷，北京：人民出版社2009年版，第35页。

相适应的生活条件的趋于一致，各国人民之间的民族分隔和对立日益消失"①。资产阶级用廉价的商品这一"重炮"，摧毁了一切万里长城，征服了野蛮人最顽强的仇外心理，"迫使一切民族""采用资产阶级的生产方式"，并"按照自己的面貌为自己创造出一个世界"。② 发展到今天，西方资本主义国家所推动的全球化经历了不同阶段的演变，有学者指出，可划分为三个阶段：第一阶段是商业资本的全球化，形成全球商品市场；第二阶段是借贷资本的全球化，形成跨国界筹资、国际债券等，形成全球借贷市场；第三阶段是"二战"以后以跨国公司为中心的产业资本全球化，形成国际直接资本投资市场，并进一步带动了商业资本和借贷资本的国际化。而现代经济全球化其实就是上述三种资本形态完备的全球化。③ 伴随着全球化进程的发展和加速，在新全球化时代，存在于全球资本主义背后的驱动力仍然是占主导地位的驱动力。无论是市场经济制度的普遍化、国际经济协调机制的建立与运转，还是生产的国际化、世界贸易自由化以及资本与金融的全球化，西方资本与西方国家的力量在其中都发挥着主导性作用。④

## （二）西方国家主导的全球化的内在逻辑

长期以来，全球化进程是由西方发达国家主导的，由于西方发达国

---

① 《马克思恩格斯文集》第 2 卷，北京：人民出版社 2009 年版，第 50 页。

② 《马克思恩格斯文集》第 2 卷，北京：人民出版社 2009 年版，第 35—36 页。

③ 钟亚平：《"关于全球化问题"理论研讨会综述》，载《哲学研究》2000 年第 4 期，第 30 页。

④ 罗天虹：《全球化是西方化吗？》，见俞可平主编：《全球化：西方化还是中国化》，北京：社会科学文献出版社 2002 年版，第 66—67 页。

家具有经济、科技、军事实力的优势,他们建构了一套属于自身的行动逻辑。这样的逻辑是以"西方中心论"为根基,以自由主义为支撑,以资本扩张为准则的强权逻辑。这种逻辑的推行给世界带来的不是福音,而是灾难。

资本逻辑以追求利润最大化为逻辑导向。正是由于资本对利润的追求,西方资本主义国家开启了世界历史进程,使人类开始密切联系起来。为了方便人与人之间的联系,资本主义企业发明了铁路、电话、互联网等通信工具,缩短了时间,压缩了空间。人类一体化进程真正开启。然而,西方资本主义国家所开启的世界历史进程以及所主导建立的世界秩序,随着历史的发展,其不合理的一面日益突显,其弊端日益暴露,开始成为阻碍世界历史前进的因素。资产阶级和资本家为了维护高额利润而残酷剥削工人,甚至进行殖民掠夺,在开拓世界市场和国际分工中处于强势有力的优势地位。然而,这一过程严重损害了殖民地人民的利益,其主导建立的世界秩序建立在不公正、不平等的基础之上,导致殖民地国家经济社会落后。

西方发达国家推行"西方中心论",自然就会形成西方国家是"主体",非西方国家是"客体",主体统治着客体的不平等关系。在这种逻辑的驱动下,西方发达国家一手主导国际秩序与规则,在弱肉强食的丛林法则中,西方国家推崇本国利益至上,长期将非西方国家排挤在国际秩序的边缘,影响发展中国家的发展空间,牺牲弱小国家的正当利益。西方社会以自由主义为原则,主张私人利益至上,权利优先于义务,重视权利的享有,漠视责任和义务。这种自由主义价值观不可能顾及全人类的根本利益,社会中的个体只是关注个人事务,而对全人类共同的事业、福祉置之不理。西方发达国家以资本扩张为准则,漠视人类社会共同的行为准则，使自身的一切行动服从于利润最大化的逻辑，使自身的一切行为遵从金钱和理性计算的支配。资本主义完全不顾或很少顾虑自身给他人及社会造成的不良后果。以资本逻辑为驱动力，西方国家在主导全球化进程中便不可避免地带来了一系列问题。正是资本的逐利性，驱使资本主义从商业资本主义到垄断资本主义再到金融资本主义不断升级，而西方国家对金融管理的失控导致了全球经济危机、金融危机。由于资本的逐利性，资本主义的生产具有短视性、排他性和侵略性，包括对自然资源的掠夺、对发展中国家利益的损害以及形成金融霸权、文化霸权和军事霸权控制世界的统治方式，使得国家和地区之间的发展更加不均衡，这样的发展模式是不可持续的。尤其是资本主义制度自身存在难以克服的结构性矛盾，导致了以转移自身经济危机为目的的两次世界大战的爆发，而冷战结束之后，还相继爆发海湾战争、科索沃战争、阿富汗战争、伊拉克战争、叙利亚内战等，给人类社会带来了沉重的灾难。

西方主导和推动的全球化，既推动了人类社会的交流和进步，使人类的命运前所未有地联系在一起，具有了共同利益基础；同时又使人类面临共同的危机和难题，使得人类社会付出了巨大的代价。人类社会面临着战争危机、经济危机、文明危机、价值危机、生态危机、技术危机等，总而言之面临着巨大的生存危机。西方的全球化进程建立在"西方中心论"、自由主义精神根基和资本扩张逻辑基础上，这样的全球化并不是人类社会的理想选择，反而带来了生存危机，因此人类社会需要新的发展思想、交往观念与全球化秩序，呼唤新的文明形态。

## （三）推进新型全球化的中国方案

近代以来，西方国家开启了一个统一的世界经济与全球交往进程。"资产阶级，由于开拓了世界市场，使一切国家的生产和消费都成为世界性的了。"[①]资产阶级创造了不同于以往的历史阶段，这一历史阶段是以打破人类的地方性发展和对自然的崇拜为前提的。在资产阶级的主导下，人们从局域性的共同体开始走向全球性的共同体，一种基于普遍物质交换的人类社会关系开始建立。然而，资产阶级所推动的全球共同体，其主要特征是资本的无限增长和人的片面发展。资本是天生的国际派。资本奉行追求利润的逻辑，不断向外扩张，它试图主导人类社会的一切活动领域，包括文化、教育、艺术、政治、社会关系等。《共产党宣言》指出："机器的日益迅速的和继续不断的改良，使工人的整个生活地位越来越没有保障。"[②]"工人变成赤贫者，贫困比人口和财富增长得还要快。"[③]马克思、恩格斯认为，资本主义虽然推动了人类文明的进步，或者说是促进了社会生产力的提高，包括大机器的采用、科学技术的应用、劳动的分工和协作、交通工具的改善、世界市场的建立等等，然而并没有使劳苦大众的生活状况有所改善，只是促进了资产阶级财富的增长，从而使资本支配劳动的权力增大。资本在提高社会生产力水平的同时，使人得到片面、畸形的发展，人类社会生产和生活完全淹没在"以自我为中心的冰冷的水里"。

---

① 《马克思恩格斯文集》第2卷，北京：人民出版社2009年版，第35页。
② 《马克思恩格斯文集》第2卷，北京：人民出版社2009年版，第40页。
③ 《马克思恩格斯文集》第2卷，北京：人民出版社2009年版，第43页。

马克思、恩格斯揭示了资产阶级开拓世界市场这一历史过程，但同时也描述了发展中国家面临西方国家主导的片面全球化带来的困境与挑战。资本主义大工业体系带动了本国社会生产力的极大飞跃，使得生产的商品具有价格上的极大优势，"它的商品的低廉价格，是它用来摧毁一切万里长城、征服野蛮人最顽强的仇外心理的重炮"①。资本主义生产方式的扩张伴随着殖民主义政策和强权主义政策的推行。资产阶级必然要在全世界范围内建立起自己的统治，由于在全世界建立世界市场的需要，甚至要求本国的国家机器及其武力手段的输出来进行保障，因而，资本主义生产方式虽然在客观上推动了一些国家落后制度的解体，但是也使这些国家付出了巨大的代价。"资产阶级使乡村屈服于城市的统治。使未开化和半开化的国家从属于文明的国家，使农民的民族从属于资产阶级的民族，使东方从属于西方。"② 西方资本主义国家所主导的全球化虽然促进了人类文明的交流，但是文明交流的主体是不平等的，这种文明交流和互动是建立在西方文明优势基础之上的。基于不平等地位而进行的文明输出，其背后折射出了西方文明中心论和西方文明优越论。

西方资本主义国家所主导建立的世界体系具有内在的分裂性和对立性。由于资本主义制度本身存在的固有矛盾，资本主义一方面创造世界市场，不断向外扩张，在世界范围寻找最佳投资场所，发展国际贸易等等；另一方面，资本主义又要脱离世界市场，实行贸易保护主义政策，奉行本民族国家利益优先。在资产阶级所推动形成的全球共同体中，全球发展不平衡的问题日益突出，发达国家与发展中国家的贫富差距日益

---

① 《马克思恩格斯文集》第2卷，北京：人民出版社2009年版，第35页。
② 《马克思恩格斯文集》第2卷，北京：人民出版社2009年版，第36页。

扩大，发达国家已经进入后工业化时代，而相当一部分发展中国家仍处于工业化的起步阶段，在资金和技术上面临许多困难。正是认识到资本主义世界体系的内在矛盾性，马克思在《1857—1858年经济学手稿》中指出："在资本的简单概念中必然自在地包含着资本的文明化趋势等等……同样必须指出，在资本的简单概念中已经潜在地包含着以后才暴露出来的那些矛盾。"①

资本逻辑的深刻辩证性就在于此。资本既推动生产力发展，为人与人之间的普遍联系创造物质条件，推动世界历史的形成；同时，资本追求利润的本性导致了世界的分裂和对立，世界是二元体系，一方是发达国家和资本利益集团，一方是不发达国家和无产阶级为主的人民群众，这种不平衡发展的世界体系是不可能持久的。人类必然要变革这种不平等的体系。构建人类命运共同体就是这样的努力和尝试。人类命运共同体理念所蕴含的公平正义等共同价值，就是为了消除一切不合理的压迫，给世界各国人民提供公平的发展机会以及共享人类社会发展成果的权利。

当今人类社会既面临着前所未有的密切联系性，也面临着前所未有的严峻挑战性。针对当前世界面临的不稳定性不确定性，习近平指出："今天，我们也生活在一个矛盾的世界之中。一方面，物质财富不断积累，科技进步日新月异，人类文明发展到历史最高水平。另一方面，地区冲突频繁发生，恐怖主义、难民潮等全球性挑战此起彼伏，贫困、失

---

① 《马克思恩格斯全集》第30卷，北京：人民出版社1995年版，第395页。

业、收入差距拉大,世界面临的不确定性上升。"① 这是人类社会所处的时代境遇。世界经济增长需要新动力,发展需要更加普惠平衡,贫富差距鸿沟有待弥合。解决新的时代问题迫切需要新的治理机制。与新兴发展中国家呼吁全球治理改革的声音形成鲜明对比的是,以美国为代表的西方发达国家却表现出保守主义、单边主义倾向,无意更无力促进世界治理体系的变革。当今西方主导的全球化,其实是由跨国公司和金融机构所推动的,这些利益集团在全球进行投资、生产和贸易,目的是获得更多的利润。然而,这一进程却忽视了弱势群体的利益,导致全球贫富差距扩大,加剧了资本主义社会内部矛盾。更严重的是,这些社会矛盾激发了贸易保护主义和逆全球化的浪潮。

"世界怎么了、我们怎么办?"这是 2017 年习近平主席在联合国日内瓦总部的演讲中提出的时代之问。对此,习近平提出的中国方案是"构建人类命运共同体,实现共赢共享"②。针对全球治理的困境,习近平认为,人类面临两种选择,"一种是,人们为了争权夺利恶性竞争甚至兵戎相见,这很可能带来灾难性危机。另一种是,人们顺应时代发展潮流,齐心协力应对挑战,开展全球性协作,这就将为构建人类命运共同体创造有利条件"③。面对全球治理赤字、经济发展赤字、世界和平赤字、国际公平赤字,人类必须正视并设法解决这些问题,不断探索新的合作

---

① 习近平:《论坚持推动构建人类命运共同体》,北京:中央文献出版社 2018 年版,第 400—401 页。

② 习近平:《论坚持推动构建人类命运共同体》,北京:中央文献出版社 2018 年版,第 416 页。

③ 习近平:《论坚持推动构建人类命运共同体》,北京:中央文献出版社 2018 年版,第 509 页。

形式。在2019年3月26日举行的中法全球治理论坛闭幕式上,习近平提出:"面对严峻的全球性挑战,面对人类发展在十字路口何去何从的抉择,各国应该有以天下为己任的担当精神,积极做行动派、不做观望者,共同努力把人类前途命运掌握在自己手中。"[①] 并提出"坚持公正合理,破解治理赤字""坚持互商互谅,破解信任赤字""坚持同舟共济,破解和平赤字""坚持互利共赢,破解发展赤字"[②] 的四点主张,为处于发展十字路口的人类社会指明了发展方向。

中国坚持在对外开放中谋求自身经济发展。中国以"一带一路"倡议,促进国际合作,努力实现政策沟通、设施联通、贸易畅通、资金融通、民心相通,为促进世界不同国家、不同地区的共同发展贡献中国智慧、中国方案、中国力量。习近平指出:"经济全球化是生产力发展的客观要求和科技进步的必然结果。"[③] "搞保护主义如同把自己关进黑屋子,看似躲过了风吹雨打,但也隔绝了阳光和空气。"[④] 中国自身的改革和发展,脱离不了经济全球化这一历史大趋势,更离不开同世界的交往和联系。中国40多年的改革开放进程,中国自身快速发展的实践,证明了只有开放和交流才能繁荣与进步,只有合作与借鉴才能共赢与超越。40多年来,中国自身的经济、政治、文化实力稳步提高,同时,发展起来以后的中国也在以自身实际行动带动和鼓励发展中国家共同发展、共同繁荣、共同进步。中国一方面保持自身的高质量发展,另一方面助力其他发展中国家摆脱落后,实现转型发展。中国致力于推动世界经济的互

---

① 《习近平谈治国理政》第3卷,北京:外文出版社2020年版,第460页。
② 《习近平谈治国理政》第3卷,北京:外文出版社2020年版,第460—461页。
③ 《习近平谈治国理政》第2卷,北京:外文出版社2017年版,第477页。
④ 《习近平谈治国理政》第2卷,北京:外文出版社2017年版,第481页。

联互通，促进全球发展的平衡，构建持久和平、合作共赢、共同繁荣的美好世界，因而是对旧的资本逻辑所主导的全球化以及"中心—边缘"世界体系的一种超越。习近平指出："中国共产党人和中国人民完全有信心为人类对更好社会制度的探索提供中国方案。"[①] 这一方案就是坚持胸怀天下，推动构建人类命运共同体。

## 二、以大历史观理解百年未有之大变局

当今世界正经历新一轮大发展大变革大调整，大国战略博弈全面加剧，"东升西降"呈加快趋势，国际体系和国际秩序深度调整，新一轮世界科技革命和产业变革方兴未艾，同时，人类社会发展面临的新挑战层出不穷，不确定、不稳定因素明显增多。基于对世界大势的敏锐洞察和深刻分析，以习近平同志为核心的党中央做出一个重大判断：世界处于百年未有之大变局。

2017年12月28日，习近平在接见驻外使节的讲话中指出："放眼世界，我们面对的是百年未有之大变局。"[②] 在2018年6月22日至23日召开的中央外事工作会议上，习近平进一步指出："当前，我国处于近代以来最好的发展时期，世界处于百年未有之大变局，两者同步交织、相

---

① 《习近平谈治国理政》第2卷，北京：外文出版社2017年版，第37页。
② 《习近平谈治国理政》第3卷，北京：外文出版社2020年版，第421页。

互激荡。"① 在 2018 年 9 月 3 日召开的中非合作论坛北京峰会开幕式上，习近平再次提出："当今世界正在经历百年未有之大变局。世界多极化、经济全球化、社会信息化、文化多样化深入发展，全球治理体系和国际秩序变革加速推进，新兴市场国家和发展中国家快速崛起，国际力量对比更趋均衡，世界各国人民的命运从未像今天这样紧紧相连。"② 2020 年 10 月 29 日，中国共产党第十九届中央委员会第五次全体会议通过的《中共中央关于制定国民经济和社会发展第十四个五年规划和二〇三五年远景目标的建议》提出："当今世界正经历百年未有之大变局，新一轮科技革命和产业变革深入发展，国际力量对比深刻调整，和平与发展仍然是时代主题，人类命运共同体理念深入人心，同时国际环境日趋复杂，不稳定性不确定性明显增加，新冠肺炎疫情影响广泛深远，经济全球化遭遇逆流，世界进入动荡变革期，单边主义、保护主义、霸权主义对世界和平与发展构成威胁。"③ 世界正处于百年未有之大变局，这是科学的历史判断和重大的时代命题。

如何理解"百年未有之大变局"的时代内涵？百年未有之大变局蕴藏着什么样的历史机遇？如何应对百年未有之大变局？这些问题的辨析和澄清，对于认清客观形势、把握时代机遇、应对未来挑战、做出科学谋划，尤其是认识百年未有之大变局与构建人类命运共同体的关系，具有重要的理论意义和现实意义。

---

① 《习近平谈治国理政》第 3 卷，北京：外文出版社 2020 年版，第 428 页。

② 习近平：《携手共命运 同心促发展——在二〇一八年中非合作论坛北京峰会开幕式上的主旨讲话》，载《人民日报》，2018 年 9 月 4 日，第 2 版。

③ 《中共中央关于制定国民经济和社会发展第十四个五年规划和二〇三五年远景目标的建议》，载《人民日报》，2020 年 11 月 4 日，第 1 版。

## （一）如何理解百年未有之大变局

何谓世界百年未有之大变局？概括起来说，就是当前国际格局和国际体系正在发生深刻调整，全球治理体系正在发生深刻变革，国际力量对比正在发生近代以来最具革命性的变化，世界范围呈现出影响人类历史进程和趋向的重大态势。[①] 当今世界大国战略博弈全面加剧，国际体系和国际秩序深度调整，人类社会发展面临的新问题新挑战层出不穷，不确定不稳定因素明显增多。这样的大变局不是一时一事、一域一国之变，是世界之变、时代之变、历史之变。

"明者因时而变，知者随事而制。"世界处于百年未有之大变局，是带有"破局"和"立局"性质的大变化，科学分析其"变化"，是我们理解人类历史所处方位以及把握世界未来发展趋势的基础。

一是国际政治格局之变。从19世纪欧洲向海外殖民扩张开始，整个世界政治格局基本上是由西方国家主导建立的。无论是第一次世界大战，还是第二次世界大战，发展中国家都是被动卷入的。第二次世界大战结束之后，形成了以美苏为首的两大阵营对峙的冷战格局。20世纪80年代末到90年代初，东欧剧变、苏联解体，两极格局结束。美国成为世界超级大国，在国际社会一度成为霸主。以美国为首的西方国家甚至还干涉他国内政，大搞"颜色革命"、政权颠覆、价值输出，导致世界局势动荡。然而，随着发展中国家群体性崛起，旧的强权体系也呈现出不断瓦解趋势。第二次世界大战结束后，殖民地国家掀起了风起云涌

---

[①] 中共中央宣传部编：《习近平新时代中国特色社会主义思想学习问答》，北京：学习出版社、人民出版社2021年版，第42页。

的独立浪潮，开始摧毁西方国家主导的殖民体系。尤其是21世纪以来，随着中国、印度、巴西等新兴经济体的快速发展，世界政治经济力量对比格局深刻改变，国际力量对比更趋均衡，西方国家试图将权力凌驾于他国主权之上并为所欲为的时代已经一去不复返了。

二是世界经济形势之变。近代以来，西方国家往往占据世界经济中心地位，主导着世界经济格局与经济发展走向。然而，21世纪尤其是2008年全球金融危机以来，世界经济中心由大西洋加快向太平洋转移，由西方向东方转移，世界经济地理格局出现根本性的改变，呈现"东升西降"的新局面。2021年，全球三大经济板块的体量再次发生重大变化，东亚板块经济体量超过28万亿美元，居世界第一；北美板块超过25万亿美元，居世界第二；欧洲板块约20万亿美元。东亚经济板块最活跃，年均增长率保持在5%左右。这其中，标志性的事件是中国经济的崛起，2021年，中国经济体量超过17.7万亿美元，超过美国的77%，中国对全球经济增长的贡献率常年保持在30%左右。[①]当今世界，经济全球化是大势所趋，各个国家之间的经济联系、贸易互动、产业投资日益增强，但同时，逆全球化潮流、贸易保护主义和经济霸权主义有新的表现。在全球化何去何从的历史关头，中国举起了捍卫经济全球化的大旗，并提出"要适应和引导好经济全球化，消解经济全球化的负面影响，让它更好惠及每个国家、每个民族"[②]。在500多年全球化的历史进程中，第一次由发展中国家担负起引领世界经济发展的重大使命，第

---

① 陈曙光：《"世界之问"与中国方案》，北京：人民出版社2022年版，第161—162页。

② 习近平：《论坚持推动构建人类命运共同体》，北京：中央文献出版社2018年版，第402页。

一次由东方大国具备资格和能力推动经济全球化大潮。这在历史上前所未有。

三是全球治理格局之变。进入 21 世纪，世界大变局的调整呈现出一系列前所未有的新特征新表现。世界经济版图发生的深刻变化前所未有，发达国家和发展中国家在国际分工体系中的地位角色发生重大转变，发达国家经济增长乏力，新兴经济体和发展中国家在世界经济中占据越来越大的份额，世界经济重心加快"自西向东"位移。① 当前，非西方国家的经济总量占全球的比重已经同西方发达国家不相上下，而且发展势头远好于后者。② 国际力量对比发生的革命性变化前所未有，发达国家内部矛盾重重、实力相对下降，一大批发展中国家群体性崛起，成为影响国际政治经济格局的重要力量。全球治理体系的不适应、不对称前所未有，西方发达国家主导的国际政治经济秩序越来越难以为继，发展中国家在国际事务中的代表性和发言权不断扩大，全球治理越来越向着更加公平合理的方向发展。③ 这个大变局，是从事实上"一家独大"的单极世界向协同共治的多极世界的转变。以中国为代表的新兴市场国家和发展中国家希望推动全球治理体系向着更加公正合理的方向发展，全球治理体系变革已是历史大势所向。

四是科技革命之变。科学技术是第一生产力，是推动人类社会发展

---

① 中共中央宣传部编：《习近平新时代中国特色社会主义思想学习问答》，北京：学习出版社、人民出版社 2021 年版，第 43 页。

② 刘建飞：《从大历史视野看百年未有之大变局》，载《中国纪检监察报》，2020 年 5 月 14 日，第 7 版。

③ 中共中央宣传部编：《习近平新时代中国特色社会主义思想学习问答》，北京：学习出版社、人民出版社 2021 年版，第 44 页。

的不竭动力。回顾近代以来的世界历史进程，几乎每一次工业革命、科技革命都从根本上重塑了世界产业格局和面貌。开始于18世纪中叶的第一次工业革命，以蒸汽机的发明为标志，使人类由农耕文明进入了工业文明；开始于19世纪中后期的第二次工业革命，以电力技术的应用为标志，电力、钢铁、铁路、化工、汽车等重工业开始兴起，社会交通迅速发展，世界交往交流更加密切；20世纪中叶开始的第三次工业革命，以信息技术的应用为标志，人类社会开始进入信息时代，全球信息交流更加便捷，全球化进程加快，人类社会交往空前密切。在工业革命的推动下，世界产业变革发生根本变化，社会生产力水平有了实质性跃升，人类历史发展的轨迹也一度被改变。进入21世纪，新一轮科技和产业革命方兴未艾，以新能源技术、虚拟技术、人工智能技术、机器人技术、生物科技、物联网等为代表的新科技革命正在深刻改变着人类的生产和生活方式。新技术在各个领域的广泛应用，正在引发最广泛、最深刻的产业变革，也会对全球分工产生深远的影响。新一轮科技革命和产业变革带来的新陈代谢和激烈竞争前所未有，不仅有力重构全球创新版图、重塑全球经济结构，而且深刻改变人类社会生产生活方式和思维方式，推动生产关系变革，给国际格局和国际体系带来广泛深远的影响。[①]

五是文化多元激荡之变。经济全球化和交通、信息技术的发展，为促进不同文化观念之间的交流创造了有利的条件。人类社会正在进入多元文明竞争与合作并存的时代，这些不同的文明相互作用、相互影

---

[①] 中共中央宣传部编：《习近平新时代中国特色社会主义思想学习问答》，北京：学习出版社、人民出版社2021年版，第43—44页。

响、相互竞争。今天，世界上多元文化之间的相互交流程度和频繁程度均是以往人类历史上不曾出现过的。世界历史的展开和普遍交往结构的形成，已经深刻改变了人们的生存方式和生活方式，而原先在不同的环境和条件中形成的价值观，开始呈现出相互激荡和碰撞的态势，同时也呈现出相互交融和相互借鉴的趋势。人类社会由于具有利益结构的共生性，以及心理、情感的相通性，因而具有对话的可能、合作的可能以及取得价值共识的可能。

总而言之，世界大变局既蕴含着无限的可能性，也潜藏着巨大的不确定性。正是机遇和挑战并存，将极大地影响人类的未来。正如有学者所说，世界大变局对人类未来的影响体现在方方面面，比如，新兴市场国家的崛起将缩小人类发展鸿沟，科技革命将改变人类生活方式，东西方力量对比均衡化将改变国际交往方式，归根到底，世界大变局将改变全球经济版图、政治格局、治理格局和文明格局，推动世界秩序的历史性重构。[①]

## （二）树立什么样的大历史观

透视历史运动的本质和时代发展的方向，就必须坚持大历史视野，站在整个人类历史长河中去加以分析。"不谋万世者，不足谋一时；不谋全局者，不足谋一域。"当今人类又一次站在了历史发展的十字路口。尤其是新冠肺炎这一世纪疫情对大变局产生了新的显著影响，习近平指出："人类正处在一个特殊的历史时期。新冠肺炎疫情全球大流行，推动

---

[①] 陈曙光：《"世界之问"与中国方案》，北京：人民出版社2022年版，第183—184页。

世界百年未有之大变局加速演进。世界经济深度衰退，全球产业链、供应链遭受冲击，治理赤字、信任赤字、发展赤字、和平赤字仍在扩大。单边主义、保护主义、霸凌行径上升，经济全球化遭遇逆流，加剧了世界经济中的风险和不确定性。"①面对当今世界百年未有之大变局，面对当前国际形势风云变幻、世界不确定性因素显著增多，我们需要树立大历史观，清醒把脉人类历史发展方向和世界发展大势。

何谓大历史观？概而言之，大历史观就是从人类社会长远利益、整体利益出发，从人类历史的长远眼光和视角来思考人类面临的共同问题并提出相应解决方案的一种思维方式。"大历史观是一种研究和分析社会历史的方法与视角，它强调要从社会历史的整体结构和长远发展出发，通过大视野、长时间的方式来揭示出历史发展的内在逻辑，探究历史发展的规律及未来走向。"②大历史观，本质上蕴含一种大格局、大视野、大战略。习近平总书记多次强调树立大历史观的重要意义。2021年2月20日，在党史学习教育动员大会上，习近平总书记强调，要"从历史长河、时代大潮、全球风云中分析演变机理、探究历史规律，提出因应的战略策略，增强工作的系统性、预见性、创造性"③。"我们要坚持不忘本来、吸收外来、面向未来，既向内看、深入研究关系国计民生的重大课题，又向外看、积极探索关系人类前途命运的重大问题；既向前看、准确判断中国特色社会主义发展趋势，又向后看、善于继承和弘扬

---

① 习近平：《构建新发展格局 实现互利共赢——在亚太经合组织工商领导人对话会上的主旨演讲》，载《人民日报》，2020年11月20日，第2版。

② 龚云：《大历史观视域下中国式现代化道路的内涵及世界历史意义》，载《人民论坛·学术前沿》，2022年第18期，第4页。

③ 《习近平谈治国理政》第4卷，北京：外文出版社2022年版，第511页。

中华优秀传统文化精华。"[1]

所谓的大历史观，本质上是坚持马克思主义唯物史观，并在此基础上揭示人类社会形态由低级向高级发展的历史客观规律，主要包括以下几个方面的认识：

一是正确认识历史发展的主体。马克思主义认为，历史活动是群众的活动。人民群众是历史发展的主体。人民是历史活动的主人，是社会物质财富和精神财富的创造者，是推动社会变革的决定性力量。"历史活动是群众的活动，随着历史活动的深入，必将是群众队伍的扩大。"[2]人民群众既是历史的"剧中人"，又是历史的"剧作者"。百年未有之大变局孕育着前所未有的历史机遇，构建人类命运共同体是应对百年大变局的正确选择。构建人类命运共同体，人民群众是主体，因此，必须团结世界各国人民，发挥各国人民的积极性、主动性和创造性，凝聚各国人民的共识，将世界各国人民对共建美好世界的愿景转化为亿万群众构建人类命运共同体的磅礴伟力。

二是正确认识历史发展的动力。马克思指出："人们在自己生活的社会生产中发生一定的、必然的、不以他们的意志为转移的关系，即同他们的物质生产力的一定发展阶段相适合的生产关系。这些生产关系的总和构成社会的经济结构，即有法律的和政治的上层建筑竖立其上并有一定的社会意识形态与之相适应的现实基础。物质生活的生产方式制约着整个社会生活、政治生活和精神生活的过程。不是人们的意识决定人们的存在，相反，是人们的社会存在决定人们的意识。社会的物质生产

---

[1]《习近平谈治国理政》第2卷，北京：外文出版社2017年版，第339页。
[2]《马克思恩格斯文集》第1卷，北京：人民出版社2009年版，第287页。

力发展到一定阶段,便同它们一直在其中运动的现存生产关系或财产关系(这只是生产关系的法律用语)发生矛盾。于是这些关系便由生产力的发展形式变成生产力的桎梏。那时社会革命的时代就到来了。随着经济基础的变更,全部庞大的上层建筑也或慢或快地发生变革。"① 马克思认为,生产力是推动社会发展的决定性因素,生产力与生产关系的相互作用构成了生产方式及其矛盾运动。生产关系与生产力之间始终存在着从基本不适合再到新的基本适合的矛盾运动,如此循环往复,推动着生产方式从低级向高级的不断发展,同时,经济基础的变革也会推动社会上层建筑或慢或快地发生变革。这就是社会发展的客观规律,并不以任何人的主观意志为转移。当然,在尊重社会发展客观规律的前提下,我们也要发挥主观能动性。马克思认为,人们自己创造自己的历史,但是这种创造活动并不是随心所欲的,并不是在他们自己选定的条件下构成的。人既是历史经常的前提,人也是历史的经常的结果,人只有作为历史的经常的结果,才成为历史的经常的前提。历史规律不是外在于人的历史活动的东西,历史规律就是人们自己创造自己生活本身的过程。我们要在正确认识社会发展规律的基础上,更好地把握百年大变局的历史走向,为推动构建人类命运共同体创造有利的条件,包括发展社会生产力,改革不合理生产关系,提高社会文明程度,为推动世界历史、构建更加美好的世界提供有利的现实基础。

三是坚持辩证的、全面的、联系的观点看待人类社会问题。人类社会是一个全面、系统、有机联系的整体。人类社会发展不是单向度而是多向度的展开过程。纵观人类文明发展史,无不证明合则两利,分则

---

① 《马克思恩格斯文集》第 2 卷,北京:人民出版社 2009 年版,第 591—592 页。

两伤。和平共处、合作共赢是人类文明进步的前提，战争纷乱、冲突动荡则会毁坏人类文明的发展成果。要构建更加美好的世界，走向更美好的未来，必须坚持人类命运共同体理念和价值目标，充分创造条件推动实现各地区、各民族、各国家之间的交流合作，实现共同发展。当今世界，全球范围内的经济合作和互联互通日益加深，局部性、区域性的问题很容易发展为全球性的大问题，人类社会的持续发展急需各国打破狭隘的"国家至上主义"，以辩证、全面、联系的观点认识全球性问题，共同应对全球性危机和风险。今天人类前途命运的休戚与共前所未有，各国相互联系和彼此依存比过去任何时候都更频繁、更紧密，整个世界日益成为你中有我、我中有你的人类命运共同体。任何一个民族，任何一个国家，都不可能离开世界历史的大格局、大视野思考自身的前途和命运。只有将自身置于人类历史整体发展的大格局，置于人类共同利益的大视野中，才能更好地实现本民族、本国家的利益。各个国家制定本国发展战略，应该坚持人类是命运共同体的整体思维处理国际事务，参与全球发展进程。人类命运共同体要求关注整体利益、长远利益、共同利益，摒弃绝对自由主义、利己主义、功利主义等价值观，坚持人类社会共生共荣的价值导向。坚持人类的整体利益优先，就要在涉及人类前途命运、关乎人类生存的根本性问题上，承认人类是一个相依相存、患难与共的命运共同体，保护地球这一人类共同栖息的家园，坚持各个国家的共享发展，缩小南北国家差距，促进人类社会的共同繁荣。

  大历史观还要求在认识人类社会所遇到的问题时，应该具有辩证思维，注重有利和不利因素的相互转化。今天，我们所处的世界既充满挑战，也充满希望，但是我们不能因此而放弃理想，更不能停止前进。"纵观历史，人类正是在战胜一次次考验中成长、在克服一场场危机中发展。我们要在历史前进的逻辑中前进、在时代发展的潮流中发展。……要善于从历史长周期比较分析中进行思考，又要善于从细微处洞察事物的变化，在危机中育新机、于变局中开新局，凝聚起战胜困难和挑战的强大力量。"① 面对风险与机遇的双重存在，我们需要正视人类社会发展遇到的困境，正视矛盾和问题，包括经济发展不平衡、生态破坏、环境污染、社会不公平、社会治安、公共安全、市场经济秩序、全球生产秩序等问题，善于通过合作，凝聚人类集体的智慧，不断化解冲突和矛盾，推动人类社会前进和发展。

## （三）马克思世界历史理论的当代价值与启示

近代西方思想家康德认为，将人类历史放在更加长远的历史背景中看，可以发现人类向着更高级的联合阶段前进，人类能够更好地创造并实现社会的繁荣。康德的理由是，虽然人类社会充满了对抗性和竞争性，但是，人类在对抗和竞争中同时获得了更多的理性，人类的知识水平不断提高，获得智慧的人类会不断推进现实的社会共同体趋于完善。正是在此意义上，康德提出："通过人类自己的活动有朝一日实现从恶到善的发展：这样一个前景，如果不是自然剧变一下子打断它的话，是能够以道德上的（对促成那个目的的义务来说充分的）确定性来期待的。"② 康德进一步提出，为了实现人类社会的永久和平，人类有必要建

---

① 习近平：《坚定信心 勇毅前行 共创后疫情时代美好世界——在2022年世界经济论坛视频会议的演讲》，载《人民日报》，2022年1月18日，第2版。

② [德]康德：《康德人类学文集》，李秋零译注，北京：中国人民大学出版社2016年版，第184页。

立国家间的契约，以普遍的世界法治保障人类社会的和平与稳定。普遍法治和世界联盟是人类社会的未来方向，只有建立这一制度，人类才有实现永久和平的可能性。

马克思同样揭示了人类历史向世界历史转变的趋势。马克思认为，人类历史必然要向世界历史转变，其理由主要有以下三点：一是社会化大生产不断发展，人类必然要突破地域、国界的限制，建立全球范围的世界市场和经济共同体，这在今天已经得到证实；二是人类社会交往的普遍展开，人是一切社会关系的总和，人要在一定的社会关系中实现生存和发展，今天，超国家层面政治共同体的建立，如联合国，在协调国家之间关系方面发挥着重要的作用；三是人类的精神素质会不断提高，人类最终会建立起以类意识和精神认同为纽带的文明共同体。马克思认为，世界历史是现实运动的结果，不是抽象的精神幻想的产物。工业的历史是打开了的关于人的本质力量的书。因而推动世界历史进步的主要动力不是来源于精神，而是来源于物质，现实的实践运动是推动世界历史前进的主要因素。现实的生产活动是推动世界历史的主要因素，比如世界贸易与商业的繁荣、交通工具的变革以及信息交流技术的发展，这些都是推动世界历史发展的现实因素。

相较于马克思的世界历史观，康德的历史哲学建基在虚幻的理性之上，将世界永久和平寄希望于人类道德的完善，因而带有唯心主义成分。马克思则将历史完全建立在现实的物质生产基础之上，赋予了历史现实的客观性。这是马克思对历史哲学的根本变革。马克思的思想学说正是对人类历史发展规律的科学把握，他的研究正如列宁所评价的那样："凡是人类社会所创造的一切，他都有批判地重新加以探讨，任何一点也没有忽略过去。凡是人类思想所建树的一切，他都放在工人运动中检验过，重新加以探讨，加以批判，从而得出了那些被资产阶级狭隘性所限制或被资产阶级偏见束缚住的人所不能得出的结论。"① 在马克思和恩格斯看来，资产阶级开启了真正现代意义的世界历史。马克思和恩格斯在《共产党宣言》中提出："不断扩大产品销路的需要，驱使资产阶级奔走于全球各地。它必须到处落户，到处开发，到处建立联系。"② 资产阶级由于受利润的驱动，在全世界范围内开疆拓土，建立原材料供应基地和生产加工场所，开拓世界市场和发展世界贸易。资本所主导的全球化进程，虽然在客观上推动了不同国家和地区的交往与联系，但是随着历史的发展，这种力量日益成为世界进步的阻碍力量。资本在金融领域不断地制造危机，在社会领域制造贫富差距，在生态领域造成环境破坏，正是资本的逐利性导致政策的短视性，给当今的世界带来了治理难题和发展困境。马克思主义世界历史理论为我们分析今天的人类社会提供了思想框架和解释思路，在纪念马克思诞辰200周年大会的讲话中，习近平强调，要学习和实践马克思主义的世界历史思想，站在世界历史高度审视当今时代面临的新趋势、新问题，"坚持互利共赢的开放战略，不断拓展同世界各国的合作，积极参与全球治理，在更多领域、更高层面上实现合作共赢、共同发展，不依附别人、更不掠夺别人，同各国人民一道努力构建人类命运共同体，把世界建设得更加美好"③。对于如何构建人类命运共同体，习近平还提出了"五位一体"总体框架，为马克思主义世界历史理论增添了更多的时代元素。

---

① 《列宁全集》第39卷，北京：人民出版社1986年版，第299页。
② 《马克思恩格斯文集》第2卷，北京：人民出版社2009年版，第35页。
③ 习近平:《在纪念马克思诞辰200周年大会上的讲话》，北京：人民出版社2018年版，第22—23页。

"大道之行也，天下为公。"人类共处于一个地球家园，世界正日益融合为一个互相依存、密不可分的整体。面对世界治理困境，中国向世界积极贡献治理智慧和治理方案。人类命运共同体的提出，不仅仅是对中华传统文化中的"天下为公""天下大同"价值理念的传承和创新，而且秉承了马克思主义关于世界历史理论的基本立场。今天，无论世界风云如何变幻，我们依然处在马克思所指明的道路上，坚持马克思主义世界历史理论的指导，树立正确的大历史观、世界观、发展观、文明观，以解放和发展全球社会生产力为物质基础，以规范和促进全球社会交往为社会条件，以不同文明之间的交流互鉴为精神动力，最终推动人类社会的共生共荣。

## 三、以人类命运共同体引领人类文明新形态

人类社会发展的历史大势浩浩荡荡，和平、发展、合作、共赢是时代前进的潮流，不可阻挡。当今世界，全球一体化的发展趋势日趋显现，人类社会的共生共荣这一主题日益突出。全球化塑造着人类社会的结构，改变了人与人之间以及与整个世界的联系方式、交往方式、互动方式。经济全球化的不断推进，使国际社会不同主体之间呈现命运共生性的特征。正如习近平所说："人类交往的世界性比过去任何时候都更深入、更广泛，各国相互联系和彼此依存比过去任何时候都更频繁、更紧密。一体化的世界就在那儿，谁拒绝这个世界，这个世界也会拒绝

他。"① 世界上不同国家、不同地区的相互依存度日益加深，这既是人类历史发展的大势，也是思考构建人类命运共同体的重要时代背景，各个国家只有顺应人类历史发展大势，共同推动世界秩序优化重组、全球化向着公平正义的方向变革，才能推动人类社会不断进步与发展。

构建人类命运共同体是中国向世界贡献的智慧与方案，是推动人类社会共生共荣，共建和平、繁荣、文明、包容、绿色、美好世界的人间正道。党的二十大报告指出："中国坚持对话协商，推动建设一个持久和平的世界；坚持共建共享，推动建设一个普遍安全的世界；坚持合作共赢，推动建设一个共同繁荣的世界；坚持交流互鉴，推动建设一个开放包容的世界；坚持绿色低碳，推动建设一个清洁美丽的世界。"② "五个世界"总目标，描绘展现的是和合共生、永续发展的世界新图景。人类命运共同体这一思想，具有深厚的历史基础，体现了强烈的现实需求，着眼于共同的未来期盼，为引领人类社会未来文明、实现共同发展，指明了方向，带来了希望。

## （一）构建人类命运共同体是人间正道

推动构建人类命运共同体，是中国为完善治理体系而给出的"中国方案"，也是基于人类的历史教训、现实状况和发展趋势为人类描绘的"世界蓝图"，是21世纪人类社会和谐共生的现实抉择。人类命运共同

---

① 习近平：《在纪念马克思诞辰200周年大会上的讲话》，北京：人民出版社2018年版，第22页。

② 习近平：《高举中国特色社会主义伟大旗帜 为全面建设社会主义现代化国家而团结奋斗——在中国共产党第二十次全国代表大会上的报告》，北京：人民出版社2022年版，第62—63页。

体之所以是"人间正道","正"就正在这一方案不谋一国之利,而为人类着想;不图一时之利,而为子孙后代着想。构建人类命运共同体,创新了治理的思维方式,开辟了世界秩序的宏大愿景,标识了中国外交的未来方向,开启了人类文明的崭新形态。

构建人类命运共同体是人间正道,主要体现为和平安宁之道、发展繁荣之道、共建共享之道、生态和谐之道、文明互鉴之道。

一是和平安宁之道。和平是人类共同的价值追求,没有社会和平,就没有人类进步。"和平犹如空气和阳光,受益而不觉,失之则难存。没有和平,发展就无从谈起。"[①]构建人类命运共同体内在包含着对和平的追求,和平有利于保障人权和人的生命财产安全,为人民创造更加美好的生活。世界和平是促进各国共同发展的重要基础,和平的环境有利于促进科技和文化的繁荣昌盛,有利于经济的可持续发展,只有在和平的国际环境中,世界各国才能保持正常的经济交往,顺利实现本国的发展计划。在推动构建人类命运共同体、维护世界和平方面,中国始终是世界和平的建设者。从中华文化的传统来看,中华民族是爱好和平的民族,对和平的追求已经融进了中华民族的精神基因之中,中国人自古崇尚"以和为贵""和而不同""协和万邦"等文化理念。从中华民族近代以来的历史来看,中华民族饱经战火的创伤和外敌入侵的灾难,深知和平的可贵,因此中国不会走国强必霸的道路,中国走的是和平发展之路,中国既希望通过世界和平发展自己,也希望通过自身发展建设世界和平。从现实国情世情和未来发展目标来看,和平、发展、合作、共赢的历史潮流不可阻挡,殖民主义、霸权主义、冷战思维、阵营对抗并非

---

① 《习近平谈治国理政》,北京:外文出版社2014年版,第331页。

人心所向，实现中华民族伟大复兴，中国需要和平稳定的国内外环境。习近平指出："中国走和平发展道路，不是权宜之计，更不是外交辞令，而是从历史、现实、未来的客观判断中得出的结论，是思想自信和实践自觉的有机统一。"①

二是发展繁荣之道。马克思主义认为，"历史过程中的决定性因素归根到底是现实生活的生产和再生产。"② 这揭示了物质生产力发展水平是关系人类社会进步的最终决定因素。人的解放不是由思想活动决定的，而是由包括农业、工业、商业等在内的历史活动所决定的。人类历史的第一个活动是生产活动。"人们首先必须吃、喝、住、穿，然后才能从事政治、科学、艺术、宗教等等。"③ 因此，全球治理离不开人类社会物质生产和经济社会的发展。没有经济发展和社会进步，全球治理便会失去前进的动力。当下的人类社会还处在"以物的依赖为基础"的社会发展阶段，人类的生存和发展离不开货币、商品、资本等物质条件，人类社会的运行也离不开市场、贸易、交换等现实活动。正是出于对人类所处历史方位及其发展规律的深刻认识，习近平提出："发展是第一要务，适用于各国。……要抓住新一轮科技革命和产业变革的历史性机遇，转变经济发展方式，坚持创新驱动，进一步发展社会生产力、释放社会创造力。"④ 经济社会发展是推动全球社会进步的根本动力，因此，一方面，各国应该树立新的经济发展理念，利用新一轮科技革命带来的时代

---

① 《习近平谈治国理政》，北京：外文出版社 2014 年版，第 267 页。
② 《马克思恩格斯文集》第 10 卷，北京：人民出版社 2009 年版，第 591 页。
③ 《马克思恩格斯文集》第 3 卷，北京：人民出版社 2009 年版，第 601 页。
④ 习近平：《论坚持推动构建人类命运共同体》，北京：中央文献出版社 2018 年版，第 420 页。

机遇，推动科技创新和经济发展方式转变，创造更多的物质财富，为人类共同发展创造良好条件，为世界各国繁荣创造物质基础。另一方面，全球治理的本质是建立利益调整与平衡的动态机制，因此，在全球经济发展的同时，也不能离开对社会公平正义机制的维护，"引导经济全球化健康发展，需要加强协调、完善治理，推动建设一个开放、包容、普惠、平衡、共赢的经济全球化，既要做大蛋糕，更要分好蛋糕，着力解决公平公正问题"[①]。

发展是人类社会的永恒追求。世纪疫情和百年变局叠加共振，使得世界经济复苏失衡，落实联合国2030年可持续发展议程面临新的挑战。在国际发展事业面临何去何从的十字路口，习近平提出"全球发展倡议"，这一倡议秉持以人民为中心的核心理念。倡议将增进人民福祉、实现人的全面发展作为出发点和落脚点，把各国人民对美好生活的向往作为努力目标，紧紧抓住发展这个解决一切问题的总钥匙，全力破解发展难题、创造更多发展机遇，努力实现不让任何一国、任何一人掉队的目标。

三是共建共享之道。世界命运由各国人民共同掌握，各国主权范围内的事情只能由本国政府和人民去管，世界上的事情只能由各国政府和人民共同商量来办。主权是指国家固有的独立自主处理其国内、国际事务而不受他国干预或限制的最高权力。主权平等是国际法首先承认的重要原则，也为联合国和其他国际组织所共同遵循。习近平提倡的全球治理观，要求承认主权国家之间的平等，无论国家大小强弱，在全球事

---

① 习近平：《论坚持推动构建人类命运共同体》，北京：中央文献出版社2018年版，第421页。

务治理中都有平等的参与权。如何理解主权平等的内涵，习近平给出了深刻的回答："主权平等，真谛在于国家不分大小、强弱、贫富，主权和尊严必须得到尊重，内政不容干涉，都有权自主选择社会制度和发展道路。"① 承认国家主权平等，一方面需要不同国家之间增强包容性，能够相互尊重各自的社会制度、发展道路和文化特性；另一方面需要坚决反对任何形式的霸权主义、强权干涉主义，反对以强凌弱。曾经由西方发达国家主导的全球治理结构中，西方大国往往占据优势地位，而非西方国家常常被排挤在全球治理和决策的外围，由此导致全球治理问题频发。实现全球治理体系的革新，必须以尊重各个国家的主权和正当利益为前提，尊重各个国家的独立，体现各个国家的平等。人类命运共同体理念所蕴含的全球治理观，以承认国际民主为前提，以各个国家平等协商、共同参与为基础，主张建立平等、包容、合作的国家间关系，坚决反对搞"一国独霸"或"几方共治"，承认各个国家"权利平等、机会平等、规则平等"②，推动国际关系民主化，因此超越了西方主导的不合理的全球治理模式。

全球化推动人类社会交往和联系，世界各国之间的利益日益融合，在这种大背景下，习近平提出，各个国家应该秉持共商共建共享的原则和方法，推动世界治理体系变革。随着人类社会的现代化进程不断加快，全球社会也面临着不断增加的风险和不确定性，面对新的挑战，人类社会必须加强合作，共商国际规则，共建治理机制，共享发展成果。

---

① 习近平：《论坚持推动构建人类命运共同体》，北京：中央文献出版社2018年版，第416页。

② 习近平：《论坚持推动构建人类命运共同体》，北京：中央文献出版社2018年版，第417页。

习近平提出:"推动全球治理体系变革是国际社会大家的事,要坚持共商共建共享原则,使关于全球治理体系变革的主张转化为各方共识,形成一致行动。"① 全球治理必须是面向全球的,必须尊重每一个国家的意志,考虑每一个国家的利益,并落实到全球治理决策中来。全球治理不是某个国家或者某一集团说了算,而是在承认《联合国宪章》和其他公认的国际准则的前提下,由世界各国进行民主协商和集体决策。"世界命运应该由各国共同掌握,国际规则应该由各国共同书写,全球事务应该由各国共同治理,发展成果应该由各国共同分享。"② 习近平关于全球治理的重要论述,并不回避全球社会客观存在的矛盾和冲突,而是在国际合作中找到解决矛盾和冲突的最佳方式。例如,对于全球难民问题和恐怖主义危机,习近平认为,这些问题"同地缘冲突密切相关,化解冲突是根本之策。当事各方要通过协商谈判,其他各方应该积极劝和促谈,尊重联合国发挥斡旋主渠道作用"③。只有各个国家心往一处想,劲往一处使,形成解决问题的最大合力,才能战胜不可预测的挑战,克服难以化解的危机。

四是生态和谐之道。人类命运共同体理念蕴含着对人类社会一系列重大问题的关注与思考,着眼于人类未来的生存与发展。这一重大理念必然包含着对生态问题的关注。人类的生存和发展是人类最重要的利益,为了生存下去,人类携起手来面对生态问题,处理好人与自然的关

---

① 习近平:《论坚持推动构建人类命运共同体》,北京:中央文献出版社2018年版,第384页。

② 习近平:《论坚持推动构建人类命运共同体》,北京:中央文献出版社2018年版,第417页。

③ 《习近平谈治国理政》第2卷,北京:外文出版社2017年版,第542页。

系,保护好人类赖以生存的地球家园,这是人类命运共同体的题中应有之义。2015年9月,习近平主席在参加第七十届联合国大会一般性辩论时的讲话中从五个方面阐释了构建人类命运共同体的路径,其中就包括"构筑尊崇自然、绿色发展的生态体系"。2017年1月,习近平主席在联合国日内瓦总部的演讲中强调,构建人类命运共同体,国际社会要从伙伴关系、安全格局、经济发展、文明交流、生态建设等方面做出努力。2022年,党的二十大报告指出:"坚持绿色低碳,推动建设一个清洁美丽的世界。"[①]坚持绿色低碳,建设一个清洁美丽的世界是构建人类命运共同体的题中应有之义。

  生态问题是不分国界的,生态风险具有系统性,一个地区、一个国家发生的生态灾难往往会波及和影响到其他地区和国家。良好的生态环境是人类社会生存和发展的前提,人类社会的发展离不开生态文明建设。人类的生存和发展离不开大自然提供的资源,但是如果不注重保护自然,一味地索取,就会造成大自然生态系统的失衡。如果人类为了自身过度开发和消耗自然资源,而且各个国家和各国人民之间未能建立起适当的社会秩序而使自然系统发生退化,人类的文明也会彻底地走向崩溃。当前的人类社会正处在快速变革之中,在取得巨大成就的同时,也面临着共同的全球性生存危机。生态环境风险和环境治理危机严重威胁到了人类的生存。人类社会的现代工业生产,给人类创造了巨大的物质财富,但同时也带来了人类所面临的环境污染风险、资源短缺风险、生

---

[①] 习近平:《高举中国特色社会主义伟大旗帜 为全面建设社会主义现代化国家而团结奋斗——在中国共产党第二十次全国代表大会上的报告》,北京:人民出版社2022年版,第63页。

态失衡风险、全球气候变化风险。近些年来，全球气候变暖加快，对全球自然生态系统产生了明显影响，并且严重威胁到人类未来的生存和发展。由于冰川加快融化，全球海平面不断上升，一些低洼的海岛及海岛国家将可能被淹没。同时，气候变暖还将导致极端天气的出现。此外，全球气候变暖影响生物多样性，导致百万物种灭绝。全球变暖、环境污染、资源紧张、能源匮乏等问题，正以组合性的力量对人类社会施压。

人类社会所面对的生态危机和环境风险是全球性的，这些问题的解决需要人类通力合作，而不是某一个国家和地区所能单独解决的。人类社会需要作为一种共同体来存在，由于共同的生存和发展的需要，由于面临共同的威胁和挑战，从而使得人类的命运紧紧相连。人类命运共同体理念要求人类能够在共同的自然灾难面前，团结合作，共御风险。任何一个地区、任何一个民族、任何一个国家，都无法单独解决世界性问题。面对人类社会的生态风险，人类必须负起责任，建立权责一体的生态安全体系。人类对自然资源的利用和开发，必须坚持理性、节制和负责任的态度，从人类未来可持续发展的角度来规划当下的活动，构建人与自然和谐共生的生态关系。

五是文明互鉴之道。当今世界，任何一种文明都具有不可替代的重要性和特殊性。习近平总书记指出："要尊重世界文明多样性，以文明交流超越文明隔阂、文明互鉴超越文明冲突、文明共存超越文明优越。"[①]我们必须反对文明中心论和文明优越论，构建人类文明共同体。我们所

---

① 习近平：《决胜全面建成小康社会 夺取新时代中国特色社会主义伟大胜利——在中国共产党第十九次全国代表大会上的报告》，北京：人民出版社2017年版，第59页。

倡导的文化全球化,并不是主张西方文化作为唯一公认的文化形态,绝不是推崇某种文化的主宰和专制。作为符合人类历史进步方向的文化全球化,应该承认文明的多元性存在,尊重不同文明之间的差异,主张不同文明在相互包容、相互借鉴、相互促进中共同发展。构建人类文明共同体,必须反对西方国家打着"普世价值"的名义,实行文化霸权主义的行为。

"人类文明多样性是世界的基本特征,也是人类进步的源泉。"[①] 世界上的文明不只有一种形态,承认不同文明之间的差异性是人类文明交流互鉴的基本前提。马克思曾经针对普鲁士政府发布的书报检查令,评论道:"你们赞美大自然令人赏心悦目的千姿百态和无穷无尽的丰富宝藏,你们并不要求玫瑰花散发出和紫罗兰一样的芳香,但你们为什么却要求世界上最丰富的东西——精神只能有一种存在形式呢?"[②] 世界上存在不同文明,文明没有高低之分,都是人类文明的重要组成部分。只有承认文明的多元性,在此基础上加强不同文明之间的沟通和交流,人类文明才能不断取得进步。西方国家提出的所谓"文明优越论",实质是西方中心主义思维的外化,这种论调只是西方国家的一厢情愿,而且体现了西方国家的文化霸权倾向。对于每一种文明,我们必须加强思想文化交流,多一份尊重,少一些偏见;多一份了解,少一些隔阂,破除文明等级观念。"不同文明要取长补短、共同进步,让文明交流互鉴成为推动

---

① 习近平:《论坚持推动构建人类命运共同体》,北京:中央文献出版社2018年版,第421页。

② 《马克思恩格斯全集》第1卷,北京:人民出版社1995年版,第111页。

人类社会进步的动力、维护世界和平的纽带。"① 世界治理的未来目标是构建多元文明交流互鉴的和谐世界，构建共生共荣的人类文明共同体。

对待不同文明之间的差异需要秉持"和而不同"的态度。中华文明自身所具有的"和而不同""以和为贵""协和万邦"的优良传统，能够真正为当今世界不同文明实体之间的和谐共生提供独特的智慧和方案。不同的文明实体，虽然在文化传统、宗教信仰以及风俗习惯方面存在着不同之处，但是却可以在人类基本的生存和发展目标方面达成共识，并进而采取合作的形式。不同文明之间有差异，同时也有共识；有互动，同时也能兼容。文化并不是一个封闭的系统，只有处于开放的体系中，才能保持自身的活力和生命力。只有尊重世界文明多样性，以文明交流超越文明隔阂、文明互鉴超越文明冲突、文明共存超越文明优越，人类才有希望建立和合共生、永续繁荣的文明世界。

## （二）构建人类命运共同体的中国智慧

中华民族是世界上古老而伟大的民族，创造了绵延5000多年的灿烂文明，为人类文明进步做出了不可磨灭的贡献。毛泽东曾经指出，中华民族是有"人类正义心的伟大民族"②；中国是一个大国，"应当对于人类有较大的贡献"③。邓小平在1978年会见外宾时也说："衡量我们是不是真正的社会主义国家，不但要使我们自己发展起来，实现四个现代

---

① 习近平：《论坚持推动构建人类命运共同体》，北京：中央文献出版社2018年版，第421页。

② 《毛泽东文集》第2卷，北京：人民出版社1993年版，第113页。

③ 《毛泽东文集》第7卷，北京：人民出版社1999年版，第157页。

化,而且要能够随着自己的发展,对人类做更多的贡献。"[①] 1840 年鸦片战争以后,中华民族遭受了前所未有的劫难,古老的中国一度受尽列强的侮辱、践踏和欺凌,逐步沦为半殖民地半封建国家。中国共产党的诞生是中国历史上开天辟地的大事,自从有了中国共产党,中国革命的面貌焕然一新,灾难深重的中国人民有了可以信赖的组织者和领导者。习近平总书记在 2017 年中国共产党与世界政党高层对话会上的主旨讲话中指出:"中华民族拥有悠久历史和灿烂文明,但近代以后历经血与火的磨难。中国人民没有向命运屈服,而是奋起抗争、自强不息,经过长期奋斗,而今走上了实现中华民族伟大复兴的康庄大道。回顾历史,支撑我们这个古老民族走到今天的,支撑五千多年中华文明延绵至今的,是植根于中华民族血脉深处的文化基因。中华民族历来讲求'天下一家',主张民胞物与、协和万邦、天下大同,憧憬'大道之行,天下为公'的美好世界。"[②]

中国共产党是中华优秀传统文化的忠实传承者和弘扬者。在一百多年的奋斗中,中国共产党始终坚持胸怀天下、大道之行、天下为公的崇高情怀,始终心系人类前途命运,将为人类做出新的更大贡献作为自己的使命。中国共产党成立前夕,毛泽东、蔡和森等人组建的新民学会被视为"建党先声"。该学会将"改造中国与世界"作为宗旨,展现出中国共产党在孕育之际便已经厚植在其精神内核中的世界眼光、道义担当与天下情怀。《中共中央关于党的百年奋斗重大成就和历史经验的决

---

[①]《邓小平年谱(一九七五——一九九七)》上卷,北京:中央文献出版社 2004 年版,第 325 页。

[②] 习近平:《论坚持推动构建人类命运共同体》,北京:中央文献出版社 2018 年版,第 509—510 页。

议》指出:"一百年来,党既为中国人民谋幸福、为中华民族谋复兴,也为人类谋进步、为世界谋大同,以自强不息的奋斗深刻改变了世界发展的趋势和格局。"[①] 中国共产党始终为人类社会和平发展、公平正义的崇高事业而奋斗,既有为中国人民谋幸福的愿望,又有为世界人民谋福利的天下情怀,因而敢于向世界发出"构建人类命运共同体"的时代最强音。正是这样的胸襟和情怀,使得中国共产党人在全球性挑战面前敢于应对,在世界共同问题面前勇于担当,承担社会主义大国大党应尽的责任和义务,以无私则无畏的精神勇气面对国际社会的各种质疑。

中国共产党成立后,领导中国人民取得了新民主主义革命、社会主义革命和社会主义建设、改革开放的伟大成就,走上了全面建设社会主义现代化强国的康庄大道。中国共产党注重从人类发展大潮流、世界变化大格局、中国发展大历史正确认识和处理同外部世界的关系,提出关于人类社会和国际秩序建设的正确主张,特别是在长期执政过程中积极参与到建设更加美好世界的伟大实践之中,在反对帝国主义和霸权主义、维护世界和平、促进人类正义事业中发挥了重要作用。回顾中国共产党一百多年的奋斗历史,既是为中国人民谋幸福、为中华民族谋复兴的历史,也是为人类谋进步、为世界谋大同的历史。长期以来,西方的经验被认为是现代化的主要模式,一些发展中国家亦步亦趋跟在西方国家后面,盲目追随西方资本主义国家的发展理念和发展道路,最终并没有解决自身的发展问题,相反,有的甚至导致国内政局动荡、社会不稳、民生凋敝。与之不同的是,中国共产党领导中国人民通过自身的奋

---

[①] 《中共中央关于党的百年奋斗重大成就和历史经验的决议》,北京:人民出版社2021年版,第64页。

斗，成功走出中国式现代化道路，创造了人类文明新形态，拓展了发展中国家走向现代化的途径，打破了发展中国家对西方国家现代化的路径依赖，给世界上那些既希望加快发展又希望保持自身独立性的国家和民族提供了全新选择。在中国共产党的领导下，中国由一个贫穷落后的半殖民地半封建国家，发展成为世界第二大经济体和在国际上拥有重要影响力的大国，中国式现代化道路和中国发展的成功经验，为世界贡献了升级版的现代化新版本。正如党的二十大报告所指出的："中国式现代化是走和平发展道路的现代化。我国不走一些国家通过战争、殖民、掠夺等方式实现现代化的老路，那种损人利己、充满血腥罪恶的老路给广大发展中国家人民带来深重苦难。我们坚定站在历史正确的一边、站在人类文明进步的一边，高举和平、发展、合作、共赢旗帜，在坚定维护世界和平与发展中谋求自身发展，又以自身发展更好维护世界和平与发展。"① "中国式现代化为人类实现现代化提供了新的选择，中国共产党和中国人民为解决人类面临的共同问题提供更多更好的中国智慧、中国方案、中国力量。"②

中国共产党历经百余年的发展和风雨洗礼，已经成为拥有9800多万名党员的世界第一大执政党。习近平总书记强调："大就要有大的样子。中国共产党所做的一切，就是为中国人民谋幸福、为中华民族谋复

---

① 习近平：《高举中国特色社会主义伟大旗帜 为全面建设社会主义现代化国家而团结奋斗——在中国共产党第二十次全国代表大会上的报告》，北京：人民出版社2022年版，第23页。

② 习近平：《高举中国特色社会主义伟大旗帜 为全面建设社会主义现代化国家而团结奋斗——在中国共产党第二十次全国代表大会上的报告》，北京：人民出版社2022年版，第16页。

兴、为人类谋和平与发展。我们要把自己的事情做好，这本身就是对构建人类命运共同体的贡献。我们也要通过推动中国发展给世界创造更多机遇，通过深化自身实践探索人类社会发展规律并同世界各国分享。"①中国共产党"大的样子"，最主要的不在于党员数量规模庞大，而在于党的性质、初心和使命所铸就的大境界、大情怀、大担当。无论是在建党初期的艰难求索之际，还是在今天长期执政的历史新时期，无论是在取得重大胜利之后，还是在遭遇挫折的困难时期，中国共产党都坚守自己的初心与使命，不仅为中国人民谋幸福，也始终把为人类做出新的更大贡献作为自己的使命，展现出一种为人类谋大同的大境界、大情怀，以及为世界开太平的大担当。

一个符合社会进步方向的政党，其政治活动都应该以人民的根本利益为出发点，无论是制定基本路线、政策纲领还是政党的奋斗目标，都要始终维护人民的切身利益。政党已经成为推动世界和平与发展的重要组织力量，应该积极利用政党的力量促进世界各个国家之间的政治交往，推进新型全球化以维护广大边缘国家和落后国家的正当利益，建立共商共建共享、更加公平正义的全球治理体系。习近平总书记在建党95周年的讲话中指出："中国共产党将在独立自主、完全平等、相互尊重、互不干涉内部事务原则的基础上，同各国各地区政党和政治组织发展交流合作，促进国家关系发展。"②中国共产党通过举办世界政党大会和多种形式的政党交流活动，促进政党之间的真诚交流，采取一系列务实而

---

① 习近平：《论坚持推动构建人类命运共同体》，北京：中央文献出版社2018年版，第514页。

② 《习近平谈治国理政》第2卷，北京：外文出版社2017年版，第42—43页。

有效的行动，推动构建新型政党关系，其目的是团结联合世界范围的进步政党组织，在关乎人类命运和前途的重大问题上达成最广泛的国际共识，在构建人类命运共同体与美好世界方面争取最大范围的建设力量。"中国共产党从人民中走来、依靠人民发展壮大，历来有着深厚的人民情怀，不仅对中国人民有着深厚情怀，而且对世界各国人民有着深厚情怀，不仅愿意为中国人民造福，也愿意为世界各国人民造福。"[①] 从反对帝国主义、殖民主义到反对霸权主义、强权政治，从提出和平共处五项原则到推动建设新型国际关系，从"三个世界"划分的战略思想到中国永远不称霸的庄严承诺，特别是习近平在新的历史时期开创性地提出构建人类命运共同体、"一带一路"倡议、全球发展倡议、全球安全倡议等重大理念和倡议，历史、理论与实践均表明，中国共产党对"世界好，中国才能好；中国好，世界才更好"[②] 二者相辅相成的关系有着深刻的认知和理解，通过持续不断的努力推动二者走向了更加密切和良性的互动，并在此过程中不断为人类进步事业做出新的更大贡献。

当今世界正处于百年未有之大变局，世界格局处于大发展大变革大调整之中。新兴经济体和发展中国家群体性崛起为世界秩序的变革提供了新的机遇。中国作为世界上最大的发展中国家、全球第二大经济体和最具政治影响力的世界大国之一，在实现中华民族伟大复兴的道路上必将给世界带来前所未有的发展机遇。正如有学者所说："三百年来第

---

[①] 习近平：《论坚持推动构建人类命运共同体》，北京：中央文献出版社2018年版，第515页。

[②] 《习近平谈治国理政》第2卷，北京：外文出版社2017年版，第545页。

一次有一个崛起中的超级大国，不是以掠夺者、支配者或文明优越者的思维与态度来面对欠发达国家。第一次有一个超级大国具备同时在上百个国家兴建电厂、超高压输电网、光纤通信网络、铁路、地铁、高速公路、海港等基础设施的超级能量，以及协助其他国家克服发展瓶颈的强烈意愿。第一次有一个超级制造业大国能为全世界低收入群体，全方位供应物美价廉的工业产品与电子商务平台，协助几十亿人跨入数字与网络时代。第一次作为其他国家的最大贸易伙伴与最大投资来源国，是以官方开发融资机构及国有企业为推动经济合作与发展援助的主体，不事事要求知识产权的保障与回报，也不以资本回报最大化为唯一的考量；而且作为其他国家最重要的经济伙伴，中国理解并尊重国情差异，不输出意识形态，不强迫削足适履，不强迫买武器，不制造安全威胁，不搞政变。这种历史机遇是前所未有的。"[1] 多个"第一次"的概括，高度肯定了中国在推动构建人类命运共同体与世界秩序变革，以及促进世界各国共同发展所发挥的重要引领作用。同时，该学者还认为，应该从全球视角来理解近代中华民族走过的道路，中国复兴对人类历史发展的重要意涵，以及"人类命运共同体"这个重大课题。"从全球史的视野出发，我们可以更深入理解中国一百多年来，从被帝国主义欺凌侵略而濒临生死存亡关头，到恢复民族独立自主地位，重建统一政治秩序，然后一步步发展成全球经济体量最大的发展中国家，多么曲折，多么不容易。"[2] 中国过去几十年的发展历程与取得的巨大成就，已经深刻地影响到全球

---

[1] 朱云汉：《全球化的裂解与再融合》，北京：中信出版社2021年版，第193—194页。

[2] 朱云汉：《全球化的裂解与再融合》，北京：中信出版社2021年版，第195页。

化进程与整个人类历史进程。

中国近几十年的快速发展获益于国际社会，同时，发展起来以后的中国也为全球发展贡献自己的智慧和力量，促进各国各地区的人们共享全球经济发展的成果。中国共产党在总结中国发展经验的基础上提出了"创新、协调、绿色、开放、共享"的五大发展理念，是中国意欲实现人与自然、人与人以及人与自我关系和谐的实践引领和未来期盼。尤其是"共享"发展理念的提出更是指出了中国发展的落脚点和归宿，发展依靠人民，发展为了人民，推广到人类社会就是各国人民共创世界发展成就，共享世界发展成果。人类要想实现共享发展的理念，就必须坚持共享主体的普遍性、共享内容的全面性、共享过程的渐进性，只有大家共建才能为共享创造物质前提，只有发展成果共享才能为共建提供源源不断的动力。

人类命运共同体理念是中国向世界贡献的思想性公共产品。党的十八大以来，习近平多次在国内外重要场合阐述人类命运共同体理念的丰富内涵和重要意义，得到了国际社会的广泛认可，并被多次写入国际大会重要文件，体现了中国智慧、中国方案在推动全球治理和国际秩序变革，以及引领人类文明新形态所发挥的重要作用。人类命运共同体理念本质上就是一种合作共享的理念。中国坚定支持多边合作，展示引领美好世界的建设性力量，为构建人类命运共同体提供了光明愿景。人类命运共同体理念，坚持了人类文明的整体观，超越了狭隘的民族国家视角，着眼于人类社会的和谐共生，因而必将为推动人类文明的永续发展，推动开创人类文明新形态产生持久广泛而深刻的影响。

## （三）作为世界新图景的人类命运共同体

美国历史学家斯塔夫里阿诺斯在《全球通史》中写道，人类成千上万年以来，一直生活在地区隔绝的状态之中，"大约1500年，当西方开始海外扩张时，这种传统的地区自治便开始让位于全球的统一。诸种族不再相互隔绝，因为成千上万的人自愿或不自愿地移居到了新的大陆。由于欧洲人在这一全球运动中处于领先地位，因此，正是他们支配了这个刚刚联在一起的世界。到19世纪时，他们在政治上以其强大的帝国、在经济上以股份公司控制了全球。他们还享有文化上的支配地位，于是西方文化变成了全球的典范。西方文化等同于文明，非西方开始被认为天生地低劣"[①]。近代以来，西方国家真正开启了世界历史和全球化的进程。然而，西方主导的全球化，本质上是在资本逻辑推动下开启和不断延伸扩大的，逐渐涵摄和囊括越来越多的国家、地区。资本逻辑主导的全球化，奉行私人利益至上，以利润最大化为动力。在世界秩序构建方面，西方国家坚持狭隘的本国利益至上，追求绝对的霸权，构建了"中心—边缘"不平等世界体系。在文明交往方面，西方国家坚持文明优越论，将西方文明视为优越的、非西方文明视为落后的，因而易导致文明的冲突。在人与自然关系方面，奉行人类中心主义，自然是被统治和征服的对象，因此导致生态的破坏和人与自然关系的紧张。

资产阶级按照自己的面貌为自己创造出一个世界。然而，这样的世界秩序和全球化图景蕴含着诸多矛盾。比如，资本主义社会内部出现贫

---

① ［美］斯塔夫里阿诺斯:《全球通史：从史前史到21世纪》下册，吴象婴等译，北京：北京大学出版社2012年版，第473页。

富差距悬殊的现象，富国和穷国、发达国家和发展中国家的差距日益扩大，不仅资本主义国家内部出现经济危机、金融危机，而且伴随金融集团的无序扩张，还将危机传导到世界其他国家，资本主义社会的系统性危机突显。一些国家还强行输出自由、民主等所谓的"普世价值"，出现所谓的"民主"国家治理失灵，给世界带来动荡和不安。随着历史的发展，西方国家所推动的"全球化"的弊端日益突显，可以说，当代全球化和全球治理的危机，全球社会面临的和平赤字、发展赤字、安全赤字、信任赤字等，从本质上看，是西方文明的危机，西方国家主导的全球化亟须反思、校正和纠偏。

今天的中国则给世界提供了一种新的全球化价值理念，即坚持推动构建人类命运共同体，主张和平、合作、发展、共赢的价值理念。人类命运共同体理念的提出有着深刻的历史背景和时代条件，是对国际社会和时代发展特征的反映，是对人类社会发展规律的深刻把握，体现了促进世界历史向着更美好的未来世界发展的主动精神。"构建人类命运共同体，不是推进一种或少数文明的单方主张，也不是谋求在世界建设统一的行为体，更不是一种制度替代另一种制度、一种文明替代另一种文明，而是主张不同社会制度、不同意识形态、不同历史文明、不同发展水平的国家，在国际活动中目标一致、利益共生、权利共享、责任共担，促进人类社会整体发展。"① 人类命运共同体是融合了马克思主义、中华传统文化与人类文明精华的重大思想成果，这样的思想理论并不依靠军事、武力等强制手段推行，而是在各个国家相互平等尊重的基础上

---

① 中共中央宣传部：《中国共产党的历史使命与行动价值》，载《人民日报》，2021年8月27日，第1版。

真正倡导和而不同、共生共荣的价值追求，因而，内在具有最大程度的包容力、深远的影响力、持续的生命力。

构建人类命运共同体，是中国方案、中国智慧、中国力量的有力彰显，是具有5000多年文明史的中华民族对当今世界的独特贡献。基于此，有学者对于中国复兴的全球意涵以及带动世界秩序重组的意义进行了分析总结，主要体现为六个方面的结构性变化：一是赋予经济全球化巨大的推进力量，让超级全球化的作用全面放大；二是削弱美国霸权的权力基础，触动战后国际秩序的全面转型；三是打破西方垄断普世价值的话语权，推进多元现代化模式取代一元化模式；四是拉抬非西方国家的全面兴盛，全面释放南南合作的巨大潜力；五是引导全球化的未来走向，引领发展中国家修改全球化规则，改革全球治理机制与结构；六是加速由西方中心世界秩序往后西方世界秩序的转移。[1] 这样的分析总结，揭示了中国复兴对全球化进程与整个人类历史进程的巨大影响作用，包括对世界秩序的重塑与全球治理体制变革的引领。构建人类命运共同体的伟大构想，凝聚了从一国高质量发展到推动各国共同发展的新发展理念。这是中国为人类文明的发展进步提供的中国智慧和中国方案，可以反映更具普遍意义的人类共同价值。在人类命运共同体理念的指引下，中国通过创新发展理念和方式，积极构建发展共同体，争做全球发展的贡献者；通过构建民主协商的国际关系，推动以联合国为核心的全球治理机制改革与建设，争做国际秩序的维护者；通过生态文明建设和积极参与全球气候变化治理，争做自然生态的保护者；提倡多元文明交流互

---

[1] 朱云汉：《全球化的裂解与再融合》，北京：中信出版社2021年版，第206页。

鉴，推动构建人类文明共同体，争做人类文明的建设者。中国共产党团结和带领中国人民并努力与世界各国人民同心协力，致力于建设持久和平、普遍安全、共同繁荣、开放包容、清洁美丽的世界，不断彰显着推动人类发展进步的中国力量。

建立一种符合人的本质的共同体，在其深层意义上是确立人的共生共荣的价值导向，人类命运共同体理念本身就是着眼于人类世界的和谐共生而提出的。人类命运共同体理念本质上蕴含对和谐的人与自然关系、平等的人与人关系的追求，以及对人类生存境遇和精神世界的终极关怀。人类命运共同体理念承载着人类共同的价值追求和行为规范，包括和平、发展、公平、正义、民主、自由等，人类社会要想走向更美好的未来，离不开对这些共同价值追求和行为规范的真正认同和自觉践行。构建人类命运共同体，主张的是一种将心比心的交互性伦理法则，需要人类能够体认到大共同体对于每个小共同体乃至个体生存和发展的重要意义，能够深刻认识到生命的同源同体，认识到大生命系统与小生命系统的命运攸关，认识到人类生命系统与自然界系统的一体化相关，从而真正树立一种大生命观、新世界观和文明观。

构建人类命运共同体，不仅理论意蕴丰富深刻，而且时代意义重大深远。它既彰显了对人类社会的规范性要求，又蕴含着对未来世界的图景式引导；既凝聚了人类社会价值追求的最大公约数，又坚持对人类多元多样文明的尊重法则；既有对不同交往主体独立性、自主性的包容，又有对国际社会大家庭合作共事、共建共享之道的内在秉承。正如有学者所指出的，构建人类命运共同体，是世界历史的新纲领。不同于西方开创的世界历史，施行以土地征服战略、利益攫取战略、文化殖民战略、制度输出战略、"和平演变"战略、"颜色革命"战略等为代表的世界性行动纲领，构建人类命运共同体是在遭遇单边主义、保护主义、民粹主义、冷战思维等历史逆流的当前阶段，旨在在"再全球化"时代实现世界发展共赢、利益共享、责任共担、安全共建、和谐共处的共同纲领。因而是"中国马克思主义在世界历史观意义上的元哲学创造，是对世界历史阶段性目标和纲领的颠覆性重构，是对新全球化时代世界图景的全新构想，拓展了唯物史观的叙事主题和全球视野，开辟了马克思世界历史理论的崭新境界"[①]。

---

[①] 陈曙光:《"世界之问"与中国方案》，北京：人民出版社2022年版，第246—247页。

# 结　语

## 结 语

人类从哪里来，人类向何处去？这一终极之问，体现着对人类命运的深沉思索。哲学作为时代精神的精华，理应观照现实，反映现实，引领现实。然而，哲学又不大可能为时代的问题提供任何现成的答案。哲学是关于思考的理性活动。塞缪尔·亚历山大认为："思考即研究。"[①] 而且，这项研究对于人类自身来说必不可少。自从人类命运共同体理念提出以来，学界对这一理论的研究已经有了一定存量的成果，并成为新的学术热点和理论增长点。"热"研究现象的出现更加需要哲学的"冷"思考。构建人类命运共同体是一项充满挑战性和复杂性的宏大任务。本研究尝试围绕这一理念回答五个基础性的问题：其一，人类命运共同体理念缘何提出？其二，人类命运共同体理念的核心意蕴是什么？其三，人类命运共同体理念有何时代意义？其四，人类命运共同体理念如何实践？其五，如何理解人类命运共同体蕴含的世界新图景？

其一，人类命运共同体理念缘何提出，或者说这一理念提出的依据是什么？这是本书开篇尝试回答的问题。人类命运共同体理念作为新的具有时代特征的概念，它的提出具有现实的基础，社会化大生产的事实存在是这一理念生成的物质前提，"人类史"转化为"世界史"的社会发展趋势，以及当下人类面临的全球性生存危机，要求人类有一种新的

---

[①] ［英］赫德利·布尔:《无政府社会——世界政治中的秩序研究》，张小明译，上海：上海人民出版社2015年版，前言第 xxv 页。

理念指导。人类命运共同体理念是在对人类生存方式的反思基础上提出来的，是对人类生存方式和未来发展形态的终极追问。

人类命运共同体理念的提出具有深厚的理论渊源，在人类历史上的"轴心时代"，古今中外的思想家便对人类的命运做出过有益的思考。古希腊哲学家柏拉图追求的"理想国"，中国传统文化中的"天下一家"和大同社会理想，这些作为一种"想象的共同体"，超越了种族、民族、地域的界限，他们的学说和理想在深层意义上，揭示了人类对实现整体发展与和谐共荣的渴望。这些思想学说世代流传，直到今天仍然散发着熠熠光辉。关于人的生存和发展问题，马克思同样给出了强而有力的回答。马克思是从人的社会属性层面认识人的生存和发展问题的，在他看来："人不是抽象的蛰居于世界之外的存在物。人就是人的世界，就是国家，社会。"① 人所追求的不是异化的、外在于人的共同体，而是真正体现人的本质、符合人的需要、满足人的发展的共同体。马克思认为，人类"只有在共同体中，个人才能获得全面发展其才能的手段，也就是说，只有在共同体中才可能有个人自由"②。马克思所希望实现的自由人联合体，是真正的人类命运共同体。当代中国共产党人基于对世界历史走向的科学研判，提出构建人类命运共同体的理念。

其二，人类命运共同体理念的核心意蕴是什么？在发展层面，人类命运共同体理念蕴含着新的发展观。人类社会的进步、人类生存方式的变革往往与发展观的自我超越与革新有密切关系。人类要生存和发展，就需要一个相对稳定的生活环境和生活空间。在全球化快速发展的

---

① 《马克思恩格斯文集》第1卷，北京：人民出版社2009年版，第3页。
② 《马克思恩格斯文集》第1卷，北京：人民出版社2009年版，第571页。

今天，人类社会的生活空间不断扩大，并且日益扩展到国际社会层面，人与人关系的建立、人与自然关系的建立都需要在更大的时空范围内考虑。这种更大的时空范围提供了人类生存的坐标，它是人类开展一切活动，包括生产、交往、文化享受、休闲等一切活动必须予以考虑的出发点。人类命运共同体理念所蕴含的发展观，致力于超越资本逻辑主导的发展模式，是对片面强调资本利益至上的发展模式的扬弃。这一新型的发展观确立了以人的自由全面发展为中心的取向，而人的自由全面发展的取向内在包含了人与自然的和谐发展，以及人与人、人与社会的和谐共生式发展。

在秩序层面，人类命运共同体理念蕴含新的世界秩序观。人类命运共同体理念所主张的世界秩序观是立足于全球化时代背景，从人类社会整体发展的高度所提出的。这一理念所提倡的新型世界秩序建立在平等、包容和团结原则基础上，通过世界治理、民主协商实现，其目标是实现世界的永久和平与普遍安全。世界秩序的建立，本质上是利益调整的过程。人类命运共同体理念的基本原则是合作共赢，也就是说，一方利益的获得并不意味着他方利益的损害，通过真诚的合作，双方的利益可以实现互惠共赢。人类社会平衡机制的重构，公平正义的保障，需要改革旧有的世界秩序，在建立新的世界秩序规则时，应该向落后的国家适度倾斜，增加发展中国家在世界治理中的话语权和代表权，保障发展中国家人民的利益，确保发展中国家的人民也能享受到人类社会发展的成果和福利。

在价值层面，人类命运共同体理念蕴含人类的共同价值。全球社会是由不同民族和不同国家的人民所组成的人类大家庭，如果缺乏人类共同认可的价值标准，人类共识就难以形成，人类活动就会无所归依，人类社会也就难以实现进步。由于人类的根本利益具有共同性，生存在共同的地球家园中，因而人类可以进行对话，从而产生某些价值共识。今天，人类社会所达成的价值共识，包括和平、发展、公平、正义、民主、自由，这些是超越民族、超越国家界限的人类共同价值。

其三，人类命运共同体理念有何时代意义？人类命运共同体理念是顺应人类历史发展潮流而提出的重大创新性理论，是中国针对人类社会面临的共同问题而贡献的智慧和方案。这一创新性理念虽然由中国提出来，但不局限于中国视野，而是着眼于人类未来的共同走向，着眼于人类世界的普遍性交往，致力于解决人类社会面临的时代问题和理论困惑。这一思想理念的基本宗旨在于实现人与人、民族与民族、国家与国家之间关系的良性互动和共生共荣。这一理念超越了地域、种族、文化、国家与意识形态的界限，为思考人类未来和建设更加美好的世界提供了新视角、新选择、新方案。

其四，人类命运共同体理念如何实践？建立自由人联合体是人类社会发展的远大目标。然而，实现这一目标需要艰难漫长的过程。人类命运共同体还不是既成的现实，在由理念转化为现实运动的过程中，还面临着一些困难，诸如利益共享的困境、制度共建的困境以及价值认同的困境。只有深刻分析导致这些困境的原因，才有可能找到解决困境的"钥匙"。构建人类命运共同体并不是一朝一夕之功，我们需要掌握马克思主义的科学方法论，并探究人类命运共同体理念实现的可能因素，包括主观因素和客观因素，推动构建人类命运共同体理念由愿景转化为现实。当前构建人类命运共同体，主要是基于外在动因，全球性生存危机逼迫我们不得不这样做；未来构建人类命运共同体，应该是基于内生动力，是人类自觉自愿的行动，是人类社会在取得发达的物质生产力水平和思想高度解放的基础上进行的。

其五，如何理解人类命运共同体蕴含的世界新图景？人类命运共同体是融合了马克思主义、中华传统文化与人类文明精华的重大思想理论成果，这一重大思想理论并不依靠军事、武力等强制手段推行，而是在各个国家相互平等尊重的基础上真正倡导和而不同、共生共荣的价值追求，因而，内在具有最大程度的包容力、深远的影响力、持续的生命力。构建人类命运共同体，内在蕴含着永续发展的和平安全观、交流互鉴的文明和谐观、绿色创新的可持续发展观、共商共建共享的合作治理观，展现和揭示了一种新的世界图景，这样的世界图景完全不同于西方国家主导建立的主客相分、二元对立的世界秩序图景，它是一种全新意义的、承载特殊文明使命的世界历史图景，摒弃了西方二元对立的文明冲突观，彰显了和合共生的文明和谐观，是人类共生共荣的世界新图景。构建人类命运共同体，在此意义上有利于开启共建美好世界与引领人类文明新形态的历史进程。

总而言之，构建人类命运共同体是一项宏大而又复杂的议题。在一定意义上讲，这一重大议题伴随人类社会的始终。本书从人类命运共同体理念的生成基础、核心意蕴、时代意义、实践指向以及展现的世界新图景这五个方面，对其进行了较为系统的阐发。当然，这项研究工作远远没有结束，未来需要下更多的功夫，进行更加深入的研究。在全球化时代背景中推动构建人类命运共同体，是一个新的重大时代命题，对其必然性、合理性的分析阐释，需要理论工作者不懈地努力，特别是借鉴古今中外思想家的理论资源。无论是西方思想家柏拉图的"理想国"，还是中国传统文化中的"天下"观念、和合精神，抑或是马克思所主张的"自由人联合体"，这些都为我们构建人类命运共同体提供了丰富的精神文化资源。列宁曾经指出:"马克思主义这一革命无产阶级的思想体系赢得了世界历史性意义,是因为它并没有抛弃资产阶级时代最宝贵的成就,相反却吸收和改造了两千多年来人类思想和文化发展中一切有价值的东西。"① 也就是说,只有理论上持开放性、包容性态度,文化上持多元性、互鉴性原则,才能不断夯实人类命运共同体理念的文化底蕴和精神根基,在一种跨文化、跨地域、跨民族的交互性世界关系之中,不断彰显人类命运共同体的文化价值吸引力和理念感召力。当然,构建人类命运共同体不仅是理论范畴,更是实践范畴,也就是说,如何推动人类命运共同体理念落地,使人类命运共同体真正成为美好的现实共同体,应该成为我们每一个处于世界共同体之中的人所不懈追求的目标。马克思主义认为,世界并不是一成不变的事物的集合体,而是过程的集合体。人既是历史的"剧中人",又是历史的"剧作者",只有每一个人发挥自己的主体性,形成历史的合力,才能有利于推动人类命运共同体目标的实现。

"太平世界,环球同此凉热。"构建人类命运共同体并不是遥不可及的理想。对于当代人类而言,人类命运共同体为我们提供了一种新的生存法则,展现了世界发展的新图景与文明愿景,是一种有望实现人类和平发展与共建共享的制度设计。在这种制度设计下,人与人的敌对或者是强调本国利益至上的战略不再成为有利可图的战略,从而促进人的"类意识"觉醒,提升人的精神觉悟,去推动构建和谐共生的命运共同体。我们要深刻体认到人类社会是命运与共的生存状态,并坚持交互式的、冲破自私自利狭隘性、为他人利益考虑的伦理法则,由近及远、由

---

① 《列宁全集》第39卷,北京:人民出版社1986年版,第332页。

小到大、由局部到整体，逐层逐级推进共同体。可以借鉴中国哲学中推崇的处世之道，对于每个个体而言，会经由修身、齐家、治国、平天下这样层层外推、逐层上达的秩序，虽然每个个体的力量是渺小的，但是如果每个人都能从自身开始，注重道德自省与提升，由身而家、由家而国、由国而天下地不断上达与超越，从而建立起个人与家国共同体、个人与天下、个人与世界相互联动的整体机制，"命运与共""命运攸关"就会逐渐成为现实，如此，也就有望在家国天下的多层级共同体秩序中实现一种优良的治理与美好的共同体生活，人类也终将会迎来"各美其美，美人之美，美美与共，天下大同"的美好世界。

# 参考文献

## 一、马克思主义经典文献

1. 《马克思恩格斯文集》第 1 卷，人民出版社 2009 年版。
2. 《马克思恩格斯文集》第 2 卷，人民出版社 2009 年版。
3. 《马克思恩格斯文集》第 5 卷，人民出版社 2009 年版。
4. 《马克思恩格斯文集》第 8 卷，人民出版社 2009 年版。
5. 《马克思恩格斯文集》第 9 卷，人民出版社 2009 年版。
6. 《马克思恩格斯文集》第 10 卷，人民出版社 2009 年版。
7. 《马克思恩格斯全集》第 1 卷，人民出版社 1995 年版。
8. 《马克思恩格斯全集》第 3 卷，人民出版社 2002 年版。
9. 《马克思恩格斯全集》第 11 卷，人民出版社 1995 年版。
10. 《马克思恩格斯全集》第 25 卷，人民出版社 2001 年版。
11. 《马克思恩格斯全集》第 30 卷，人民出版社 1995 年版。
12. 《马克思恩格斯全集》第 35 卷，人民出版社 2013 年版。
13. 《马克思恩格斯全集》第 40 卷，人民出版社 1982 年版。
14. 《马克思恩格斯全集》第 42 卷，人民出版社 1979 年版。
15. 《列宁全集》第 3 卷，人民出版社 2013 年版。
16. 《列宁全集》第 39 卷，人民出版社 1986 年版。
17. 《列宁全集》第 59 卷，人民出版社 2017 年版。
18. 《毛泽东文集》第 2 卷，人民出版社 1993 年版。

19.《毛泽东文集》第 7 卷，人民出版社 1999 年版。

20.《习近平谈治国理政》，外文出版社 2014 年版。

21.《习近平谈治国理政》第 2 卷，外文出版社 2017 年版。

22.《习近平谈治国理政》第 3 卷，外文出版社 2020 年版。

23.《习近平谈治国理政》第 4 卷，外文出版社 2022 年版。

24. 习近平：《决胜全面建成小康社会 夺取新时代中国特色社会主义伟大胜利——在中国共产党第十九次全国代表大会上的报告》，人民出版社 2017 年版。

25. 习近平：《论坚持推动构建人类命运共同体》，中央文献出版社 2018 年版。

26. 习近平：《在纪念马克思诞辰 200 周年大会上的讲话》，人民出版社 2018 年版。

27. 习近平：《高举中国特色社会主义伟大旗帜 为全面建设社会主义现代化国家而团结奋斗——在中国共产党第二十次全国代表大会上的报告》，人民出版社 2022 年版。

28.《中共中央关于党的百年奋斗重大成就和历史经验的决议》，人民出版社 2021 年版。

29. 中共中央宣传部编：《习近平新时代中国特色社会主义思想学习问答》，学习出版社、人民出版社 2021 年版。

## 二、国内著作

1. 陈曙光：《"世界之问"与中国方案》，人民出版社 2022 年版。

2. 陈岳、蒲俜：《构建人类命运共同体》，中国人民大学出版社 2018 年版。

3. 丰子义、杨学功、仰海峰：《全球化的理论与实践：一种马克思主义的视角》，江苏人民出版社 2017 年版。

4. 郭湛：《主体性哲学——人的存在及其意义》，中国人民大学出版社 2011 年版。

5. 江学时：《人类命运共同体研究》，世界知识出版社 2018 年版。

6. 李德顺：《价值论》第 2 版，中国人民大学出版社 2007 年版。

7. 李君如、罗建波：《人间正道：构建人类命运共同体》，外文出版社 2021

年版。

8. 李义天:《共同体与政治团结》,社会科学文献出版社 2011 年版。

9. 梁启超:《梁启超全集》第 5 册,北京出版社 1999 年版。

10. 梁漱溟:《梁漱溟全集》第 5 卷,山东人民出版社 1992 年版。

11. 刘建飞等:《构建人类命运共同体:理论与战略》,新华出版社 2018 年版。

12. 马俊峰:《马克思社会共同体理论研究》,中国社会科学出版社 2011 年版。

13. 倪梁康:《胡塞尔现象学概念通释》,生活·读书·新知三联书店 2007 年版。

14. 孙伟平:《价值差异与社会和谐——全球化与东亚价值观》,湖南师范大学出版社 2008 年版。

15. 陶德麟主编:《当代哲学前沿问题专题研究》,武汉大学出版社 1998 年版。

16. 万俊人:《寻求普世伦理》,商务印书馆 2001 年版。

17. 王帆、凌胜利:《人类命运共同体——全球治理的中国方案》,湖南人民出版社 2017 年版。

18. 王灵桂、赵江林主编:《"周边命运共同体"建设:挑战与未来——中外联合研究报告(No.2)》,社会科学文献出版社 2017 年版。

19. 夏显泽:《天人合一与环境问题》,云南大学出版社 2006 年版。

20. 徐伟新:《新社会动力观》,经济科学出版社 1996 年版。

21. 杨雪冬:《风险社会与秩序重建》,社会科学文献出版社 2006 年版。

22. 俞可平:《全球化与政治发展》,社会科学文献出版社 2005 年版。

23. 张康之:《为了人的共生共在》,人民出版社 2016 年版。

24. 张立文:《中国传统文化与人类命运共同体》,中国人民大学出版社 2018 年版。

25. 张曙光:《人的世界与世界的人:马克思的思想历程追踪》,北京师范大学出版社 2017 年版。

26. 张战:《构建人类命运共同体思想研究》,时事出版社 2019 年版。

27. 赵汀阳:《天下体系:世界制度哲学导论》,中国人民大学出版社 2011 年版。

28. 朱云汉:《全球化的裂解与再融合》,中信出版社 2021 年版。

### 三、国外著作

1. [法] 阿兰·图海纳:《我们能否共同生存?》,狄玉明、李平沤译,商务印书馆2003年版。

2. [英] 阿诺德·汤因比:《历史研究》上卷,刘北成、郭小凌译,上海人民出版社2010年版。

3. [美] 埃里克·沃格林:《天下时代》,叶颖译,译林出版社2018年版。

4. [美] 本尼迪克特·安德森:《想象的共同体》,吴叡人译,上海人民出版社2016年版。

5. [美] 大卫·雷·格里芬编:《后现代精神》,王成兵译,中央编译出版社2011年版。

6. [德] 费尔巴哈:《费尔巴哈哲学选集》上卷,荣震华、李金山等译,商务印书馆1984年版。

7. [美] 弗朗西斯·福山:《历史的终结及最后之人》,黄胜强、许铭原译,中国社会科学出版社2003年版。

8. [美] 汉斯·摩根索:《国家间政治:权力斗争与和平》,徐昕等译,北京大学出版社2012年版。

9. [英] 赫德利·布尔:《无政府社会:世界政治中的秩序研究》,张小明译,上海人民出版社2015年版。

10. [德] 黑格尔:《法哲学原理》,范扬、张企泰译,商务印书馆1961年版。

11. [德] 黑格尔:《哲学史讲演录》第4卷,贺麟、王太庆译,商务印书馆1978年版。

12. [德] 黑格尔:《精神现象学》上卷,贺麟等译,商务印书馆1979年版。

13. [英] 霍布斯:《利维坦》,黎思复、黎廷弼译,商务印书馆1985年版。

14. [英] 霍普:《个人主义时代之共同体重建》,沈毅译,浙江大学出版社2009年版。

15. [美] 亨利·基辛格:《世界秩序》,胡利平等译,中信出版社2016年版。

16. [德] 卡尔·雅斯贝尔斯:《时代的精神状况》,王德峰译,上海译文出版社1997年版。

17. [德]康德:《历史理性批判文集》,何兆武译,商务印书馆1990年版。

18. [德]康德:《康德人类学文集》,李秋零译注,中国人民大学出版社2016年版。

19. [德]孔汉思、库舍尔编:《全球伦理:世界宗教议会宣言》,何光沪译,四川人民出版社1997年版。

20. [美]理查德·哈斯:《失序时代:全球旧秩序的崩溃与新秩序的重塑》,黄锦桂译,中信出版社2017年版。

21. [法]卢梭:《社会契约论》,何兆武译,商务印书馆2003年版。

22. [德]鲁道夫·奥伊肯:《生活的意义与价值》,万以译,上海译文出版社1997年版。

23. [美]罗伯特·基欧汉:《霸权之后——世界政治经济中的合作与纷争》,苏长和等译,上海人民出版社2001年版。

24. [英]马丁·阿尔布劳:《中国在人类命运共同体中的角色——走向全球领导力理论》,严忠志译,商务印书馆2020年版。

25. [英]欧文:《欧文选集》,何光来译,商务印书馆1965年版。

26. [英]齐格蒙特·鲍曼:《全球化:人类的后果》,郭国良、徐建华译,商务印书馆2001年版。

27. [英]齐格蒙特·鲍曼:《共同体:在一个不确定的世界中寻找安全》,欧阳景根译,江苏人民出版社2003年版。

28. [英]齐格蒙特·鲍曼:《被围困的社会》,郇建立译,江苏人民出版社2005年版。

29. [美]入江昭:《全球共同体》,颜子龙、李静阁译,社会科学文献出版社2009年版。

30. [美]塞缪尔·亨廷顿:《文明的冲突与世界秩序的重建》,周琪等译,新华出版社2010年版。

31. [美]斯塔夫里亚诺斯:《全球分裂:第三世界的历史进程》上卷,迟越等译,商务印书馆1993年版。

32. [美]斯塔夫里阿诺斯:《全球通史:从史前史到 21 世纪》下册,吴象婴等译,北京大学出版社 2012 年版。

33. [英]汤林森:《文化帝国主义》,冯建三译,上海人民出版社 1999 年版。

34. [英]汤因比、[日]池田大作:《展望二十一世纪——汤因比与池田大作对话录》,荀春生等译,国际文化出版公司 1997 年版。

35. [德]滕尼斯:《共同体与社会》,林荣远译,商务印书馆 1999 年版。

36. [法]托克维尔:《论美国的民主》,董果良译,商务印书馆 2017 年版。

37. [美]托马斯·弗里德曼:《世界是平的》,何帆等译,湖南科学技术出版社 2006 年版。

38. [英]乌思怀特:《社会的未来》,沈晖译,浙江大学出版社 2011 年版。

39. [日]星野昭吉:《全球化时代的世界政治:世界政治的行为主体与结构》,刘小林译,社会科学文献出版社 2004 年版。

40. [美]雅克布道:《建构世界共同体:全球化与共同善》,万俊人、姜玲译,江苏教育出版社、哈佛燕京学社 2006 年版。

41. Martin Albrow. *China's Role in a Shared Human Future: Towards Theory for Global Leadership.* Beijing: New World Press, London: Global China Press, 2018.

## 四、期刊文献

1. 蔡拓:《全球治理的中国视角与实践》,载《中国社会科学》,2004 年第 1 期。

2. 蔡拓等:《人类命运共同体视角下的全球治理与国家治理》,载《中国社会科学》,2016 年第 6 期。

3. 曹峰旗:《宽容:人类命运共同体的价值底蕴》,载《理论与改革》,2017 年第 2 期。

4. 曹绿:《以马克思世界历史理论审视人类命运共同体》,载《思想理论教育》,2017 年第 3 期。

5. 曹泳鑫:《从地域民族命运共同体到人类命运共同体——兼论共同体变革的历史条件和实践基础》,载《世界民族》,2018 年第 2 期。

6. 曾志诚:《构建人类命运共同体的世界历史意义》,载《求实》,2017 年第

12 期。

7. 常健:《构建人类命运共同体与全球治理新格局》,载《人民论坛·学术前沿》,2017 年第 12 期。

8. 车轴:《人类命运共同体:近期国内外研究综述及进一步探讨》,载《理论与改革》,2018 年第 5 期。

9. 陈强:《"人类命运共同体"的文化构建与"精神丝绸之路"》,载《西北民族大学学报(哲学社会科学版)》,2016 年第 4 期。

10. 陈向阳:《以"人类命运共同体"引领世界秩序重塑》,载《当代世界》,2016 年第 5 期。

11. 陈鑫:《马克思"真正共同体"思想视阈下"人类命运共同体"的历史方位》,载《理论月刊》,2017 年第 10 期。

12. 陈忠:《世界文明选择中的命运共同体营建——基于文明批评史的视角》,载《南国学术》,2019 年第 2 期。

13. 仇小敏、杨艳春:《五大发展理念:构建"人类命运共同体"的路径选择》,载《江西社会科学》,2017 年第 9 期。

14. 丛占修:《人类命运共同体:历史、现实与意蕴》,载《理论与改革》,2016 年第 3 期。

15. 戴兆国:《人类命运共同体与孟子仁政理想的理论关联》,载《学术界》,2017 年第 10 期。

16. 邓伟志:《多学科视野下的"人类命运共同体"》,载《探索与争鸣》,2017 年第 6 期。

17. 邓玉琼:《从"兼济天下"到"人类命运共同体"——儒学视域下新型文明观的构建》,载《江南大学学报(人文社会科学版)》,2017 年第 5 期。

18. 丁工:《"人类命运共同体"的实践路径和中国角色论析》,载《当代世界与社会主义》,2017 年第 4 期。

19. 丰子义:《全球化与资本的双重逻辑》,载《北京大学学报(哲学社会科学版)》,2009 年第 3 期。

20. 符妹:《人类命运共同体的内在规定及其实践逻辑——基于马克思人类解

放理论的考察》，载《理论探索》，2017 年第 5 期。

21. 高奇琦：《全球治理、人的流动与人类命运共同体》，载《世界经济与政治》，2017 年第 1 期。

22. 龚云：《大历史观视域下中国式现代化道路的内涵及世界历史意义》，载《人民论坛·学术前沿》，2022 年第 18 期。

23. 郭锐、王彩霞：《推动构建人类命运共同体的中国担当》，载《中国特色社会主义研究》，2017 年第 5 期。

24. 韩瑞波、叶娟丽：《全球治理研究的认知谱系与深层机理探究》，载《求实》，2017 年第 10 期。

25. 韩震：《基于人类命运共同体新理念的中国外交价值观》，载《中国高校社会科学》，2017 年第 4 期。

26. 何亚娟：《论习近平的民族观与人类命运共同体思想的耦合性》，载《贵州民族研究》，2017 年第 9 期。

27. 贺来：《马克思哲学的"类"概念与"人类命运共同体"》，载《哲学研究》，2016 年第 8 期。

28. 黄德明、卢卫彬：《国际法语境下的"人类命运共同体意识"》，载《上海行政学院学报》，2015 年第 6 期。

29. 黄海：《人类命运共同体：跨越"修昔底德陷阱"的自信、智慧与担当》，载《吉首大学学报(社会科学版)》，2017 年第 6 期。

30. 黄婷、王永贵：《人类命运共同体：一种世界秩序的话语表述》，载《马克思主义与现实》，2017 年第 5 期。

31. 黄真：《"人类命运共同体"理念的伦理透视》，载《理论月刊》，2016 年第 11 期。

32. 贾文山、江灏锋、赵立敏：《跨文明交流、对话式文明与人类命运共同体的构建》，载《中国人民大学学报》，2017 年第 5 期。

33. 蒋昌建、潘忠岐：《人类命运共同体理论对西方国际关系理论的扬弃》，载《浙江学刊》，2017 年第 4 期。

34. 金应忠：《试论人类命运共同体意识——兼论国际社会共生性》，载《国际观察》,2014 年第 1 期。

35. 金应忠:《从"和文化"到新型国际关系理念——兼论人类命运共同体意识》,载《社会科学》,2015 年第 11 期。

36. 孔伟:《哲学视域中的共同体理论》,载《中国人民大学学报》,2018 年第 3 期。

37. 李德顺:《普遍价值及其客观基础》,载《中国社会科学》,1998 年第 6 期。

38. 李后强、黄进:《从统一场理论到人类命运共同体思想》,载《中国浦东干部学院学报》,2017 年第 1 期。

39. 李建嵘、张玉华、孙英:《构建人类命运共同体的中国选择》,载《学术探索》,2017 年第 5 期。

40. 李景源:《构建人类命运共同体何以可能?》,载《湖北大学学报(哲学社会科学版)》,2017 年第 6 期。

41. 李景治:《推动构建人类命运共同体的路径选择》,载《新视野》,2017 年第 6 期。

42. 李梦云:《建设人类命运共同体的文化构想》,载《哲学研究》,2016 年第 3 期。

43. 李淑梅:《建构人类命运共同体的时代要求和路径》,载《学术研究》,2017 年第 9 期。

44. 廖卫民:《新世界主义与对外传播战略——基于"传播与人类命运共同体"穹顶模型的理论思考》,载《浙江社会科学》,2017 年第 5 期。

45. 刘桂荣:《人类命运共同体思想:理论创新与话语建构》,载《中国特色社会主义研究》,2017 年第 5 期。

46. 刘同舫:《构建人类命运共同体对历史唯物主义的原创性贡献》,载《中国社会科学》,2018 年第 7 期。

47. 刘贞晔:《全球治理与国家治理的互动:思想渊源与现实反思》,载《中国社会科学》,2016 年第 6 期。

48. 龙运杰:《人类命运共同体:世界主义虚伪政治的超越与重构》,载《新疆社会科学》,2019 年第 2 期。

49. 卢德友：《"人类命运共同体"：马克思主义时代性观照下理想社会的现实探索》，载《求实》，2014年第8期。

50. 明浩：《"一带一路"与"人类命运共同体"》，载《中央民族大学学报（哲学社会科学版）》，2015年第6期。

51. 钱厚诚、韩晓阳：《生态文明建设、人类命运共同体意识与文明自觉》，载《理论视野》，2017年第10期。

52. 曲洪波、金梦兰：《"人类命运共同体"思想的传统文化因素解析》，载《山东省社会主义学院学报》，2017年第4期。

53. 曲星：《人类命运共同体的价值观基础》，载《求是》，2013年第4期。

54. 桑建泉、陈锡喜：《人类命运共同体与自由人联合体理论关系新论》，载《青海社会科学》，2017年第6期。

55. 阮宗泽：《人类命运共同体：中国的"世界梦"》，载《国际问题研究》，2016年第1期。

56. 沈斐：《"人类命运共同体"何以超越乌托邦？——基于新政治经济学批判的视角》，载《马克思主义理论学科研究》，2017年第2期。

57. 沈湘平：《关于人类命运共同体、人类共同价值的几点思考》，载《社会科学辑刊》，2018年第3期。

58. 石云霞：《习近平人类命运共同体思想研究》，载《学校党建与思想教育》，2016年第9期。

59. 舒远招：《康德的永久和平论及其对构建当代人类命运共同体的启示》，载《湖北大学学报（哲学社会科学版）》，2017年第6期。

60. 宋婧琳、张华波：《国外学者对"人类命运共同体"的研究综述》，载《当代世界与社会主义》，2017年第10期。

61. 孙聚友：《儒家大同思想与人类命运共同体建设》，载《东岳论丛》，2016年第11期。

62. 孙伟平：《"人类共同价值"与"人类命运共同体"》，载《湖北大学学报（哲学社会科学版）》，2017年第6期。

63. 田鹏颖、张晋铭：《人类命运共同体思想对马克思世界历史理论的继承与发展》，载《理论与改革》，2017 年第 4 期。

64. 田旭明：《"人类命运共同体"的伦理之维》，载《伦理学研究》，2017 年第 2 期。

65. 王公龙：《人类命运共同体思想对马克思共同体思想的创新与重构》，载《上海行政学院学报》，2017 年第 5 期。

66. 王岩、竟辉：《以新发展理念引领人类命运共同体构建》，载《红旗文稿》，2017 年第 5 期。

67. 王寅：《人类命运共同体：内涵与构建原则》，载《国际问题研究》，2017 年第 5 期。

68. 王泽英：《命运共同体的伦理精义和价值特质论》，载《北京大学学报（哲学社会科学版）》，2016 年第 5 期。

69. 吴俊：《论人类命运共同体意识及其落地生根的社会培育》，载《思想教育研究》，2017 年第 10 期。

70. 吴荣军：《人类命运共同体中的社会主义与资本主义》，载《教学与研究》，2017 年第 9 期。

71. 吴新民：《人类命运共同体理念的当下诉求——以哲学逻辑为视角》，载《江西社会科学》，2018 年第 12 期。

72. 谢俊：《人类命运共同体思想的生成逻辑及建构实践》，载《哲学研究》，2019 年第 2 期。

73. 谢文娟：《"人类命运共同体"的历史基础和现实境遇》，载《河南师范大学学报（哲学社会科学版）》，2016 年第 5 期。

74. 徐崇温：《中国道路致力于打造人类命运共同体》，载《中国浦东干部学院学报》，2017 年第 1 期。

75. 徐艳玲、陈明琨：《人类命运共同体的多重建构》，载《毛泽东邓小平理论研究》，2016 年第 7 期。

76. 徐艳玲、李聪：《"人类命运共同体"价值意蕴的三重维度》，载《科学社会主义》，2016 年第 3 期。

77. 徐勇：《天下一家：人类命运共同体的家户起源》，载《南国学术》，2019

年第 2 期。

78. 杨宏伟、刘栋：《论构建"人类命运共同体"的"共性"基础》，载《教学与研究》，2017 年第 1 期。

79. 杨宏伟：《"人类命运共同体"：走向"自由人联合体"的当代路径》，载《理论学刊》，2017 年第 2 期。

80. 杨胜荣、郭强：《论人类命运共同体的价值理想与秩序理念》，载《中州学刊》，2017 年第 11 期。

81. 叶险明：《马克思的世界历史理论与他的民族观——马克思思想研究中一个被忽略的重要问题》，载《天津社会科学》，2015 年第 5 期。

82. 袁靖华：《中国的"新世界主义"："人类命运共同体"议题的国际传播》，载《浙江社会科学》，2017 年第 5 期。

83. 张法：《新型的世界哲学应当是怎样的——从人类命运共同体谈起》，载《哲学分析》，2018 年第 1 期。

84. 张华波、邓淑华：《马克思发展共同体思想对构建人类命运共同体的启示》，载《马克思主义研究》，2017 年第 11 期。

85. 张继龙：《国内学界关于人类命运共同体思想研究述评》，载《社会主义研究》，2016 年第 6 期。

86. 张家惠：《人类命运共同体思想的生成逻辑和价值旨归》，载《中北大学学报（社会科学版）》，2017 年第 5 期。

87. 张静、马超：《论习近平人类命运共同体思想对中华传统文化的传承与超越》，载《学术论坛》，2017 年第 4 期。

88. 张雷声：《唯物史观视野中的人类命运共同体》，载《马克思主义研究》，2018 年第 12 期。

89. 张岂之：《"打造人类命运共同体"与中华优秀传统文化》，载《山东省社会主义学院学报》，2017 年第 1 期。

90. 张曙光：《"类哲学"与"人类命运共同体"》，载《吉林大学社会科学学报》，2015 年第 1 期。

91. 赵红梅：《"人类命运共同体"理念的伦理之思》，载《湖北大学学报（哲

学社会科学版 )》，2017 年第 6 期。

92. 赵可金：《通向人类命运共同体的"一带一路"》，载《当代世界》，2016年第 6 期。

93. 郑科扬：《合力构建人类命运共同体，发展新型经济全球化——特朗普的"美国优先"挡不住新型经济全球化发展进程》，载《世界社会主义研究》，2017年第 3 期。

94. 邹广文、王纵横：《人类命运共同体与文化自信的心理建构》，载《中国特色社会主义研究》，2017 年第 4 期。

95. Christine R. Guluzian. "Making Inroads: China's New Silk Road Initiative", *Cato Journal*, Vol. 37, No. 1, 2017.

96. R. Gonzalez-Vicente. "The Empire Strikes Back? China's New Racial Sovereignty", *Political Geography*, Vol. 59, 2017.

97. K. Morton. "China's Ambition in the South China Sea: Is a Legitimate Maritime Order Possible?", *International Affairs*, Vol. 92, No. 4, 2016.

98. Nien-chung and Chang-Liao. "China's New Foreign Policy under Xi Jinping", *Asian Security*, Vol. 12, No. 2, 2016.

99. Suisheng Zhao. "American Reflections on the Engagement with China and Responses to President Xi's New Model of Major Power Relations", *Journal of Contemporary China*, Vol. 26, No. 106, 2017．

100. Xiangwan Du. "Responding to Global Changes as a Community of Common Destiny", *Engineering*, Vol. 2, No. 1, 2016.

101. Xing Li and Timothy M. Shaw. "'Same Bed, Different Dreams' and 'Riding Tiger' Dilemmas: China's Rise and International Relations/Political Economy", *Journal of Chinese Political Science*, Vol. 19, No. 1, 2014.

## 五、中文报纸

1. 习近平：《中国发展新起点 全球增长新蓝图——在二十国集团工商峰会开幕式上的主旨演讲》，载《人民日报》，2016 年 9 月 4 日。

2. 习近平：《携手共命运 同心促发展——在二〇一八年中非合作论坛北京峰会开幕式上的主旨讲话》，载《人民日报》，2018年9月4日。

3. 习近平：《构建新发展格局 实现互利共赢——在亚太经合组织工商领导人对话会上的主旨演讲》，载《人民日报》，2020年11月20日。

4. 习近平：《坚定信心 勇毅前行 共创后疫情时代美好世界——在2022年世界经济论坛视频会议的演讲》，载《人民日报》，2022年1月18日。

5. 胡锦涛：《坚定不移沿着中国特色社会主义道路前进 为全面建成小康社会而奋斗——在中国共产党第十八次全国代表大会上的报告》，载《人民日报》，2012年11月18日。

6. 温家宝：《温家宝在第十四次中国—东盟领导人会议暨中国—东盟建立对话关系20周年纪念峰会上的讲话》，载《人民日报》，2011年11月19日。

7.《中共中央关于制定国民经济和社会发展第十四个五年规划和二〇三五年远景目标的建议》，载《人民日报》，2020年11月4日。

8. 中共中央宣传部：《中国共产党的历史使命与行动价值》，载《人民日报》，2021年8月27日。

9. 毕文锐、马俊峰：《"人类命运共同体"的理论基础》，载《中国社会科学报》，2017年2月23日。

10. 韩庆祥、陈远章：《人类命运共同体与中华新文明》，载《学习时报》，2017年6月26日。

11. 黄仁伟、傅勇：《从西方秩序到人类命运共同体》，载《文汇报》，2016年1月22日。

12. 邱耕田：《命运共同体：一种新的国际观》，载《学习时报》，2015年6月8日。

13. 王新生：《命运共同体：人类共存之道的中国方案》，载《中国社会科学报》，2016年2月25日。

14. 吴怀友：《推进"人类命运共同体"研究学理化》，载《中国社会科学报》，2019年6月13日。

15. 臧峰宇：《马克思的共同体思想与人类命运共同体意识》，载《中国社会科学报》，2016年2月25日。

# 后 记

回忆起博士三年短暂而充实的读书求学时光，心里还是有很多感触的。当时在求学期间，生活方式简单而充实，就是读书、思考、写论文。这部著作是在我博士学位论文基础上修改而成的。从最初确定人类命运共同体这一研究方向，到最终完成论文写作和答辩，其间倾注了很多的心血和精力。

博士学位论文写作的过程，使我深深地体会到，研究人类命运共同体是一个多么宏大而又复杂的课题，人类社会远比我们想象得更加复杂。在阅读相关的研究文献和经典著作中，一些零零碎碎的想法在脑海中不断激荡与碰撞，对于人类命运共同体问题的思考也由概念的抽象开始走向理论的具体。虽然不断产生一些零碎的想法，但是，将这些零碎的想法整合为一个比较完整的体系框架，是非常困难的。在将近两年的时间里，自己都是苦苦思索的状态。在这期间，我真切体会到一种来自身体和心灵的双重折磨和考验。功夫不负有心人，经过努力，终于顺利完成毕业论文答辩并获得答辩委员会老师的充分肯定。学业虽然圆满结束，但是我始终没有停止对相关问题的思考和研究，在毕业论文基础上

## 后 记

又对其多次修改完善。今天，呈现在各位读者面前的书稿，是自己思考良久、精心打磨之后的成果。

感谢自己的家人。感谢我的爱人李真，无论是我写博士学位论文，还是对其修改完善并最终出版成著作，她都给予了最大的理解和支持。感谢我的父母，他们一生辛劳，所获无多，他们对我学业和生活上的支持，是我刻苦攻读的最大动力。我非常珍惜读博士的机会，作为家中长子，本应承担更多责任，但是家人却给了我更多的理解，如果没有他们的支持和鼓励，我不可能在求学与科研的道路上走这么远。现在自己也成了父亲，更加理解父母的不易。这部著作首先要献给自己的家人！

感谢徐伟新老师。徐老师是我的博士生导师，我的点滴进步都离不开徐老师的指导，如果没有徐老师的指导、鞭策和鼓励，我不知道自己的博士生活会有多么迷茫。徐老师治学严谨，为人和善，对工作认真，对学生负责。她既是严师，又像是慈母。记得有一次徐老师来研究生院讲课，还特意给我带来一份《中国社会科学报》，和我的论文有关，并且专门做好了标记。每次和徐老师聊论文，徐老师总会为我推荐一些经典的文章。这些看似微不足道的细节，却让我非常感动，徐老师的关怀和培养，使我更加坚定了写好论文的决心。在论文研究方向、整体架构和谋篇布局方面，徐老师给了我许多实质性的启发，在我百思不得其解的时候，是老师高屋建瓴的分析，帮助我拨开了思想上的迷雾。徐老师不仅引领我进入学问的殿堂，向我传授为学的方法，还给予我人生的教诲，教我做人的道理。徐老师是我毕生学习的榜样。

感谢中共中央党校的侯才教授、杨信礼教授、董振华教授、辛鸣教授、边立新教授、李海青教授，感谢北京大学的丰子义教授、《新华文摘》王善超编审、人民出版社方国根编审、中国社会科学院冯颜利研究员、北京师范大学的吴向东教授，以及中国政法大学的林存光教授、王强教授，北京大学的宋朝龙教授。名师难遇，学业难求。能够得到这些名师在学业、论文写作以及书稿思路完善方面的无私帮助和指点，我感到非常幸运。

感谢温暖的师门大家庭。每当回忆起和诸位师兄弟讨论学术、切磋学问、交流心得的情景，内心就会涌起无限的感动。感谢温暖团结、学风浓厚、积极向上的二支部集体，三年的同窗友谊，给我留下了许多美好而珍贵的回忆。感谢一起参加读书会的各位同学，大家一起阅读马克思主义经典，自由讨论学术问题，相互激励，相互启发，激发出很多思想的火花，使我受益颇多。

感谢中央编译出版社的大力支持，各位编辑的专业工作和辛勤付出，为本书的顺利出版提供了重要保障。

最后还想说一句，本书在写作过程中参考了大量已有研究成果，在此表示感谢。书稿中的某些观点可能存在不当之处，敬请提出宝贵意见。

杨抗抗<br>2022年岁末于智汇雅苑